I0476768

Straßenverkehrsgesetz & Straßenverkehrs-Ordnung

1. Auflage 2016

Impressum

© MGJV-Verlag, Hans-Much-Weg 14, 20249 Hamburg, Telefon: 040/ 32030589; Bitte wenden Sie sich mit Ihren Anliegen auch auf elektronischem Wege an uns: MGJV.Verlag@gmail.com

Inhaltliche Verantwortung und Aktualität: Redaktion MGJV

Satz, Druck und Bindung: Externe Dienstleister; alle Rechte MGJV-Verlag

Umschlaggestaltung: Gustav Broedecker. Alle Rechte MGJV-Verlag

- - - - -

Über eine Bewertung bei Amazon oder anderen Distributoren freut sich die Redaktion. Mit Kritik und Verbesserungsvorschlägen für künftige Ausgaben wenden Sie sich auch gerne an MGJV.Verlag@gmail.com

Vielen Dank, Ihre Redaktion MGJV

Inhaltsverzeichnis

4

Straßenverkehrsgesetz

StVG

Ausfertigungsdatum: 03.05.1909

"Straßenverkehrsgesetz in der Fassung der Bekanntmachung vom 5. März 2003 (BGBl. I S. 310, 919), das zuletzt durch Artikel 4 des Gesetzes vom 8. Juni 2015 (BGBl. I S. 904) geändert worden ist". Neugefasst durch Bek. v. 5.3.2003 I 310, 919; zuletzt geändert durch Art. 4 G v. 8.6.2015 I 904. Mittelbare Änderung durch Art. 1 G v. 3.12.1015 I 2161 (Nr. 49) noch nicht berücksichtigt.Neugefasst durch Bek. v. 5.3.2003 I 310, 919; Zuletzt geändert durch Art. 4 G v. 8.6.2015 I 904. Mittelbare Änderung durch Art. 1 G v. 3.12.1015 I 2161 (Nr. 49) noch nicht berücksichtigt

Fußnote

(+++ Textnachweis Geltung ab: 1.6.1983 +++)
(+++ Maßgaben aufgrund des EinigVtr vgl. StVG Anhang EV +++)
(+++ Maßgaben aufgrund des EinigVtr nicht mehr anzuwenden gem. Art. 109
Nr. 5 Buchst. b DBuchst. aa G v. 8.12.2010 I 1864 mWv 15.12.2010 mWv 15.12.2010
+++)

(+++ Amtliche Hinweise des Normgebers auf EG-Recht:
        Umsetzung der
            EWGRL 59/92   (CELEX Nr: 392L0059)
            EWGBes 465/93 (CELEX Nr: 393D0465) vgl. G v. 22.4.1997 I 934
        Umsetzung der
            EWGRL 439/91 (CELEX Nr: 391L0439) vgl. G v. 24.4.1998 I 747 +++)

Im Saarland eingeführt durch § 15 Buchst. q G v. 23.12.1956 I 1011

I.
Verkehrsvorschriften

§ 1 Zulassung

(1) Kraftfahrzeuge und ihre Anhänger, die auf öffentlichen Straßen in Betrieb gesetzt werden sollen, müssen von der zuständigen Behörde (Zulassungsbehörde) zum Verkehr zugelassen sein. Die Zulassung erfolgt auf Antrag des Verfügungsberechtigten des Fahrzeugs bei Vorliegen einer Betriebserlaubnis, Einzelgenehmigung oder EG-Typgenehmigung durch Zuteilung eines amtlichen Kennzeichens.
(2) Als Kraftfahrzeuge im Sinne dieses Gesetzes gelten Landfahrzeuge, die durch Maschinenkraft bewegt werden, ohne an Bahngleise gebunden zu sein.
(3) Keine Kraftfahrzeuge im Sinne dieses Gesetzes sind Landfahrzeuge, die durch Muskelkraft fortbewegt werden und mit einem elektromotorischen Hilfsantrieb mit einer Nenndauerleistung von höchstens 0,25 kW ausgestattet sind, dessen Unterstützung sich mit zunehmender Fahrzeuggeschwindigkeit progressiv verringert und

1.
   beim Erreichen einer Geschwindigkeit von 25 km/h oder früher,
2.
   wenn der Fahrer im Treten einhält,
unterbrochen wird. Satz 1 gilt auch dann, soweit die in Satz 1 bezeichneten Fahrzeuge zusätzlich über eine elektromotorische Anfahr- oder Schiebehilfe verfügen, die eine Beschleunigung des Fahrzeuges auf eine Geschwindigkeit von bis zu 6 km/h, auch ohne gleichzeitiges Treten des Fahrers, ermöglicht. Für Fahrzeuge im Sinne der Sätze 1 und 2 sind die Vorschriften über Fahrräder anzuwenden.
-

§ 2 Fahrerlaubnis und Führerschein

(1) Wer auf öffentlichen Straßen ein Kraftfahrzeug führt, bedarf der Erlaubnis (Fahrerlaubnis) der zuständigen Behörde (Fahrerlaubnisbehörde). Die Fahrerlaubnis wird in bestimmten Klassen erteilt. Sie ist durch eine amtliche Bescheinigung (Führerschein) nachzuweisen. Nach näherer Bestimmung durch Rechtsverordnung auf Grund des § 6 Absatz 1 Nummer 1 Buchstabe b und x kann die Gültigkeitsdauer der Führerscheine festgelegt werden.
(2) Die Fahrerlaubnis ist für die jeweilige Klasse zu erteilen, wenn der Bewerber

1.
   seinen ordentlichen Wohnsitz im Sinne des Artikels 12 der Richtlinie 2006/126/EG des Europäischen Parlaments und des Rates vom 20. Dezember 2006 über den Führerschein (ABl. L 403 vom 30.12.2006, S. 26) im Inland hat,
2.
   das erforderliche Mindestalter erreicht hat,
3.
   zum Führen von Kraftfahrzeugen geeignet ist,
4.
   zum Führen von Kraftfahrzeugen nach dem Fahrlehrergesetz und den auf ihm beruhenden Rechtsvorschriften ausgebildet worden ist,
5.
   die Befähigung zum Führen von Kraftfahrzeugen in einer theoretischen und praktischen Prüfung nachgewiesen hat,
6.
   Erste Hilfe leisten kann und
7.
   keine in einem Mitgliedstaat der Europäischen Union oder einem anderen Vertragsstaat des Abkommens über den Europäischen Wirtschaftsraum erteilte Fahrerlaubnis dieser Klasse besitzt.
Nach näherer Bestimmung durch Rechtsverordnung gemäß § 6 Abs. 1 Nr. 1 Buchstabe g können als weitere Voraussetzungen der Vorbesitz anderer Klassen oder Fahrpraxis in einer anderen Klasse festgelegt werden. Die Fahrerlaubnis kann für die Klassen C und D sowie ihre Unterklassen und Anhängerklassen befristet erteilt werden. Sie ist auf Antrag zu verlängern, wenn der Bewerber zum Führen von Kraftfahrzeugen geeignet ist und kein Anlass zur Annahme besteht, dass eine der aus den Sätzen 1 und 2 ersichtlichen sonstigen Voraussetzungen fehlt.

(3) Nach näherer Bestimmung durch Rechtsverordnung gemäß § 6 Abs. 1 Nr. 1 Buchstabe b und g kann für die Personenbeförderung in anderen Fahrzeugen als Kraftomnibussen zusätzlich zur Fahrerlaubnis nach Absatz 1 eine besondere Erlaubnis verlangt werden. Die Erlaubnis wird befristet erteilt. Für die Erteilung und Verlängerung können dieselben Voraussetzungen bestimmt werden, die für die Fahrerlaubnis zum Führen von Kraftomnibussen gelten. Außerdem können Ortskenntnisse verlangt werden. Im Übrigen gelten die Bestimmungen für Fahrerlaubnisse entsprechend, soweit gesetzlich nichts anderes bestimmt ist.

(4) Geeignet zum Führen von Kraftfahrzeugen ist, wer die notwendigen körperlichen und geistigen Anforderungen erfüllt und nicht erheblich oder nicht wiederholt gegen verkehrsrechtliche Vorschriften oder gegen Strafgesetze verstoßen hat. Ist der Bewerber auf Grund körperlicher oder geistiger Mängel nur bedingt zum Führen von Kraftfahrzeugen geeignet, so erteilt die Fahrerlaubnisbehörde die Fahrerlaubnis mit Beschränkungen oder unter Auflagen, wenn dadurch das sichere Führen von Kraftfahrzeugen gewährleistet ist.

(5) Befähigt zum Führen von Kraftfahrzeugen ist, wer

1.
   ausreichende Kenntnisse der für das Führen von Kraftfahrzeugen maßgebenden gesetzlichen Vorschriften hat,

2.
   mit den Gefahren des Straßenverkehrs und den zu ihrer Abwehr erforderlichen Verhaltensweisen vertraut ist,

3.
   die zum sicheren Führen eines Kraftfahrzeugs, gegebenenfalls mit Anhänger, erforderlichen technischen Kenntnisse besitzt und zu ihrer praktischen Anwendung in der Lage ist und

4.
   über ausreichende Kenntnisse einer umweltbewussten und energiesparenden Fahrweise verfügt und zu ihrer praktischen Anwendung in der Lage ist.

(6) Wer die Erteilung, Erweiterung, Verlängerung oder Änderung einer Fahrerlaubnis oder einer besonderen Erlaubnis nach Absatz 3, die Aufhebung einer Beschränkung oder Auflage oder die Ausfertigung oder Änderung eines Führerscheins beantragt, hat der Fahrerlaubnisbehörde nach näherer Bestimmung durch Rechtsverordnung gemäß § 6 Abs. 1 Nr. 1 Buchstabe h mitzuteilen und nachzuweisen

1.
   Familiennamen, Geburtsnamen, sonstige frühere Namen, Vornamen, Ordens- oder Künstlernamen, Doktorgrad, Geschlecht, Tag und Ort der Geburt, Anschrift und

2.
   das Vorliegen der Voraussetzungen nach Absatz 2 Satz 1 Nr. 1 bis 6 und Satz 2 und Absatz 3 sowie ein Lichtbild abzugeben. Außerdem hat der Antragsteller eine Erklärung darüber abzugeben, ob er bereits eine in- oder ausländische Fahrerlaubnis der beantragten Klasse oder einen entsprechenden Führerschein besitzt.

(7) Die Fahrerlaubnisbehörde hat zu ermitteln, ob der Antragsteller zum Führen von Kraftfahrzeugen, gegebenenfalls mit Anhänger, geeignet und befähigt ist und ob er bereits eine in- oder ausländische Fahrerlaubnis oder einen entsprechenden Führerschein besitzt. Sie hat dazu Auskünfte aus dem Fahreignungsregister und dem Zentralen Fahrerlaubnisregister nach den Vorschriften dieses Gesetzes einzuholen. Sie kann außerdem insbesondere entsprechende Auskünfte aus ausländischen Registern oder von ausländischen Stellen einholen sowie die Beibringung eines Führungszeugnisses zur Vorlage bei der Verwaltungsbehörde nach den Vorschriften des Bundeszentralregistergesetzes verlangen.

(8) Werden Tatsachen bekannt, die Bedenken gegen die Eignung oder Befähigung des Bewerbers begründen, so kann die Fahrerlaubnisbehörde anordnen, dass der Antragsteller ein Gutachten oder Zeugnis eines Facharztes oder Amtsarztes, ein Gutachten einer amtlich anerkannten Begutachtungsstelle für Fahreignung oder eines amtlichen anerkannten Sachverständigen oder Prüfers für den Kraftfahrzeugverkehr innerhalb einer angemessenen Frist beibringt.

(9) Die Registerauskünfte, Führungszeugnisse, Gutachten und Gesundheitszeugnisse dürfen nur zur Feststellung oder Überprüfung der Eignung oder Befähigung verwendet werden. Sie sind nach spätestens zehn Jahren zu vernichten, es sei denn, mit ihnen im Zusammenhang stehende Eintragungen im Fahreignungsregister oder im Zentralen Fahrerlaubnisregister sind nach den Bestimmungen für diese Register zu einem früheren oder späteren Zeitpunkt zu tilgen oder zu löschen. In diesem Fall ist für die Vernichtung oder Löschung der frühere oder spätere Zeitpunkt maßgeblich. Die Zehnjahresfrist nach Satz 2 beginnt mit der rechts- oder bestandskräftigen Entscheidung oder mit der Rücknahme des Antrags durch den Antragsteller. Die Sätze 1 bis 4 gelten auch für entsprechende Unterlagen, die der Antragsteller nach Absatz 6 Satz 1 Nr. 2 beibringt. Anstelle einer Vernichtung der Unterlagen sind die darin enthaltenen Daten zu sperren, wenn die Vernichtung wegen der besonderen Art der Führung der Akten nicht oder nur mit

unverhältnismäßigem Aufwand möglich ist.

(10) Bundeswehr, Bundespolizei und Polizei können durch ihre Dienststellen Fahrerlaubnisse für das Führen von Dienstfahrzeugen erteilen (Dienstfahrerlaubnisse). Diese Dienststellen nehmen die Aufgaben der Fahrerlaubnisbehörde wahr. Für Dienstfahrerlaubnisse gelten die Bestimmungen dieses Gesetzes und der auf ihm beruhenden Rechtsvorschriften, soweit gesetzlich nichts anderes bestimmt ist. Mit Dienstfahrerlaubnissen dürfen nur Dienstfahrzeuge geführt werden.

(10a) Die nach Landesrecht zuständige Behörde kann Angehörigen der Freiwilligen Feuerwehren, der nach Landesrecht anerkannten Rettungsdienste, des Technischen Hilfswerks und sonstiger Einheiten des Katastrophenschutzes, die ihre Tätigkeit ehrenamtlich ausüben, Fahrberechtigungen zum Führen von Einsatzfahrzeugen auf öffentlichen Straßen bis zu einer zulässigen Gesamtmasse von 4,75 t – auch mit Anhängern, sofern die zulässige Gesamtmasse der Kombination 4,75 t nicht übersteigt – erteilen. Der Bewerber um die Fahrberechtigung muss

1.
mindestens seit zwei Jahren eine Fahrerlaubnis der Klasse B besitzen,

2.
in das Führen von Einsatzfahrzeugen bis zu einer zulässigen Gesamtmasse von 4,75 t eingewiesen worden sein und

3.
in einer praktischen Prüfung seine Befähigung nachgewiesen haben.

Die Fahrberechtigung gilt im gesamten Hoheitsgebiet der Bundesrepublik Deutschland zur Aufgabenerfüllung der in Satz 1 genannten Organisationen oder Einrichtungen. Die Sätze 1 bis 3 gelten entsprechend für den Erwerb der Fahrberechtigung zum Führen von Einsatzfahrzeugen bis zu einer zulässigen Gesamtmasse von 7,5 t – auch mit Anhängern, sofern die zulässige Gesamtmasse der Kombination 7,5 t nicht übersteigt.

(11) Nach näherer Bestimmung durch Rechtsverordnung gemäß § 6 Abs. 1 Nr. 1 Buchstabe j berechtigen auch ausländische Fahrerlaubnisse zum Führen von Kraftfahrzeugen im Inland.

(12) Die Polizei hat Informationen über Tatsachen, die auf nicht nur vorübergehende Mängel hinsichtlich der Eignung oder auf Mängel hinsichtlich der Befähigung einer Person zum Führen von Kraftfahrzeugen schließen lassen, den Fahrerlaubnisbehörden zu übermitteln, soweit dies für die Überprüfung der Eignung oder Befähigung aus der Sicht der übermittelnden Stelle erforderlich ist. Soweit die mitgeteilten Informationen für die Beurteilung der Eignung oder Befähigung nicht erforderlich sind, sind die Unterlagen unverzüglich zu vernichten.

(13) Stellen oder Personen, die die Eignung oder Befähigung zur Teilnahme am Straßenverkehr oder Ortskenntnisse zwecks Vorbereitung einer verwaltungsbehördlichen Entscheidung beurteilen oder prüfen oder die in Erster Hilfe (§ 2 Abs. 2 Satz 1 Nr. 6) ausbilden, müssen für diese Aufgaben gesetzlich oder amtlich anerkannt oder beauftragt sein. Personen, die die Befähigung zum Führen von Kraftfahrzeugen nach § 2 Abs. 5 prüfen, müssen darüber hinaus einer Technischen Prüfstelle für den Kraftfahrzeugverkehr nach § 10 des Kraftfahrsachverständigengesetzes angehören. Voraussetzungen, Inhalt, Umfang und Verfahren für die Anerkennung oder Beauftragung und die Aufsicht werden - soweit nicht bereits im Kraftfahrsachverständigengesetz oder in auf ihm beruhenden Rechtsvorschriften geregelt - durch Rechtsverordnung gemäß § 6 Abs. 1 Nr. 1 Buchstabe k näher bestimmt. Abweichend von den Sätzen 1 bis 3 sind Personen, die die Voraussetzungen des Absatzes 16 für die Begleitung erfüllen, berechtigt, die Befähigung zum Führen von Einsatzfahrzeugen der in Absatz 10a Satz 1 genannten Organisationen oder Einrichtungen zu prüfen.

(14) Die Fahrerlaubnisbehörden dürfen den in Absatz 13 Satz 1 genannten Stellen und Personen die Daten übermitteln, die diese zur Erfüllung ihrer Aufgaben benötigen. Die betreffenden Stellen und Personen dürfen diese Daten und nach näherer Bestimmung durch Rechtsverordnung gemäß § 6 Abs. 1 Nr. 1 Buchstabe k die bei der Erfüllung ihrer Aufgaben anfallenden Daten verarbeiten und nutzen.

(15) Wer zur Ausbildung, zur Ablegung der Prüfung oder zur Begutachtung der Eignung oder Befähigung ein Kraftfahrzeug auf öffentlichen Straßen führt, muss dabei von einem Fahrlehrer im Sinne des Fahrlehrergesetzes begleitet werden. Bei den Fahrten nach Satz 1 sowie bei der Hin- und Rückfahrt zu oder von einer Prüfung oder einer Begutachtung gilt im Sinne dieses Gesetzes der Fahrlehrer als Führer des Kraftfahrzeugs, wenn der Kraftfahrzeugführer keine entsprechende Fahrerlaubnis besitzt.

(16) Wer zur Einweisung oder zur Ablegung der Prüfung nach Absatz 10a ein entsprechendes Einsatzfahrzeug auf öffentlichen Straßen führt, muss von einem Fahrlehrer im Sinne des Fahrlehrergesetzes oder abweichend von Absatz 15 Satz 1 von einem Angehörigen der in Absatz 10a Satz 1 genannten Organisationen oder Einrichtungen, der

1.
das 30. Lebensjahr vollendet hat,

9

2.

mindestens seit fünf Jahren eine gültige Fahrerlaubnis der Klasse C1 besitzt und

3.

zum Zeitpunkt der Einweisungs- und Prüfungsfahrten im Fahreignungsregister mit nicht mehr als zwei Punkten belastet ist,

begleitet werden. Absatz 15 Satz 2 gilt entsprechend. Die nach Landesrecht zuständige Behörde kann überprüfen, ob die Voraussetzungen des Satzes 1 erfüllt sind; sie kann die Auskunft nach Satz 1 Nummer 3 beim Fahreignungsregister einholen. Die Fahrerlaubnis nach Satz 1 Nummer 2 ist durch einen gültigen Führerschein nachzuweisen, der während der Einweisungs- und Prüfungsfahrten mitzuführen und zur Überwachung des Straßenverkehrs berechtigten Personen auszuhändigen ist.

-

§ 2a Fahrerlaubnis auf Probe

(1) Bei erstmaligem Erwerb einer Fahrerlaubnis wird diese auf Probe erteilt; die Probezeit dauert zwei Jahre vom Zeitpunkt der Erteilung an. Bei Erteilung einer Fahrerlaubnis an den Inhaber einer im Ausland erteilten Fahrerlaubnis ist die Zeit seit deren Erwerb auf die Probezeit anzurechnen. Die Regelungen über die Fahrerlaubnis auf Probe finden auch Anwendung auf Inhaber einer gültigen Fahrerlaubnis aus einem Mitgliedstaat der Europäischen Union oder einem anderen Vertragsstaat des Abkommens über den Europäischen Wirtschaftsraum, die ihren ordentlichen Wohnsitz in das Inland verlegt haben. Die Zeit seit dem Erwerb der Fahrerlaubnis ist auf die Probezeit anzurechnen. Die Beschlagnahme, Sicherstellung oder Verwahrung von Führerscheinen nach § 94 der Strafprozessordnung, die vorläufige Entziehung nach § 111a der Strafprozessordnung und die sofort vollziehbare Entziehung durch die Fahrerlaubnisbehörde hemmen den Ablauf der Probezeit. Die Probezeit endet vorzeitig, wenn die Fahrerlaubnis entzogen wird oder der Inhaber auf sie verzichtet. In diesem Fall beginnt mit der Erteilung einer neuen Fahrerlaubnis eine neue Probezeit, jedoch nur im Umfang der Restdauer der vorherigen Probezeit.

(2) Ist gegen den Inhaber einer Fahrerlaubnis wegen einer innerhalb der Probezeit begangenen Straftat oder Ordnungswidrigkeit eine rechtskräftige Entscheidung ergangen, die nach § 28 Absatz 3 Nummer 1 oder 3 Buchstabe a oder c in das Fahreignungsregister einzutragen ist, so hat, auch wenn die Probezeit zwischenzeitlich abgelaufen oder die Fahrerlaubnis nach § 6e Absatz 2 widerrufen worden ist, die Fahrerlaubnisbehörde

1.

seine Teilnahme an einem Aufbauseminar anzuordnen und hierfür eine Frist zu setzen, wenn er eine schwerwiegende oder zwei weniger schwerwiegende Zuwiderhandlungen begangen hat,

2.

ihn schriftlich zu verwarnen und ihm nahezulegen, innerhalb von zwei Monaten an einer verkehrspsychologischen Beratung nach Absatz 7 teilzunehmen, wenn er nach Teilnahme an einem Aufbauseminar innerhalb der Probezeit eine weitere schwerwiegende oder zwei weitere weniger schwerwiegende Zuwiderhandlungen begangen hat,

3.

ihm die Fahrerlaubnis zu entziehen, wenn er nach Ablauf der in Nummer 2 genannten Frist innerhalb der Probezeit eine weitere schwerwiegende oder zwei weitere weniger schwerwiegende Zuwiderhandlungen begangen hat.

Die Fahrerlaubnisbehörde ist bei den Maßnahmen nach den Nummern 1 bis 3 an die rechtskräftige Entscheidung über die Straftat oder Ordnungswidrigkeit gebunden.

(2a) Die Probezeit verlängert sich um zwei Jahre, wenn die Teilnahme an einem Aufbauseminar nach Absatz 2 Satz 1 Nr. 1 angeordnet worden ist. Die Probezeit verlängert sich außerdem um zwei Jahre, wenn die Anordnung nur deshalb nicht erfolgt ist, weil die Fahrerlaubnis entzogen worden ist oder der Inhaber der Fahrerlaubnis auf sie verzichtet hat.

(3) Ist der Inhaber einer Fahrerlaubnis einer vollziehbaren Anordnung der zuständigen Behörde nach Absatz 2 Satz 1 Nr. 1 in der festgesetzten Frist nicht nachgekommen, so ist die Fahrerlaubnis zu entziehen.

(4) Die Entziehung der Fahrerlaubnis nach § 3 bleibt unberührt; die zuständige Behörde kann insbesondere auch die Beibringung eines Gutachtens einer amtlich anerkannten Begutachtungsstelle für Fahreignung anordnen, wenn der Inhaber einer Fahrerlaubnis innerhalb der Probezeit Zuwiderhandlungen begangen hat, die nach den Umständen des Einzelfalls bereits Anlass zu der Annahme geben, dass er zum Führen von Kraftfahrzeugen ungeeignet ist. Hält die Behörde auf Grund des Gutachtens seine Nichteignung nicht für erwiesen, so hat sie die Teilnahme an einem Aufbauseminar anzuordnen, wenn der Inhaber der Fahrerlaubnis an einem solchen Kurs nicht bereits teilgenommen hatte. Absatz 3 gilt entsprechend.

(5) Ist eine Fahrerlaubnis entzogen worden

10

1.
   nach § 3 oder nach § 4 Absatz 5 Satz 1 Nummer 3 dieses Gesetzes, weil innerhalb der Probezeit Zuwiderhandlungen begangen wurden, oder nach § 69 oder § 69b des Strafgesetzbuches,
2.
   nach Absatz 3, weil einer Anordnung zur Teilnahme an einem Aufbauseminar nicht nachgekommen wurde,

oder wurde die Fahrerlaubnis nach § 6e Absatz 2 widerrufen, so darf eine neue Fahrerlaubnis unbeschadet der übrigen Voraussetzungen nur erteilt werden, wenn der Antragsteller nachweist, dass er an einem Aufbauseminar teilgenommen hat. Das Gleiche gilt, wenn der Antragsteller nur deshalb nicht an einem angeordneten Aufbauseminar teilgenommen hat oder die Anordnung nur deshalb nicht erfolgt ist, weil die Fahrerlaubnis aus anderen Gründen entzogen worden ist oder er zwischenzeitlich auf die Fahrerlaubnis verzichtet hat. Ist die Fahrerlaubnis nach Absatz 2 Satz 1 Nr. 3 entzogen worden, darf eine neue Fahrerlaubnis frühestens drei Monate nach Wirksamkeit der Entziehung erteilt werden; die Frist beginnt mit der Ablieferung des Führerscheins. Auf eine mit der Erteilung einer Fahrerlaubnis nach vorangegangener Entziehung gemäß Absatz 1 Satz 7 beginnende neue Probezeit ist Absatz 2 nicht anzuwenden. Die zuständige Behörde hat in diesem Fall in der Regel die Beibringung eines Gutachtens einer amtlich anerkannten Begutachtungsstelle für Fahreignung anzuordnen, sobald der Inhaber einer Fahrerlaubnis innerhalb der neuen Probezeit erneut eine schwerwiegende oder zwei weniger schwerwiegende Zuwiderhandlungen begangen hat.
(6) Widerspruch und Anfechtungsklage gegen die Anordnung des Aufbauseminars nach Absatz 2 Satz 1 Nr. 1 und Absatz 4 Satz 2 sowie die Entziehung der Fahrerlaubnis nach Absatz 2 Satz 1 Nr. 3 und Absatz 3 haben keine aufschiebende Wirkung.
(7) In der verkehrspsychologischen Beratung soll der Inhaber einer Fahrerlaubnis auf Probe veranlasst werden, Mängel in seiner Einstellung zum Straßenverkehr und im verkehrssicheren Verhalten zu erkennen und die Bereitschaft zu entwickeln, diese Mängel abzubauen. Die Beratung findet in Form eines Einzelgesprächs statt. Sie kann durch eine Fahrprobe ergänzt werden, wenn der Berater dies für erforderlich hält. Der Berater soll die Ursachen der Mängel aufklären und Wege zu ihrer Beseitigung aufzeigen. Erkenntnisse aus der Beratung sind nur für den Inhaber einer Fahrerlaubnis auf Probe bestimmt und nur diesem mitzuteilen. Der Inhaber einer Fahrerlaubnis auf Probe erhält jedoch eine Bescheinigung über die Teilnahme zur Vorlage bei der nach Landesrecht zuständigen Behörde. Die Beratung darf nur von einer Person durchgeführt werden, die hierfür amtlich anerkannt ist. Die amtliche Anerkennung ist zu erteilen, wenn der Bewerber

1.
   persönlich zuverlässig ist,
2.
   über den Abschluss eines Hochschulstudiums als Diplom-Psychologe oder eines gleichwertigen Masterabschlusses in Psychologie verfügt und
3.
   eine Ausbildung und Erfahrungen in der Verkehrspsychologie nach näherer Bestimmung durch Rechtsverordnung nach § 6 Absatz 1 Nummer 1 Buchstabe u nachweist.
-

§ 2b Aufbauseminar bei Zuwiderhandlungen innerhalb der Probezeit

(1) Die Teilnehmer an Aufbauseminaren sollen durch Mitwirkung an Gruppengesprächen und an einer Fahrprobe veranlasst werden, eine risikobewusstere Einstellung im Straßenverkehr zu entwickeln und sich dort sicher und rücksichtsvoll zu verhalten. Auf Antrag kann die anordnende Behörde dem Betroffenen die Teilnahme an einem Einzelseminar gestatten.
(2) Die Aufbauseminare dürfen nur von Fahrlehrern durchgeführt werden, die Inhaber einer entsprechenden Erlaubnis nach dem Fahrlehrergesetz sind. Besondere Aufbauseminare für Inhaber einer Fahrerlaubnis auf Probe, die unter dem Einfluss von Alkohol oder anderer berauschender Mittel am Verkehr teilgenommen haben, werden nach näherer Bestimmung durch Rechtsverordnung gemäß § 6 Abs. 1 Nr. 1 Buchstabe n von hierfür amtlich anerkannten anderen Seminarleitern durchgeführt.
(3) Ist der Teilnehmer an einem Aufbauseminar nicht Inhaber einer Fahrerlaubnis oder unterliegt er einem rechtskräftig angeordneten Fahrverbot, so gilt hinsichtlich der Fahrprobe § 2 Abs. 15 entsprechend.
-

§ 2c Unterrichtung der Fahrerlaubnisbehörden durch das Kraftfahrt-Bundesamt

Das Kraftfahrt-Bundesamt hat die zuständige Behörde zu unterrichten, wenn über den Inhaber einer Fahrerlaubnis Entscheidungen in das Fahreignungsregister eingetragen werden, die zu Anordnungen nach § 2a Abs. 2, 4 und 5 führen können. Hierzu übermittelt es die notwendigen Daten aus dem Zentralen Fahrerlaubnisregister sowie den Inhalt der Eintragungen im Fahreignungsregister über die innerhalb der Probezeit begangenen Straftaten und Ordnungswidrigkeiten. Hat bereits eine Unterrichtung nach Satz 1 stattgefunden, so hat das Kraftfahrt-Bundesamt bei weiteren Unterrichtungen auch hierauf hinzuweisen.

-

§ 3 Entziehung der Fahrerlaubnis

(1) Erweist sich jemand als ungeeignet oder nicht befähigt zum Führen von Kraftfahrzeugen, so hat ihm die Fahrerlaubnisbehörde die Fahrerlaubnis zu entziehen. Bei einer ausländischen Fahrerlaubnis hat die Entziehung - auch wenn sie nach anderen Vorschriften erfolgt - die Wirkung einer Aberkennung des Rechts, von der Fahrerlaubnis im Inland Gebrauch zu machen. § 2 Abs. 7 und 8 gilt entsprechend.
(2) Mit der Entziehung erlischt die Fahrerlaubnis. Bei einer ausländischen Fahrerlaubnis erlischt das Recht zum Führen von Kraftfahrzeugen im Inland. Nach der Entziehung ist der Führerschein der Fahrerlaubnisbehörde abzuliefern oder zur Eintragung der Entscheidung vorzulegen. Die Sätze 1 bis 3 gelten auch, wenn die Fahrerlaubnisbehörde die Fahrerlaubnis auf Grund anderer Vorschriften entzieht.
(3) Solange gegen den Inhaber der Fahrerlaubnis ein Strafverfahren anhängig ist, in dem die Entziehung der Fahrerlaubnis nach § 69 des Strafgesetzbuchs in Betracht kommt, darf die Fahrerlaubnisbehörde den Sachverhalt, der Gegenstand des Strafverfahrens ist, in einem Entziehungsverfahren nicht berücksichtigen. Dies gilt nicht, wenn die Fahrerlaubnis von einer Dienststelle der Bundeswehr, der Bundespolizei oder der Polizei für Dienstfahrzeuge erteilt worden ist.
(4) Will die Fahrerlaubnisbehörde in einem Entziehungsverfahren einen Sachverhalt berücksichtigen, der Gegenstand der Urteilsfindung in einem Strafverfahren gegen den Inhaber der Fahrerlaubnis gewesen ist, so kann sie zu dessen Nachteil vom Inhalt des Urteils insoweit nicht abweichen, als es sich auf die Feststellung des Sachverhalts oder die Beurteilung der Schuldfrage oder der Eignung zum Führen von Kraftfahrzeugen bezieht. Der Strafbefehl und die gerichtliche Entscheidung, durch welche die Eröffnung des Hauptverfahrens oder der Antrag auf Erlass eines Strafbefehls abgelehnt wird, stehen einem Urteil gleich; dies gilt auch für Bußgeldentscheidungen, soweit sie sich auf die Feststellung des Sachverhalts und die Beurteilung der Schuldfrage beziehen.
(5) Die Fahrerlaubnisbehörde darf der Polizei die verwaltungsbehördliche oder gerichtliche Entziehung der Fahrerlaubnis oder das Bestehen eines Fahrverbots übermitteln, soweit dies im Einzelfall für die polizeiliche Überwachung im Straßenverkehr erforderlich ist.
(6) Durch Rechtsverordnung gemäß § 6 Abs. 1 Nr. 1 Buchstabe r können Fristen und Bedingungen

1.
    für die Erteilung einer neuen Fahrerlaubnis nach vorangegangener Entziehung oder nach vorangegangenem Verzicht,

2.
    für die Erteilung des Rechts an Personen mit ordentlichem Wohnsitz im Ausland, nach vorangegangener Entziehung von einer ausländischen Fahrerlaubnis im Inland wieder Gebrauch zu machen,

bestimmt werden.

-

§ 4 Fahreignungs-Bewertungssystem

(1) Zum Schutz vor Gefahren, die von Inhabern einer Fahrerlaubnis ausgehen, die wiederholt gegen die die Sicherheit des Straßenverkehrs betreffenden straßenverkehrsrechtlichen oder gefahrgutbeförderungsrechtlichen Vorschriften verstoßen, hat die nach Landesrecht zuständige Behörde die in Absatz 5 genannten Maßnahmen (Fahreignungs-Bewertungssystem) zu ergreifen. Den in Satz 1 genannten Vorschriften stehen jeweils Vorschriften gleich, die dem Schutz

1.
    von Maßnahmen zur Rettung aus Gefahren für Leib und Leben von Menschen oder

2.
    zivilrechtlicher Ansprüche Unfallbeteiligter

dienen. Das Fahreignungs-Bewertungssystem ist nicht anzuwenden, wenn sich die Notwendigkeit früherer oder anderer die Fahreignung betreffender Maßnahmen nach den Vorschriften über die Entziehung der Fahrerlaubnis nach § 3 Absatz 1 oder einer auf Grund § 6 Absatz 1 Nummer 1 erlassenen Rechtsverordnung ergibt. Das Fahreignungs-Bewertungssystem und die Regelungen über die Fahrerlaubnis auf Probe sind nebeneinander anzuwenden.

(2) Für die Anwendung des Fahreignungs-Bewertungssystems sind die in einer Rechtsverordnung nach § 6 Absatz 1 Nummer 1 Buchstabe s bezeichneten Straftaten und Ordnungswidrigkeiten maßgeblich. Sie werden nach Maßgabe der in Satz 1 genannten Rechtsverordnung wie folgt bewertet:

1.
Straftaten mit Bezug auf die Verkehrssicherheit oder gleichgestellte Straftaten, sofern in der Entscheidung über die Straftat die Entziehung der Fahrerlaubnis nach den §§ 69 und 69b des Strafgesetzbuches oder eine Sperre nach § 69a Absatz 1 Satz 3 des Strafgesetzbuches angeordnet worden ist, mit drei Punkten,

2.
Straftaten mit Bezug auf die Verkehrssicherheit oder gleichgestellte Straftaten, sofern sie nicht von Nummer 1 erfasst sind, und besonders verkehrssicherheitsbeeinträchtigende oder gleichgestellte Ordnungswidrigkeiten jeweils mit zwei Punkten und

3.
verkehrssicherheitsbeeinträchtigende oder gleichgestellte Ordnungswidrigkeiten mit einem Punkt.

Punkte ergeben sich mit der Begehung der Straftat oder Ordnungswidrigkeit, sofern sie rechtskräftig geahndet wird. Soweit in Entscheidungen über Straftaten oder Ordnungswidrigkeiten auf Tateinheit entschieden worden ist, wird nur die Zuwiderhandlung mit der höchsten Punktzahl berücksichtigt.

(3) Wird eine Fahrerlaubnis erteilt, dürfen Punkte für vor der Erteilung rechtskräftig gewordene Entscheidungen über Zuwiderhandlungen nicht mehr berücksichtigt werden. Diese Punkte werden gelöscht. Die Sätze 1 und 2 gelten auch, wenn

1.
die Fahrerlaubnis entzogen,

2.
eine Sperre nach § 69a Absatz 1 Satz 3 des Strafgesetzbuches angeordnet oder

3.
auf die Fahrerlaubnis verzichtet

worden ist und die Fahrerlaubnis danach neu erteilt wird. Die Sätze 1 und 2 gelten nicht bei

1.
Entziehung der Fahrerlaubnis nach § 2a Absatz 3,

2.
Verlängerung einer Fahrerlaubnis,

3.
Erteilung nach Erlöschen einer befristet erteilten Fahrerlaubnis,

4.
Erweiterung einer Fahrerlaubnis oder

5.
vereinfachter Erteilung einer Fahrerlaubnis an Inhaber einer Dienstfahrerlaubnis oder Inhaber einer ausländischen Fahrerlaubnis.

(4) Inhaber einer Fahrerlaubnis mit einem Punktstand von einem Punkt bis zu drei Punkten sind mit der Speicherung der zugrunde liegenden Entscheidungen nach § 28 Absatz 3 Nummer 1 oder 3 Buchstabe a oder c für die Zwecke des Fahreignungs-Bewertungssystems vorgemerkt.

(5) Die nach Landesrecht zuständige Behörde hat gegenüber den Inhabern einer Fahrerlaubnis folgende Maßnahmen stufenweise zu ergreifen, sobald sich in der Summe folgende Punktestände ergeben:

1.
Ergeben sich vier oder fünf Punkte, ist der Inhaber einer Fahrerlaubnis beim Erreichen eines dieser Punktestände schriftlich zu ermahnen;

2.
ergeben sich sechs oder sieben Punkte, ist der Inhaber einer Fahrerlaubnis beim Erreichen eines dieser Punktestände schriftlich zu verwarnen;

3.
ergeben sich acht oder mehr Punkte, gilt der Inhaber einer Fahrerlaubnis als ungeeignet zum Führen von Kraftfahrzeugen und die Fahrerlaubnis ist zu entziehen.

Die Ermahnung nach Satz 1 Nummer 1 und die Verwarnung nach Satz 1 Nummer 2 enthalten daneben den

13

Hinweis, dass ein Fahreignungsseminar nach § 4a freiwillig besucht werden kann, um das Verkehrsverhalten zu verbessern; im Fall der Verwarnung erfolgt zusätzlich der Hinweis, dass hierfür kein Punktabzug gewährt wird. In der Verwarnung nach Satz 1 Nummer 2 ist darüber zu unterrichten, dass bei Erreichen von acht Punkten die Fahrerlaubnis entzogen wird. Die nach Landesrecht zuständige Behörde ist bei den Maßnahmen nach Satz 1 an die rechtskräftige Entscheidung über die Straftat oder die Ordnungswidrigkeit gebunden. Sie hat für das Ergreifen der Maßnahmen nach Satz 1 auf den Punktestand abzustellen, der sich zum Zeitpunkt der Begehung der letzten zur Ergreifung der Maßnahme führenden Straftat oder Ordnungswidrigkeit ergeben hat. Bei der Berechnung des Punktestandes werden Zuwiderhandlungen

1.

     unabhängig davon berücksichtigt, ob nach deren Begehung bereits Maßnahmen ergriffen worden sind,

2.

     nur dann berücksichtigt, wenn deren Tilgungsfrist zu dem in Satz 5 genannten Zeitpunkt noch nicht abgelaufen war.

Spätere Verringerungen des Punktestandes auf Grund von Tilgungen bleiben unberücksichtigt.

(6) Die nach Landesrecht zuständige Behörde darf eine Maßnahme nach Absatz 5 Satz 1 Nummer 2 oder 3 erst ergreifen, wenn die Maßnahme der jeweils davor liegenden Stufe nach Absatz 5 Satz 1 Nummer 1 oder 2 bereits ergriffen worden ist. Sofern die Maßnahme der davor liegenden Stufe noch nicht ergriffen worden ist, ist diese zu ergreifen. Im Fall des Satzes 2 verringert sich der Punktestand mit Wirkung vom Tag des Ausstellens der ergriffenen

1.

     Ermahnung auf fünf Punkte,

2.

     Verwarnung auf sieben Punkte,

wenn der Punktestand zu diesem Zeitpunkt nicht bereits durch Tilgungen oder Punktabzüge niedriger ist. Punkte für Zuwiderhandlungen, die vor der Verringerung nach Satz 3 begangen worden sind und von denen die nach Landesrecht zuständige Behörde erst nach der Verringerung Kenntnis erhält, erhöhen den sich nach Satz 3 ergebenden Punktestand. Späteren Tilgungen oder Punktabzügen wird der sich nach Anwendung der Sätze 3 und 4 ergebende Punktestand zugrunde gelegt.

(7) Nehmen Inhaber einer Fahrerlaubnis freiwillig an einem Fahreignungsseminar teil und legen sie hierüber der nach Landesrecht zuständigen Behörde innerhalb von zwei Wochen nach Beendigung des Seminars eine Teilnahmebescheinigung vor, wird ihnen bei einem Punktestand von ein bis fünf Punkten ein Punkt abgezogen; maßgeblich ist der Punktestand zum Zeitpunkt der Ausstellung der Teilnahmebescheinigung. Der Besuch eines Fahreignungsseminars führt jeweils nur einmal innerhalb von fünf Jahren zu einem Punktabzug. Für den zu verringernden Punktestand und die Berechnung der Fünfjahresfrist ist jeweils das Ausstellungsdatum der Teilnahmebescheinigung maßgeblich.

(8) Zur Vorbereitung der Maßnahmen nach Absatz 5 hat das Kraftfahrt-Bundesamt bei Erreichen der jeweiligen Punktestände nach Absatz 5, auch in Verbindung mit den Absätzen 6 und 7, der nach Landesrecht zuständigen Behörde die vorhandenen Eintragungen aus dem Fahreignungsregister zu übermitteln. Unabhängig von Satz 1 hat das Kraftfahrt-Bundesamt bei jeder Entscheidung, die wegen einer Zuwiderhandlung nach

1.

     § 315c Absatz 1 Nummer 1 Buchstabe a des Strafgesetzbuches,

2.

     den §§ 316 oder 323a des Strafgesetzbuches oder

3.

     den §§ 24a oder 24c

ergangen ist, der nach Landesrecht zuständigen Behörde die vorhandenen Eintragungen aus dem Fahreignungsregister zu übermitteln.

(9) Widerspruch und Anfechtungsklage gegen die Entziehung nach Absatz 5 Satz 1 Nummer 3 haben keine aufschiebende Wirkung.

(10) Ist die Fahrerlaubnis nach Absatz 5 Satz 1 Nummer 3 entzogen worden, darf eine neue Fahrerlaubnis frühestens sechs Monate nach Wirksamkeit der Entziehung erteilt werden. Das gilt auch bei einem Verzicht auf die Fahrerlaubnis, wenn zum Zeitpunkt der Wirksamkeit des Verzichtes mindestens zwei Entscheidungen nach § 28 Absatz 3 Nummer 1 oder 3 Buchstabe a oder c gespeichert waren. Die Frist nach Satz 1, auch in Verbindung mit Satz 2, beginnt mit der Ablieferung des Führerscheins nach § 3 Absatz 2 Satz 3 in Verbindung mit dessen Satz 4. In den Fällen des Satzes 1, auch in Verbindung mit Satz 2, hat die nach Landesrecht zuständige Behörde unbeschadet der Erfüllung der sonstigen Voraussetzungen für die Erteilung der Fahrerlaubnis zum Nachweis, dass die Eignung zum Führen von Kraftfahrzeugen wiederhergestellt ist, in

der Regel die Beibringung eines Gutachtens einer amtlich anerkannten Begutachtungsstelle für Fahreignung anzuordnen.
-

§ 4a Fahreignungsseminar

(1) Mit dem Fahreignungsseminar soll erreicht werden, dass die Teilnehmer sicherheitsrelevante Mängel in ihrem Verkehrsverhalten und insbesondere in ihrem Fahrverhalten erkennen und abbauen. Hierzu sollen die Teilnehmer durch die Vermittlung von Kenntnissen zum Straßenverkehrsrecht, zu Gefahrenpotenzialen und zu verkehrssicherem Verhalten im Straßenverkehr, durch Analyse und Korrektur verkehrssicherheitsgefährdender Verhaltensweisen sowie durch Aufzeigen der Bedingungen und Zusammenhänge des regelwidrigen Verkehrsverhaltens veranlasst werden.

(2) Das Fahreignungsseminar besteht aus einer verkehrspädagogischen und aus einer verkehrspsychologischen Teilmaßnahme, die aufeinander abzustimmen sind. Zur Durchführung sind berechtigt

1.
    für die verkehrspädagogische Teilmaßnahme Fahrlehrer, die über eine Seminarerlaubnis Verkehrspädagogik nach § 31a des Fahrlehrergesetzes und

2.
    für die verkehrspsychologische Teilmaßnahme Personen, die über eine Seminarerlaubnis Verkehrspsychologie nach Absatz 3

verfügen.

(3) Wer die verkehrspsychologische Teilmaßnahme des Fahreignungsseminars im Sinne des Absatzes 2 Satz 2 Nummer 2 durchführt, bedarf der Erlaubnis (Seminarerlaubnis Verkehrspsychologie). Die Seminarerlaubnis Verkehrspsychologie wird durch die nach Landesrecht zuständige Behörde erteilt. Die nach Landesrecht zuständige Behörde kann nachträglich Auflagen anordnen, soweit dies erforderlich ist, um die Einhaltung der Anforderungen an Fahreignungsseminare und deren ordnungsgemäße Durchführung sicherzustellen. § 7 des Fahrlehrergesetzes gilt entsprechend.

(4) Die Seminarerlaubnis Verkehrspsychologie wird auf Antrag erteilt, wenn der Bewerber

1.
    über einen Abschluss eines Hochschulstudiums als Diplom-Psychologe oder einen gleichwertigen Master-Abschluss in Psychologie verfügt,

2.
    eine verkehrspsychologische Ausbildung an einer Universität oder gleichgestellten Hochschule oder Stelle, die sich mit der Begutachtung oder Wiederherstellung der Kraftfahreignung befasst, oder eine fachpsychologische Qualifikation nach dem Stand der Wissenschaft durchlaufen hat,

3.
    über Erfahrungen in der Verkehrspsychologie

    a)
        durch eine mindestens dreijährige Begutachtung von Kraftfahrern an einer Begutachtungsstelle für Fahreignung oder eine mindestens dreijährige Durchführung von besonderen Aufbauseminaren oder von Kursen zur Wiederherstellung der Kraftfahreignung,

    b)
        durch eine mindestens fünfjährige freiberufliche verkehrspsychologische Tätigkeit, deren Nachweis durch Bestätigungen von Behörden oder Begutachtungsstellen für Fahreignung oder durch die Dokumentation von zehn Therapiemaßnahmen für verkehrsauffällige Kraftfahrer, die mit einer positiven Begutachtung abgeschlossen wurden, erbracht werden kann, oder

    c)
        durch eine mindestens dreijährige freiberufliche verkehrspsychologische Tätigkeit nach vorherigem Erwerb einer Qualifikation als klinischer Psychologe oder Psychotherapeut nach dem Stand der Wissenschaft

    verfügt,

4.
    im Fahreignungsregister mit nicht mehr als zwei Punkten belastet ist und

5.
    eine zur Durchführung der verkehrspsychologischen Teilmaßnahme geeignete räumliche und sachliche Ausstattung nachweist.

Die Erlaubnis ist zu versagen, wenn Tatsachen vorliegen, die Bedenken gegen die Zuverlässigkeit des Antragstellers begründen.

(5) Die Seminarerlaubnis Verkehrspsychologie ist zurückzunehmen, wenn bei ihrer Erteilung eine der Voraussetzungen des Absatzes 4 nicht vorgelegen hat. Die nach Landesrecht zuständige Behörde kann von der Rücknahme absehen, wenn der Mangel nicht mehr besteht. Die Seminarerlaubnis Verkehrspsychologie ist zu widerrufen, wenn nachträglich eine der in Absatz 4 genannten Voraussetzungen weggefallen ist. Bedenken gegen die Zuverlässigkeit bestehen insbesondere dann, wenn der Seminarleiter wiederholt die Pflichten grob verletzt hat, die ihm nach diesem Gesetz oder den auf ihm beruhenden Rechtsverordnungen obliegen.

(6) Der Inhaber einer Seminarerlaubnis Verkehrspsychologie hat die personenbezogenen Daten, die ihm als Seminarleiter der verkehrspsychologischen Teilmaßnahme bekannt geworden sind, zu speichern und fünf Jahre nach der Ausstellung einer vorgeschriebenen Teilnahmebescheinigung unverzüglich zu löschen. Die Daten nach Satz 1 dürfen

1.
   vom Inhaber der Seminarerlaubnis Verkehrspsychologie längstens neun Monate nach der Ausstellung der Teilnahmebescheinigung für die Durchführung des jeweiligen Fahreignungsseminars genutzt werden,

2.
   vom Inhaber der Seminarerlaubnis Verkehrspsychologie der Bundesanstalt für Straßenwesen übermittelt und von dieser zur Evaluierung nach § 4b genutzt werden,

3.
   von der Bundesanstalt für Straßenwesen oder in ihrem Auftrag an Dritte, die die Evaluierung nach § 4b im Auftrag der Bundesanstalt für Straßenwesen durchführen oder an ihr beteiligt sind, übermittelt und von den Dritten für die Evaluierung genutzt werden,

4.
   vom Inhaber der Seminarerlaubnis Verkehrspsychologie ausschließlich in Gestalt von Name, Vorname, Geburtsdatum und Anschrift des Seminarteilnehmers sowie dessen Unterschrift zur Teilnahmebestätigung

   a)
      der nach Landesrecht zuständigen Behörde übermittelt und von dieser zur Überwachung nach Absatz 8 genutzt werden,

   b)
      an Dritte, die ein von der zuständigen Behörde genehmigtes Qualitätssicherungssystem nach Absatz 8 Satz 6 betreiben und an dem der Inhaber der Seminarerlaubnis Verkehrspsychologie teilnimmt, übermittelt und im Rahmen dieses Qualitätssicherungssystems genutzt werden.

Die Empfänger nach Satz 2 haben die Daten unverzüglich zu löschen, wenn sie nicht mehr für die in Satz 2 jeweils genannten Zwecke benötigt werden, spätestens jedoch fünf Jahre nach der Ausstellung der Teilnahmebescheinigung nach Satz 1.

(7) Jeder Inhaber einer Seminarerlaubnis Verkehrspsychologie hat jährlich an einer insbesondere die Fahreignung betreffenden verkehrspsychologischen Fortbildung von mindestens sechs Stunden teilzunehmen.

(8) Die Durchführung der verkehrspsychologischen Teilmaßnahme des Fahreignungsseminars unterliegt der Überwachung der nach Landesrecht zuständigen Behörde. Die nach Landesrecht zuständige Behörde kann sich bei der Überwachung geeigneter Personen oder Stellen nach Landesrecht bedienen. Die nach Landesrecht zuständige Behörde hat mindestens alle zwei Jahre an Ort und Stelle zu prüfen, ob die gesetzlichen Anforderungen an die Durchführung der verkehrspsychologischen Teilmaßnahme eingehalten werden. Der Inhaber der Seminarerlaubnis Verkehrspsychologie hat die Prüfung zu ermöglichen. Die in Satz 3 genannte Frist kann von der nach Landesrecht zuständigen Behörde auf vier Jahre verlängert werden, wenn in zwei aufeinanderfolgenden Überprüfungen keine oder nur geringfügige Mängel festgestellt worden sind. Die nach Landesrecht zuständige Behörde kann von der wiederkehrenden Überwachung nach den Sätzen 1 bis 5 absehen, wenn der Inhaber einer Seminarerlaubnis Verkehrspsychologie sich einem von der nach Landesrecht zuständigen Behörde anerkannten Qualitätssicherungssystem angeschlossen hat. Im Fall des Satzes 6 bleibt die Befugnis der nach Landesrecht zuständigen Behörde zur Überwachung im Sinne der Sätze 1 bis 5 unberührt. Das Bundesministerium für Verkehr und digitale Infrastruktur soll durch Rechtsverordnung mit Zustimmung des Bundesrates Anforderung an Qualitätssicherungssysteme und Regeln für die Durchführung der Qualitätssicherung bestimmen.

-

§ 4b Evaluierung

Das Fahreignungsseminar, die Vorschriften hierzu und der Vollzug werden von der Bundesanstalt für

Straßenwesen wissenschaftlich begleitet und evaluiert. Die Evaluierung hat insbesondere zu untersuchen, ob das Fahreignungsseminar eine verhaltensverbessernde Wirkung im Hinblick auf die Verkehrssicherheit hat. Die Bundesanstalt für Straßenwesen legt das Ergebnis der Evaluierung bis zum 1. Mai 2019 dem Bundesministerium für Verkehr und digitale Infrastruktur in einem Bericht zur Weiterleitung an den Deutschen Bundestag vor.

‒

§ 5 Verlust von Dokumenten und Kennzeichen

Besteht eine Verpflichtung zur Ablieferung oder Vorlage eines Führerscheins, Fahrzeugscheins, Anhängerverzeichnisses, Fahrzeugbriefs, Nachweises über die Zuteilung des amtlichen Kennzeichens oder über die Betriebserlaubnis oder EG-Typgenehmigung, eines ausländischen Führerscheins oder Zulassungsscheins oder eines internationalen Führerscheins oder Zulassungsscheins oder amtlicher Kennzeichen oder Versicherungskennzeichen und behauptet der Verpflichtete, der Ablieferungs- oder Vorlagepflicht deshalb nicht nachkommen zu können, weil ihm der Schein, das Verzeichnis, der Brief, der Nachweis oder die Kennzeichen verloren gegangen oder sonst abhanden gekommen sind, so hat er auf Verlangen der Verwaltungsbehörde eine Versicherung an Eides statt über den Verbleib des Scheins, Verzeichnisses, Briefs, Nachweises oder der Kennzeichen abzugeben. Dies gilt auch, wenn jemand für einen verloren gegangenen oder sonst abhanden gekommenen Schein, Brief oder Nachweis oder ein verloren gegangenes oder sonst abhanden gekommenes Anhängerverzeichnis oder Kennzeichen eine neue Ausfertigung oder ein neues Kennzeichen beantragt.

‒

§ 5a

(weggefallen)

‒

§ 5b Unterhaltung der Verkehrszeichen

(1) Die Kosten der Beschaffung, Anbringung, Entfernung, Unterhaltung und des Betriebs der amtlichen Verkehrszeichen und -einrichtungen sowie der sonstigen vom Bundesministerium für Verkehr und digitale Infrastruktur zugelassenen Verkehrszeichen und -einrichtungen trägt der Träger der Straßenbaulast für diejenige Straße, in deren Verlauf sie angebracht werden oder angebracht worden sind, bei geteilter Straßenbaulast der für die durchgehende Fahrbahn zuständige Träger der Straßenbaulast. Ist ein Träger der Straßenbaulast nicht vorhanden, so trägt der Eigentümer der Straße die Kosten.
(2) Diese Kosten tragen abweichend vom Absatz 1

a)
    die Unternehmer der Schienenbahnen für Andreaskreuze, Schranken, Blinklichter mit oder ohne Halbschranken;

b)
    die Unternehmer im Sinne des Personenbeförderungsgesetzes für Haltestellenzeichen;

c)
    die Gemeinden in der Ortsdurchfahrt für Parkuhren und andere Vorrichtungen oder Einrichtungen zur Überwachung der Parkzeit, Straßenschilder, Geländer, Wegweiser zu innerörtlichen Zielen und Verkehrszeichen für Laternen, die nicht die ganze Nacht brennen;

d)
    die Bauunternehmer und die sonstigen Unternehmer von Arbeiten auf und neben der Straße für Verkehrszeichen und -einrichtungen, die durch diese Arbeiten erforderlich werden;

e)
    die Unternehmer von Werkstätten, Tankstellen sowie sonstigen Anlagen und Veranstaltungen für die entsprechenden amtlichen oder zugelassenen Hinweiszeichen;

f)
    die Träger der Straßenbaulast der Straßen, von denen der Verkehr umgeleitet werden soll, für Wegweiser für Bedarfsumleitungen.

(3) Das Bundesministerium für Verkehr und digitale Infrastruktur wird ermächtigt, durch Rechtsverordnung mit Zustimmung des Bundesrates bei der Einführung neuer amtlicher Verkehrszeichen und -einrichtungen zu bestimmen, dass abweichend von Absatz 1 die Kosten entsprechend den Regelungen des Absatzes 2 ein

anderer zu tragen hat.

(4) Kostenregelungen auf Grund kreuzungsrechtlicher Vorschriften nach Bundes- und Landesrecht bleiben unberührt.

(5) Diese Kostenregelung umfasst auch die Kosten für Verkehrszählungen, Lärmmessungen, Lärmberechnungen und Abgasmessungen.

(6) Können Verkehrszeichen oder Verkehrseinrichtungen aus technischen Gründen oder wegen der Sicherheit und Leichtigkeit des Straßenverkehrs nicht auf der Straße angebracht werden, haben die Eigentümer der Anliegergrundstücke das Anbringen zu dulden. Schäden, die durch das Anbringen oder Entfernen der Verkehrszeichen oder Verkehrseinrichtungen entstehen, sind zu beseitigen. Wird die Benutzung eines Grundstücks oder sein Wert durch die Verkehrszeichen oder Verkehrseinrichtungen nicht unerheblich beeinträchtigt oder können Schäden, die durch das Anbringen oder Entfernen der Verkehrszeichen oder Verkehrseinrichtungen entstanden sind, nicht beseitigt werden, so ist eine angemessene Entschädigung in Geld zu leisten. Zur Schadensbeseitigung und zur Entschädigungsleistung ist derjenige verpflichtet, der die Kosten für die Verkehrszeichen und Verkehrseinrichtungen zu tragen hat. Kommt eine Einigung nicht zustande, so entscheidet die höhere Verwaltungsbehörde. Vor der Entscheidung sind die Beteiligten zu hören. Die Landesregierungen werden ermächtigt, durch Rechtsverordnung die zuständige Behörde abweichend von Satz 5 zu bestimmen. Sie können diese Ermächtigung auf oberste Landesbehörden übertragen.

-

§ 6 Ausführungsvorschriften

(1) Das Bundesministerium für Verkehr und digitale Infrastruktur wird ermächtigt, Rechtsverordnungen mit Zustimmung des Bundesrates zu erlassen über

1.

die Zulassung von Personen zum Straßenverkehr, insbesondere über

a)

Ausnahmen von der Fahrerlaubnispflicht nach § 2 Abs. 1 Satz 1, Anforderungen für das Führen fahrerlaubnisfreier Kraftfahrzeuge, Ausnahmen von einzelnen Erteilungsvoraussetzungen nach § 2 Abs. 2 Satz 1 und vom Erfordernis der Begleitung und Beaufsichtigung durch einen Fahrlehrer nach § 2 Abs. 15 Satz 1,

b)

den Inhalt der Fahrerlaubnisklassen nach § 2 Abs. 1 Satz 2 und der besonderen Erlaubnis nach § 2 Abs. 3, die Gültigkeitsdauer der Fahrerlaubnis der Klassen C und D, ihrer Unterklassen und Anhängerklassen, die Gültigkeitsdauer der Führerscheine und der besonderen Erlaubnis nach § 2 Abs. 3 sowie Auflagen und Beschränkungen zur Fahrerlaubnis und der besonderen Erlaubnis nach § 2 Abs. 3,

c)

die Anforderungen an die Eignung zum Führen von Kraftfahrzeugen, die Beurteilung der Eignung durch Gutachten sowie die Feststellung und Überprüfung der Eignung durch die Fahrerlaubnisbehörde nach § 2 Abs. 2 Satz 1 Nr. 3 in Verbindung mit Abs. 4, 7 und 8,

d)

die Maßnahmen zur Beseitigung von Eignungsmängeln, insbesondere Inhalt und Dauer entsprechender Kurse, die Teilnahme an solchen Kursen, die Anforderungen an die Kursleiter sowie die Zertifizierung der Qualitätssicherung, deren Inhalt einschließlich der hierfür erforderlichen Verarbeitung und Nutzung personenbezogener Daten und die Begutachtung, einschließlich der verfahrensmäßigen und fachwissenschaftlichen Anforderungen, der für die Qualitätssicherung verantwortlichen Stellen oder Personen durch die Bundesanstalt für Straßenwesen, um die ordnungsgemäße Durchführung der Kurse zu gewährleisten, wobei ein Erfahrungsaustausch unter Leitung der Bundesanstalt für Straßenwesen vorgeschrieben werden kann,

e)

die Prüfung der Befähigung zum Führen von Kraftfahrzeugen, insbesondere über die Zulassung zur Prüfung sowie über Inhalt, Gliederung, Verfahren, Bewertung, Entscheidung und Wiederholung der Prüfung nach § 2 Abs. 2 Satz 1 Nr. 5 in Verbindung mit Abs. 5, 7 und 8 sowie die Erprobung neuer Prüfungsverfahren,

f)

die Prüfung der umweltbewussten und energiesparenden Fahrweise nach § 2 Abs. 2 Satz 1 Nr. 5 in Verbindung mit Abs. 5 Nr. 4,

g)

die nähere Bestimmung der sonstigen Voraussetzungen nach § 2 Abs. 2 Satz 1 und 2 für die Erteilung der Fahrerlaubnis und die Voraussetzungen der Erteilung der besonderen Erlaubnis nach § 2 Abs. 3,

h)

den Nachweis der Personendaten, das Lichtbild sowie die Mitteilung und die Nachweise über das Vorliegen der Voraussetzungen im Antragsverfahren nach § 2 Abs. 6,

i)

die Sonderbestimmungen bei Dienstfahrerlaubnissen nach § 2 Abs. 10 und die Erteilung von allgemeinen Fahrerlaubnissen auf Grund von Dienstfahrerlaubnissen,

j)

die Zulassung und Registrierung von Inhabern ausländischer Fahrerlaubnisse und die Behandlung abgelieferter ausländischer Führerscheine nach § 2 Abs. 11 und § 3 Abs. 2,

k)

die Anerkennung oder Beauftragung von Stellen oder Personen nach § 2 Abs. 13, die Aufsicht über sie, die Übertragung dieser Aufsicht auf andere Einrichtungen, die Zertifizierung der Qualitätssicherung, deren Inhalt einschließlich der hierfür erforderlichen Verarbeitung und Nutzung personenbezogener Daten und die Begutachtung, einschließlich der verfahrensmäßigen und fachwissenschaftlichen Anforderungen, der für die Qualitätssicherung verantwortlichen Stellen oder Personen durch die Bundesanstalt für Straßenwesen, um die ordnungsgemäße und gleichmäßige Durchführung der Beurteilung, Prüfung oder Ausbildung nach § 2 Abs. 13 zu gewährleisten, wobei ein Erfahrungsaustausch unter Leitung der Bundesanstalt für Straßenwesen vorgeschrieben werden kann, sowie die Verarbeitung und Nutzung personenbezogener Daten für die mit der Anerkennung oder Beauftragung bezweckte Aufgabenerfüllung nach § 2 Abs. 14,

l)

Ausnahmen von der Probezeit, die Anrechnung von Probezeiten bei der Erteilung einer allgemeinen Fahrerlaubnis an Inhaber von Dienstfahrerlaubnissen nach § 2a Abs. 1, den Vermerk über die Probezeit im Führerschein,

m)

die Einstufung der im Fahreignungsregister gespeicherten Entscheidungen über Straftaten und Ordnungswidrigkeiten als schwerwiegend oder weniger schwerwiegend für die Maßnahmen nach den Regelungen der Fahrerlaubnis auf Probe gemäß § 2a Abs. 2,

n)

die Anforderungen an die Aufbauseminare, besonderen Aufbauseminare und Fahreignungsseminare, insbesondere an Inhalt, Methoden und Dauer, einschließlich der Befugnis der nach Landesrecht zuständigen Behörde zur Feststellung der Gleichwertigkeit anderer Inhalte und Methoden, die Teilnahme an den Seminaren nach § 2b Absatz 1 und 2, die Anforderungen an die Seminarleiter und deren Anerkennung nach § 2b Absatz 2 Satz 2 oder deren Seminarerlaubnis nach § 4a Absatz 2, die Anforderungen an die Qualitätssicherung, deren Inhalt und Methoden einschließlich der hierfür erforderlichen Erhebung, Verarbeitung und Nutzung personenbezogener Daten, die Anforderungen an die Begutachtung und die Überwachung der Einhaltung der Anforderungen sowie Ausnahmen von der Überwachung einschließlich der Befugnis der nach Landesrecht zuständigen Behörde zur Genehmigung eines Qualitätssicherungssystems, wobei eine Bewertung des Qualitätssicherungssystems durch die Bundesanstalt für Straßenwesen und ein Erfahrungsaustausch unter Leitung der Bundesanstalt für Straßenwesen vorgeschrieben werden können,

o)

die Übermittlung der Daten nach § 2c, insbesondere über den Umfang der zu übermittelnden Daten und die Art der Übermittlung,

p)

Maßnahmen zur Erzielung einer verantwortungsbewussteren Einstellung im Straßenverkehr und damit zur Senkung der besonderen Unfallrisiken von Fahranfängern

-

durch eine Ausbildung, die schulische Verkehrserziehung mit der Ausbildung nach den Vorschriften des Fahrlehrergesetzes verknüpft, als Voraussetzung für die Erteilung der Fahrerlaubnis im Sinne des § 2 Abs. 2 Satz 1 Nr. 4 und

-

durch die freiwillige Fortbildung in geeigneten Seminaren nach Erwerb der Fahrerlaubnis mit der Möglichkeit der Abkürzung der Probezeit, insbesondere über Inhalt und Dauer der

Seminare, die Anforderungen an die Seminarleiter und die Personen, die im Rahmen der Seminare praktische Fahrübungen auf hierfür geeigneten Flächen durchführen, die Anerkennung und die Aufsicht über sie, die Qualitätssicherung, deren Inhalt und die wissenschaftliche Begleitung einschließlich der hierfür erforderlichen Verarbeitung und Nutzung personenbezogener Daten sowie über die, auch zunächst nur zur modellhaften Erprobung befristete, Einführung in den Ländern durch die obersten Landesbehörden, die von ihr bestimmten oder nach Landesrecht zuständigen Stellen,

q)

die Maßnahmen bei bedingt geeigneten oder ungeeigneten oder bei nicht befähigten Fahrerlaubnisinhabern oder bei Zweifeln an der Eignung oder Befähigung nach § 3 Abs. 1 sowie die Ablieferung, die Vorlage und die weitere Behandlung der Führerscheine nach § 3 Abs. 2,

r)

die Neuerteilung der Fahrerlaubnis nach vorangegangener Entziehung oder vorangegangenem Verzicht und die Erteilung des Rechts, nach vorangegangener Entziehung oder vorangegangenem Verzicht von einer ausländischen Fahrerlaubnis wieder Gebrauch zu machen nach § 3 Abs. 6,

s)

die Bezeichnung der Straftaten und Ordnungswidrigkeiten, auch soweit sie gefahrgutrechtliche Vorschriften oder im Sinne des § 4 Absatz 1 Satz 2 gleichgestellte Vorschriften betreffen, die als Entscheidungen im Rahmen des Fahreignungs-Bewertungssystems zugrunde zu legen sind und die Bewertung dieser

aa)
    Straftaten mit Bezug auf die Verkehrssicherheit,
    aaa)
        sofern in der Entscheidung über die Straftat die Entziehung der Fahrerlaubnis nach den §§ 69 und 69b des Strafgesetzbuches oder eine Sperre nach § 69a Absatz 1 Satz 3 des Strafgesetzbuches angeordnet worden ist, mit drei Punkten oder
    bbb)
        in den übrigen Fällen mit zwei Punkten,

bb)
    Ordnungswidrigkeiten als
    aaa)
        besonders verkehrssicherheitsbeeinträchtigende Ordnungswidrigkeit mit zwei Punkten oder
    bbb)
        verkehrssicherheitsbeeinträchtigende Ordnungswidrigkeit mit einem Punkt;
der Bezeichnung der Straftaten ist deren Bedeutung für die Sicherheit im Straßenverkehr zugrunde zu legen, der Bezeichnung und der Bewertung der Ordnungswidrigkeiten sind deren jeweilige Bedeutung für die Sicherheit des Straßenverkehrs und die Höhe des angedrohten Regelsatzes der Geldbuße zugrunde zu legen,

t)

(weggefallen)

u)

die Anforderungen an die verkehrspsychologische Beratung, insbesondere über Inhalt und Dauer der Beratung, die Teilnahme an der Beratung sowie die Anforderungen an die Berater und ihre Anerkennung nach § 2a Absatz 7,

v)

die Herstellung, Lieferung und Gestaltung des Musters des Führerscheins und dessen Ausfertigung sowie die Bestimmung, wer die Herstellung und Lieferung durchführt, nach § 2 Abs. 1 Satz 3,

w)

die Zuständigkeit und das Verfahren bei Verwaltungsmaßnahmen nach diesem Gesetz und den auf diesem Gesetz beruhenden Rechtsvorschriften sowie die Befugnis der nach Landesrecht zuständigen Stellen, Ausnahmen von § 2 Abs. 1 Satz 3, Abs. 2 Satz 1 und 2, Abs. 15, § 2a Absatz 2 Satz 1 Nummer 1 bis 3 und Absatz 7 Satz 7 Nummer 3, § 2b Abs. 1, § 4 Absatz 5 Satz 1 Nummer 3, Absatz 10 sowie Ausnahmen von den auf diesem Gesetz beruhenden Rechtsvorschriften zuzulassen,

x)

den Inhalt und die Gültigkeit bisher erteilter Fahrerlaubnisse, den Umtausch von

Führerscheinen, deren Muster nicht mehr ausgefertigt werden, sowie die Neuausstellung von Führerscheinen, deren Gültigkeitsdauer abgelaufen ist, und die Regelungen des Besitzstandes im Falle des Umtausches oder der Neuausstellung,

y)

Maßnahmen, um die sichere Teilnahme sonstiger Personen am Straßenverkehr zu gewährleisten, sowie die Maßnahmen, wenn sie bedingt geeignet oder ungeeignet oder nicht befähigt zur Teilnahme am Straßenverkehr sind;

1a.

(weggefallen)

2.

die Zulassung von Fahrzeugen zum Straßenverkehr einschließlich Ausnahmen von der Zulassung, die Beschaffenheit, Ausrüstung und Prüfung der Fahrzeuge, insbesondere über

a)

Voraussetzungen für die Zulassung von Kraftfahrzeugen und deren Anhänger, vor allem über Bau, Beschaffenheit, Abnahme, Ausrüstung und Betrieb, Begutachtung und Prüfung, Betriebserlaubnis und Genehmigung sowie Kennzeichnung der Fahrzeuge und Fahrzeugteile, um deren Verkehrssicherheit zu gewährleisten und um die Insassen und andere Verkehrsteilnehmer bei einem Verkehrsunfall vor Verletzungen zu schützen oder deren Ausmaß oder Folgen zu mildern (Schutz von Verkehrsteilnehmern),

b)

Anforderungen an zulassungsfreie Kraftfahrzeuge und Anhänger, um deren Verkehrssicherheit und den Schutz der Verkehrsteilnehmer zu gewährleisten, Ausnahmen von der Zulassungspflicht für Kraftfahrzeuge und Anhänger nach § 1 Abs. 1 sowie die Kennzeichnung zulassungsfreier Fahrzeuge und Fahrzeugteile zum Nachweis des Zeitpunktes ihrer Abgabe an den Endverbraucher,

c)

Art und Inhalt von Zulassung, Bau, Beschaffenheit, Ausrüstung und Betrieb der Fahrzeuge und Fahrzeugteile, deren Begutachtung und Prüfung, Betriebserlaubnis und Genehmigung sowie Kennzeichnung,

d)

den Nachweis der Zulassung durch Fahrzeugdokumente, die Gestaltung der Muster der Fahrzeugdokumente und deren Herstellung, Lieferung und Ausfertigung sowie die Bestimmung, wer die Herstellung und Lieferung durchführen darf,

e)

das Herstellen, Feilbieten, Veräußern, Erwerben und Verwenden von Fahrzeugteilen, die in einer amtlich genehmigten Bauart ausgeführt sein müssen,

f)

die Allgemeine Betriebserlaubnis oder Bauartgenehmigung, Typgenehmigung oder vergleichbare Gutachten von Fahrzeugen und Fahrzeugteilen einschließlich Art, Inhalt, Nachweis und Kennzeichnung sowie Typbegutachtung und Typprüfung,

g)

die Konformität der Produkte mit dem genehmigten, begutachteten oder geprüften Typ einschließlich der Anforderungen z. B. an Produktionsverfahren, Prüfungen und Zertifizierungen sowie Nachweise hierfür,

h)

das Erfordernis von Qualitätssicherungssystemen einschließlich der Anforderungen, Prüfungen, Zertifizierungen und Nachweise hierfür sowie sonstige Pflichten des Inhabers der Erlaubnis oder Genehmigung,

i)

die Anerkennung von

aa)

Stellen zur Prüfung und Begutachtung von Fahrzeugen und Fahrzeugteilen und

bb)

Stellen zur Prüfung und Zertifizierung von Qualitätssicherungssystemen einschließlich der Voraussetzungen hierfür sowie die Änderung und Beendigung von Anerkennung und Zertifizierung einschließlich der hierfür erforderlichen Voraussetzungen für die Änderung und Beendigung und das Verfahren; die Stellen zur Prüfung und Begutachtung von Fahrzeugen und Fahrzeugteilen müssen zur Anerkennung die Gewähr dafür bieten, dass für die beantragte Zuständigkeit die ordnungsgemäße Wahrnehmung der Prüfaufgaben nach den allgemeinen Kriterien zum

j) Betreiben von Prüflaboratorien und nach den erforderlichen kraftfahrzeugspezifischen Kriterien an Personal- und Sachausstattung erfolgen wird,

k) die Anerkennung ausländischer Erlaubnisse und Genehmigungen sowie ausländischer Begutachtungen, Prüfungen und Kennzeichnungen für Fahrzeuge und Fahrzeugteile,

l) die Änderung und Beendigung von Zulassung und Betrieb, Erlaubnis und Genehmigung sowie Kennzeichnung der Fahrzeuge und Fahrzeugteile,

m) Art, Umfang, Inhalt, Ort und Zeitabstände der regelmäßigen Untersuchungen und Prüfungen, um die Verkehrssicherheit der Fahrzeuge und den Schutz der Verkehrsteilnehmer zu gewährleisten sowie Anforderungen an Untersuchungsstellen und Fachpersonal zur Durchführung von Untersuchungen und Prüfungen, einschließlich den Anforderungen an eine zentrale Stelle, die von Trägern der Technischen Prüfstellen und von amtlich anerkannten Überwachungsorganisationen gebildet und getragen wird, zur Überprüfung der Praxistauglichkeit von Prüfvorgaben oder deren Erarbeitung, sowie Abnahmen von Fahrzeugen und Fahrzeugteilen einschließlich der hierfür notwendigen Räume und Geräte, Schulungen, Schulungsstätten und -institutionen,

n) den Nachweis der regelmäßigen Untersuchungen und Prüfungen sowie Abnahmen von Fahrzeugen und Fahrzeugteilen einschließlich der Bewertung der bei den Untersuchungen und Prüfungen festgestellten Mängel und die Weitergabe der festgestellten Mängel an die jeweiligen Hersteller von Fahrzeugen und Fahrzeugteilen sowie das Kraftfahrt-Bundesamt; dabei ist die Weitergabe personenbezogener Daten nicht zulässig,

o) die Bestätigung der amtlichen Anerkennung von Überwachungsorganisationen, soweit sie vor dem 18. Dezember 2007 anerkannt waren, sowie die Anerkennung von Überwachungsorganisationen zur Vornahme von regelmäßigen Untersuchungen und Prüfungen sowie von Abnahmen, die organisatorischen, personellen und technischen Voraussetzungen für die Anerkennungen einschließlich der Qualifikation und der Anforderungen an das Fachpersonal und die Geräte sowie die mit den Anerkennungen verbundenen Bedingungen und Auflagen, um ordnungsgemäße und gleichmäßige Untersuchungen, Prüfungen und Abnahmen durch leistungsfähige Organisationen sicherzustellen,

p) die notwendige Haftpflichtversicherung anerkannter Überwachungsorganisationen zur Deckung aller im Zusammenhang mit Untersuchungen, Prüfungen und Abnahmen entstehenden Ansprüche sowie die Freistellung des für die Anerkennung und Aufsicht verantwortlichen Landes von Ansprüchen Dritter wegen Schäden, die die Organisation verursacht,

q) die amtliche Anerkennung von Herstellern von Fahrzeugen oder Fahrzeugteilen zur Vornahme der Prüfungen von Geschwindigkeitsbegrenzern, Fahrtschreibern und Kontrollgeräten, die amtliche Anerkennung von Kraftfahrzeugwerkstätten zur Vornahme von regelmäßigen Prüfungen an diesen Einrichtungen, zur Durchführung von Abgasuntersuchungen und Gasanlagenprüfungen an Kraftfahrzeugen und zur Durchführung von Sicherheitsprüfungen an Nutzfahrzeugen sowie die mit den Anerkennungen verbundenen Bedingungen und Auflagen, um ordnungsgemäße und gleichmäßige technische Prüfungen sicherzustellen, die organisatorischen, personellen und technischen Voraussetzungen für die Anerkennung einschließlich der Qualifikation und Anforderungen an das Fachpersonal und die Geräte sowie die Erhebung, Verarbeitung und Nutzung personenbezogener Daten des Inhabers der Anerkennungen, dessen Vertreters und der mit der Vornahme der Prüfungen betrauten Personen durch die für die Anerkennung und Aufsicht zuständigen Behörden, um ordnungsgemäße und gleichmäßige technische Prüfungen sicherzustellen,

r) die notwendige Haftpflichtversicherung amtlich anerkannter Hersteller von Fahrzeugen oder Fahrzeugteilen und von Kraftfahrzeugwerkstätten zur Deckung aller im Zusammenhang mit den Prüfungen nach Buchstabe p entstehenden Ansprüche sowie die Freistellung des für die Anerkennung und Aufsicht verantwortlichen Landes von Ansprüchen Dritter wegen Schäden, die die Werkstatt oder der Hersteller verursacht,

Maßnahmen der mit der Durchführung der regelmäßigen Untersuchungen und Prüfungen sowie

Abnahmen und Begutachtungen von Fahrzeugen und Fahrzeugteilen befassten Stellen und Personen zur Qualitätssicherung, deren Inhalt einschließlich der hierfür erforderlichen Verarbeitung und Nutzung personenbezogener Daten, um ordnungsgemäße, nach gleichen Maßstäben durchgeführte Untersuchungen, Prüfungen, Abnahmen und Begutachtungen an Fahrzeugen und Fahrzeugteilen zu gewährleisten,

s)

die Verantwortung und die Pflichten und Rechte des Halters im Rahmen der Zulassung und des Betriebs der auf ihn zugelassenen Fahrzeuge sowie des Halters nicht zulassungspflichtiger Fahrzeuge,

t)

die Zuständigkeit und das Verfahren bei Verwaltungsmaßnahmen nach diesem Gesetz und den auf diesem Gesetz beruhenden Rechtsvorschriften für Zulassung, Begutachtung, Prüfung, Abnahme, regelmäßige Untersuchungen und Prüfungen, Betriebserlaubnis, Genehmigung und Kennzeichnung,

u)

Ausnahmen von § 1 Abs. 1 Satz 2 und 3 sowie Ausnahmen von auf Grund dieses Gesetzes erlassenen Rechtsvorschriften und die Zuständigkeiten hierfür,

v)

die Zulassung von ausländischen Kraftfahrzeugen und Anhängern, die Voraussetzungen hierfür, die Anerkennung ausländischer Zulassungspapiere und Kennzeichen, Maßnahmen bei Verstößen gegen die auf Grund des Straßenverkehrsgesetzes erlassenen Vorschriften,

w)

Maßnahmen und Anforderungen, um eine sichere Teilnahme von nicht motorisierten Fahrzeugen am Straßenverkehr zu gewährleisten,

x)

abweichende Voraussetzungen für die Erteilung einer Betriebserlaubnis für Einzelfahrzeuge und Fahrzeugkombinationen des Großraum- und Schwerverkehrs sowie für Arbeitsmaschinen, soweit diese Voraussetzungen durch den Einsatzzweck gerechtfertigt sind und ohne Beeinträchtigung der Fahrzeugsicherheit standardisiert werden können, die Begutachtung der Fahrzeuge und die Bestätigung der Einhaltung der Voraussetzungen durch einen amtlich anerkannten Sachverständigen;

3.

die sonstigen zur Erhaltung der Sicherheit und Ordnung auf den öffentlichen Straßen, für Zwecke der Verteidigung, zur Verhütung einer über das verkehrsübliche Maß hinausgehenden Abnutzung der Straßen oder zur Verhütung von Belästigungen erforderlichen Maßnahmen über den Straßenverkehr, und zwar hierzu unter anderem

a)

(weggefallen)

b)

(weggefallen)

c)

über das Mindestalter der Führer von Fahrzeugen und ihr Verhalten,

d)

über den Schutz der Wohnbevölkerung und Erholungssuchenden gegen Lärm und Abgas durch den Kraftfahrzeugverkehr und über Beschränkungen des Verkehrs an Sonn- und Feiertagen,

e)

über das innerhalb geschlossener Ortschaften, mit Ausnahme von entsprechend ausgewiesenen Parkplätzen sowie von Industrie- und Gewerbegebieten, anzuordnende Verbot, Kraftfahrzeuganhänger und Kraftfahrzeuge mit einem zulässigen Gesamtgewicht über 7,5 Tonnen in der Zeit von 22 Uhr bis 6 Uhr und an Sonn- und Feiertagen, regelmäßig zu parken,

f)

über Ortstafeln und Wegweiser,

g)

über das Verbot von Werbung und Propaganda durch Bildwerk, Schrift, Beleuchtung oder Ton, soweit sie geeignet sind, außerhalb geschlossener Ortschaften die Aufmerksamkeit der Verkehrsteilnehmer in einer die Sicherheit des Verkehrs gefährdenden Weise abzulenken oder die Leichtigkeit des Verkehrs zu beeinträchtigen,

h)

über die Beschränkung des Straßenverkehrs zum Schutz von kulturellen Veranstaltungen, die außerhalb des Straßenraums stattfinden, wenn dies im öffentlichen Interesse liegt,

i)

über das Verbot zur Verwendung technischer Einrichtungen am oder im Kraftfahrzeug, die dafür bestimmt sind, die Verkehrsüberwachung zu beeinträchtigen;

4.

(weggefallen)

4a.

das Verhalten der Beteiligten nach einem Verkehrsunfall, das geboten ist, um

a)

den Verkehr zu sichern und Verletzten zu helfen,

b)

zur Klärung und Sicherung zivilrechtlicher Ansprüche die Art der Beteiligung festzustellen und

c)

Haftpflichtansprüche geltend machen zu können;

5.

(weggefallen)

5a.

Bau, Beschaffenheit, Ausrüstung und Betrieb, Begutachtung, Prüfung, Abnahme, Betriebserlaubnis, Genehmigung und Kennzeichnung der Fahrzeuge und Fahrzeugteile sowie über das Verhalten im Straßenverkehr zum Schutz vor den von Fahrzeugen ausgehenden schädlichen Umwelteinwirkungen im Sinne des Bundes-Immissionsschutzgesetzes; dabei können Emissionsgrenzwerte unter Berücksichtigung der technischen Entwicklung auch für einen Zeitpunkt nach Inkrafttreten der Rechtsverordnung festgesetzt werden;

5b.

das Verbot des Kraftfahrzeugverkehrs in den nach § 40 des Bundes-Immissionsschutzgesetzes festgelegten Gebieten nach Bekanntgabe austauscharmer Wetterlagen;

5c.

den Nachweis über die Entsorgung oder den sonstigen Verbleib der Fahrzeuge nach ihrer Außerbetriebsetzung, um die umweltverträgliche Entsorgung von Fahrzeugen und Fahrzeugteilen sicherzustellen;

6.

Art, Umfang, Inhalt, Zeitabstände und Ort einschließlich der Anforderungen an die hierfür notwendigen Räume und Geräte, Schulungen, Schulungsstätten und -institutionen sowie den Nachweis der regelmäßigen Prüfungen von Fahrzeugen und Fahrzeugteilen einschließlich der Bewertung der bei den Prüfungen festgestellten Mängel sowie die amtliche Anerkennung von Überwachungsorganisationen und Kraftfahrzeugwerkstätten nach Nummer 2 Buchstabe n und p und Maßnahmen zur Qualitätssicherung nach Nummer 2 Buchstabe r zum Schutz vor von Fahrzeugen ausgehenden schädlichen Umwelteinwirkungen im Sinne des Bundes-Immissionsschutzgesetzes;

7.

die in den Nummern 1 bis 6 vorgesehenen Maßnahmen, soweit sie zur Erfüllung von Verpflichtungen aus zwischenstaatlichen Vereinbarungen oder von bindenden Beschlüssen der Europäischen Gemeinschaften notwendig sind;

8.

die Beschaffenheit, Anbringung und Prüfung sowie die Herstellung, den Vertrieb, die Ausgabe, die Verwahrung und die Einziehung von Kennzeichen (einschließlich solcher Vorprodukte, bei denen nur noch die Beschriftung fehlt) für Fahrzeuge, um die unzulässige Verwendung von Kennzeichen oder die Begehung von Straftaten mit Hilfe von Fahrzeugen oder Kennzeichen zu bekämpfen;

9.

die Beschaffenheit, Herstellung, Vertrieb, Verwendung und Verwahrung von Führerscheinen und Fahrzeugpapieren einschließlich ihrer Vordrucke sowie von auf Grund dieses Gesetzes oder der auf ihm beruhenden Rechtsvorschriften zu verwendenden Plaketten, Prüffolien und Stempel, um deren Diebstahl oder deren Missbrauch bei der Begehung von Straftaten zu bekämpfen;

10.

Bau, Beschaffenheit, Ausrüstung und Betrieb, Begutachtung, Prüfung, Abnahme und regelmäßige Untersuchungen, Betriebserlaubnis und Genehmigung sowie Kennzeichnung von Fahrzeugen und Fahrzeugteilen, um den Diebstahl der Fahrzeuge zu bekämpfen;

11.

die Ermittlung, Auffindung und Sicherstellung von gestohlenen, verloren gegangenen oder sonst abhanden gekommenen Fahrzeugen, Fahrzeugkennzeichen sowie Führerscheinen und Fahrzeugpapieren einschließlich ihrer Vordrucke, soweit nicht die Strafverfolgungsbehörden hierfür zuständig sind;

12.
die Überwachung der gewerbsmäßigen Vermietung von Kraftfahrzeugen und Anhängern an Selbstfahrer

a)
zur Bekämpfung der Begehung von Straftaten mit gemieteten Fahrzeugen oder

b)
zur Erhaltung der Ordnung und Sicherheit im Straßenverkehr;

13.
die Einrichtung gebührenpflichtiger Parkplätze bei Großveranstaltungen im Interesse der Ordnung und Sicherheit des Verkehrs;

14.
die Beschränkung des Haltens und Parkens zugunsten der Bewohner städtischer Quartiere mit erheblichem Parkraummangel sowie die Schaffung von Parkmöglichkeiten für schwerbehinderte Menschen mit außergewöhnlicher Gehbehinderung, mit beidseitiger Amelie oder Phokomelie oder vergleichbaren Funktionseinschränkungen sowie für blinde Menschen, insbesondere in unmittelbarer Nähe ihrer Wohnung oder Arbeitsstätte;

15.
die Kennzeichnung von Fußgängerbereichen und verkehrsberuhigten Bereichen und die Beschränkungen oder Verbote des Fahrzeugverkehrs zur Erhaltung der Ordnung und Sicherheit in diesen Bereichen, zum Schutz der Bevölkerung vor Lärm und Abgasen und zur Unterstützung einer geordneten städtebaulichen Entwicklung;

16.
die Beschränkung des Straßenverkehrs zur Erforschung des Unfallgeschehens, des Verkehrsverhaltens, der Verkehrsabläufe sowie zur Erprobung geplanter verkehrssichernder oder verkehrsregelnder Regelungen und Maßnahmen;

17.
die zur Erhaltung der öffentlichen Sicherheit erforderlichen Maßnahmen über den Straßenverkehr;

18.
die Einrichtung von Sonderfahrspuren für Linienomnibusse und Taxen;

19.
Maßnahmen, die zur Umsetzung der Richtlinie 92/59/EWG des Rates vom 29. Juni 1992 über die allgemeine Produktsicherheit (ABl. EG Nr. L 228 S. 24) erforderlich sind;

20.
Maßnahmen, die zur Umsetzung der Richtlinie 2000/30/EG des Europäischen Parlaments und des Rates vom 6. Juni 2000 über die technische Unterwegskontrolle von Nutzfahrzeugen, die in der Gemeinschaft am Straßenverkehr teilnehmen (ABl. EG Nr. L 203 S. 1), erforderlich sind.

(2) Rechtsverordnungen nach Absatz 1 Nr. 8, 9, 10, 11 und 12 Buchstabe a werden vom Bundesministerium für Verkehr und digitale Infrastruktur und vom Bundesministerium des Innern erlassen.

(2a) Rechtsverordnungen nach Absatz 1 Nr. 1 Buchstabe f, Nr. 3 Buchstabe d, e, Nr. 5a, 5b, 5c, 6 und 15 sowie solche nach Nr. 7, soweit sie sich auf Maßnahmen nach Nr. 1 Buchstabe f, Nr. 5a, 5b, 5c und 6 beziehen, werden vom Bundesministerium für Verkehr und digitale Infrastruktur und vom Bundesministerium für Umwelt, Naturschutz, Bau und Reaktorsicherheit erlassen.

(3) Abweichend von den Absätzen 1 bis 2a bedürfen Rechtsverordnungen zur Durchführung der Vorschriften über die Beschaffenheit, den Bau, die Ausrüstung und die Prüfung von Fahrzeugen und Fahrzeugteilen sowie Rechtsverordnungen über allgemeine Ausnahmen von den auf diesem Gesetz beruhenden Rechtsvorschriften nicht der Zustimmung des Bundesrates; vor ihrem Erlass sind die zuständigen obersten Landesbehörden zu hören.

(3a) Das Bundesministerium für Verkehr und digitale Infrastruktur wird ermächtigt, durch Rechtsverordnung mit Zustimmung des Bundesrates Vorschriften über das gewerbsmäßige Feilbieten, gewerbsmäßige Veräußern und das gewerbsmäßige Inverkehrbringen von Fahrzeugen, Fahrzeugteilen und Ausrüstungen zu erlassen.

(4) Das Bundesministerium für Verkehr und digitale Infrastruktur wird ermächtigt, durch Rechtsverordnung, die nicht der Zustimmung des Bundesrates bedarf, im Einvernehmen mit den beteiligten Bundesministerien, soweit Verordnungen nach diesem Gesetz geändert oder abgelöst werden, Verweisungen in Gesetzen und Rechtsverordnungen auf die geänderten oder abgelösten Vorschriften durch Verweisungen auf die jeweils inhaltsgleichen neuen Vorschriften zu ersetzen.

(5) Die Landesregierungen werden ermächtigt, durch Rechtsverordnung besondere Bestimmungen über das Erteilen einschließlich der Einweisung und die Prüfung für Fahrberechtigungen zum Führen von Einsatzfahrzeugen der Freiwilligen Feuerwehren, der nach Landesrecht anerkannten Rettungsdienste, des Technischen Hilfswerks und des Katastrophenschutzes auf öffentlichen Straßen nach § 2 Absatz 10a zu

erlassen. Bei der näheren Ausgestaltung sind die Besonderheiten der unterschiedlichen Gewichtsklassen der Fahrberechtigung nach § 2 Absatz 10a Satz 1 und 4 zu berücksichtigen. Die Landesregierungen können die Ermächtigung nach Satz 1 durch Rechtsverordnung auf die zuständige oberste Landesbehörde übertragen.

(6) Das Bundesministerium für Verkehr und digitale Infrastruktur wird ermächtigt, durch Rechtsverordnung mit Zustimmung des Bundesrates die Landesregierungen zu ermächtigen, Ausnahmen von den auf Grundlage des § 6 Absatz 1 Nummer 2 Buchstabe c, d, k, m, r, s, t und v erlassenen Rechtsverordnungen für die Dauer von drei Jahren zur Erprobung eines Zulassungsverfahrens unter Einsatz von Informations- und Kommunikationstechnik durch Rechtsverordnung zu regeln.

-

§ 6a Gebühren

(1) Kosten (Gebühren und Auslagen) werden erhoben

1.

  für Amtshandlungen, einschließlich Prüfungen und Überprüfungen im Rahmen der Qualitätssicherung, Abnahmen, Begutachtungen, Untersuchungen, Verwarnungen - ausgenommen Verwarnungen im Sinne des Gesetzes über Ordnungswidrigkeiten - und Registerauskünften

  a)
    nach diesem Gesetz und nach den auf diesem Gesetz beruhenden Rechtsvorschriften,

  b)
    nach dem Gesetz zu dem Übereinkommen vom 20. März 1958 über die Annahme einheitlicher Bedingungen für die Genehmigung der Ausrüstungsgegenstände und Teile von Kraftfahrzeugen und über die gegenseitige Anerkennung der Genehmigung vom 12. Juni 1965 (BGBl. 1965 II S. 857) in der Fassung des Gesetzes vom 20. Dezember 1968 (BGBl. 1968 II S. 1224) und nach den auf diesem Gesetz beruhenden Rechtsvorschriften,

  c)
    nach dem Gesetz zu dem Europäischen Übereinkommen vom 30. September 1957 über die internationale Beförderung gefährlicher Güter auf der Straße (ADR) vom 18. August 1969 (BGBl. 1969 II S. 1489) und nach den auf diesem Gesetz beruhenden Rechtsvorschriften,

  d)
    nach dem Fahrpersonalgesetz und den darauf beruhenden Rechtsverordnungen, soweit die Amtshandlungen vom Kraftfahrt-Bundesamt vorgenommen werden,

  e)
    nach dem Berufskraftfahrer-Qualifikations-Gesetz und den darauf beruhenden Rechtsverordnungen,

2.

  für Untersuchungen von Fahrzeugen nach dem Personenbeförderungsgesetz in der im Bundesgesetzblatt Teil III, Gliederungsnummer 9240-1, veröffentlichten bereinigten Fassung, zuletzt geändert durch Artikel 7 des Gesetzes über die unentgeltliche Beförderung Schwerbehinderter im öffentlichen Personenverkehr vom 9. Juli 1979 (BGBl. I S. 989), und nach den auf diesem Gesetz beruhenden Rechtsvorschriften,

3.

  für Maßnahmen im Zusammenhang mit der Außerbetriebsetzung von Kraftfahrzeugen und Kraftfahrzeuganhängern.

(2) Das Bundesministerium für Verkehr und digitale Infrastruktur wird ermächtigt, die gebührenpflichtigen Amtshandlungen sowie die Gebührensätze für die einzelnen Amtshandlungen, einschließlich Prüfungen und Überprüfungen im Rahmen der Qualitätssicherung, Abnahmen, Begutachtungen, Untersuchungen, Verwarnungen - ausgenommen Verwarnungen im Sinne des Gesetzes über Ordnungswidrigkeiten - und Registerauskünften im Sinne des Absatzes 1 durch Rechtsverordnung zu bestimmen und dabei feste Sätze, auch in Form von Zeitgebühren, oder Rahmensätze vorzusehen. Die Gebührensätze sind so zu bemessen, dass der mit den Amtshandlungen, einschließlich Prüfungen, Abnahmen, Begutachtungen, Untersuchungen, Verwarnungen - ausgenommen Verwarnungen im Sinne des Gesetzes über Ordnungswidrigkeiten - und Registerauskünften verbundene Personal- und Sachaufwand gedeckt wird; der Sachaufwand kann den Aufwand für eine externe Begutachtung umfassen; bei begünstigenden Amtshandlungen kann daneben die Bedeutung, der wirtschaftliche Wert oder der sonstige Nutzen für den Gebührenschuldner angemessen berücksichtigt werden. Im Bereich der Gebühren der Landesbehörden übt das Bundesministerium für Verkehr und digitale Infrastruktur die Ermächtigung auf der Grundlage eines Antrags oder einer Stellungnahme von mindestens fünf Ländern beim Bundesministerium für Verkehr und digitale Infrastruktur

aus. Der Antrag oder die Stellungnahme sind mit einer Schätzung des Personal- und Sachaufwands zu begründen. Das Bundesministerium für Verkehr und digitale Infrastruktur kann die übrigen Länder ebenfalls zur Beibringung einer Schätzung des Personal- und Sachaufwands auffordern.

(3) Im Übrigen findet das Verwaltungskostengesetz in der bis zum 14. August 2013 geltenden Fassung Anwendung. In den Rechtsverordnungen nach Absatz 2 können jedoch die Kostenbefreiung, die Kostengläubigerschaft, die Kostenschuldnerschaft, der Umfang der zu erstattenden Auslagen und die Kostenerhebung abweichend von den Vorschriften des Verwaltungskostengesetzes geregelt werden.

(4) In den Rechtsverordnungen nach Absatz 2 kann bestimmt werden, dass die für die einzelnen Amtshandlungen, einschließlich Prüfungen, Abnahmen, Begutachtungen und Untersuchungen, zulässigen Gebühren auch erhoben werden dürfen, wenn die Amtshandlungen aus Gründen, die nicht von der Stelle, die die Amtshandlungen hätte durchführen sollen, zu vertreten sind, und ohne ausreichende Entschuldigung des Bewerbers oder Antragstellers am festgesetzten Termin nicht stattfinden konnten oder abgebrochen werden mussten.

(5) Rechtsverordnungen über Kosten, deren Gläubiger der Bund ist, bedürfen nicht der Zustimmung des Bundesrates.

(6) Für das Parken auf öffentlichen Wegen und Plätzen können in Ortsdurchfahrten die Gemeinden, im Übrigen die Träger der Straßenbaulast, Gebühren erheben. Für die Festsetzung der Gebühren werden die Landesregierungen ermächtigt, Gebührenordnungen zu erlassen. In diesen kann auch ein Höchstsatz festgelegt werden. Die Ermächtigung kann durch Rechtsverordnung weiter übertragen werden.

(7) Die Regelung des Absatzes 6 Satz 2 bis 4 ist auf die Erhebung von Gebühren für die Benutzung gebührenpflichtiger Parkplätze im Sinne des § 6 Abs. 1 Nr. 13 entsprechend anzuwenden.

(8) Die Länder können bestimmen, dass die Zulassung von Fahrzeugen von der Entrichtung der dafür bestimmten Gebühren und Auslagen sowie der rückständigen Gebühren und Auslagen aus vorausgegangenen Zulassungsvorgängen abhängig gemacht werden kann.

-

§ 6b Herstellung, Vertrieb und Ausgabe von Kennzeichen

(1) Wer Kennzeichen für Fahrzeuge herstellen, vertreiben oder ausgeben will, hat dies der Zulassungsbehörde vorher anzuzeigen.

(2) (weggefallen)

(3) Über die Herstellung, den Vertrieb und die Ausgabe von Kennzeichen sind nach näherer Bestimmung (§ 6 Abs. 1 Nr. 8) Einzelnachweise zu führen, aufzubewahren und zuständigen Personen auf Verlangen zur Prüfung auszuhändigen.

(4) Die Herstellung, der Vertrieb oder die Ausgabe von Kennzeichen ist zu untersagen, wenn diese ohne die vorherige Anzeige hergestellt, vertrieben oder ausgegeben werden.

(5) Die Herstellung, der Vertrieb oder die Ausgabe von Kennzeichen kann untersagt werden, wenn

1. Tatsachen vorliegen, aus denen sich die Unzuverlässigkeit des Verantwortlichen oder der von ihm mit Herstellung, Vertrieb oder Ausgabe von Kennzeichen beauftragten Personen ergibt, oder

2. gegen die Vorschriften über die Führung, Aufbewahrung oder Aushändigung von Nachweisen über die Herstellung, den Vertrieb oder die Ausgabe von Kennzeichen verstoßen wird.

-

§ 6c Herstellung, Vertrieb und Ausgabe von Kennzeichenvorprodukten

§ 6b Abs. 1, 3, 4 Nr. 1 sowie Abs. 5 gilt entsprechend für die Herstellung, den Vertrieb oder die Ausgabe von bestimmten - nach näherer Bestimmung durch das Bundesministerium für Verkehr und digitale Infrastruktur festzulegenden (§ 6 Abs. 1 Nr. 8, Abs. 2) - Kennzeichenvorprodukten, bei denen nur noch die Beschriftung fehlt.

-

§ 6d Auskunft und Prüfung

(1) Die mit der Herstellung, dem Vertrieb oder der Ausgabe von Kennzeichen befassten Personen haben den zuständigen Behörden oder den von ihnen beauftragten Personen über die Beachtung der in § 6b Abs. 1 bis 3 bezeichneten Pflichten die erforderlichen Auskünfte unverzüglich zu erteilen.

(2) Die mit der Herstellung, dem Vertrieb oder der Ausgabe von Kennzeichenvorprodukten im Sinne des § 6c befassten Personen haben den zuständigen Behörden oder den von ihnen beauftragten Personen über die Beachtung der in § 6b Abs. 1 und 3 bezeichneten Pflichten die erforderlichen Auskünfte unverzüglich zu erteilen.

(3) Die von der zuständigen Behörde beauftragten Personen dürfen im Rahmen der Absätze 1 und 2 Grundstücke, Geschäftsräume, Betriebsräume und Transportmittel der Auskunftspflichtigen während der Betriebs- oder Geschäftszeit zum Zwecke der Prüfung und Besichtigung betreten.

-

§ 6e Führen von Kraftfahrzeugen in Begleitung

(1) Das Bundesministerium für Verkehr und digitale Infrastruktur wird ermächtigt, durch Rechtsverordnung mit Zustimmung des Bundesrates zur Senkung des Unfallrisikos junger Fahranfänger die erforderlichen Vorschriften zu erlassen, insbesondere über

1.
    das Herabsetzen des allgemein vorgeschriebenen Mindestalters zum Führen von Kraftfahrzeugen mit einer Fahrerlaubnis der Klassen B und BE,

2.
    die zur Erhaltung der Sicherheit und Ordnung auf den öffentlichen Straßen notwendigen Auflagen, insbesondere dass der Fahrerlaubnisinhaber während des Führens eines Kraftfahrzeuges von mindestens einer namentlich benannten Person begleitet sein muss,

3.
    die Aufgaben und Befugnisse der begleitenden Person nach Nummer 2, insbesondere über die Möglichkeit, dem Fahrerlaubnisinhaber als Ansprechpartner beratend zur Verfügung zu stehen,

4.
    die Anforderungen an die begleitende Person nach Nummer 2, insbesondere über
    a)
        das Lebensalter,
    b)
        den Besitz einer Fahrerlaubnis sowie über deren Mitführen und Aushändigung an zur Überwachung zuständige Personen,
    c)
        ihre Belastung mit Eintragungen im Fahreignungsregister sowie
    d)
        über Beschränkungen oder das Verbot des Genusses alkoholischer Getränke und berauschender Mittel,

5.
    die Ausstellung einer Prüfungsbescheinigung, die abweichend von § 2 Abs. 1 Satz 3 ausschließlich im Inland längstens bis drei Monate nach Erreichen des allgemein vorgeschriebenen Mindestalters zum Nachweis der Fahrberechtigung dient, sowie über deren Mitführen und Aushändigung an zur Überwachung des Straßenverkehrs berechtigte Personen,

6.
    die Kosten in entsprechender Anwendung des § 6a Abs. 2 in Verbindung mit Abs. 4 und

7.
    das Verfahren.

(2) Eine auf der Grundlage der Rechtsverordnung nach Absatz 1 erteilte Fahrerlaubnis der Klassen B und BE ist zu widerrufen, wenn der Fahrerlaubnisinhaber entgegen einer vollziehbaren Auflage nach Absatz 1 Nummer 2 ein Kraftfahrzeug ohne Begleitung durch eine namentlich benannte Person führt. Die Erteilung einer neuen Fahrerlaubnis erfolgt unbeschadet der übrigen Voraussetzungen nach den Vorschriften des § 2a.

(3) Im Übrigen gelten die allgemeinen Vorschriften über die Fahrerlaubnispflicht, die Erteilung, die Entziehung oder die Neuerteilung der Fahrerlaubnis, die Regelungen für die Fahrerlaubnis auf Probe, das Fahrerlaubnisregister und die Zulassung von Personen zum Straßenverkehr. Für die Prüfungsbescheinigung nach Absatz 1 Nr. 5 gelten im Übrigen die Vorschriften über den Führerschein entsprechend.

II.
Haftpflicht

-

§ 7 Haftung des Halters, Schwarzfahrt

(1) Wird bei dem Betrieb eines Kraftfahrzeugs oder eines Anhängers, der dazu bestimmt ist, von einem Kraftfahrzeug mitgeführt zu werden, ein Mensch getötet, der Körper oder die Gesundheit eines Menschen verletzt oder eine Sache beschädigt, so ist der Halter verpflichtet, dem Verletzten den daraus entstehenden Schaden zu ersetzen.

(2) Die Ersatzpflicht ist ausgeschlossen, wenn der Unfall durch höhere Gewalt verursacht wird.

(3) Benutzt jemand das Fahrzeug ohne Wissen und Willen des Fahrzeughalters, so ist er anstelle des Halters zum Ersatz des Schadens verpflichtet; daneben bleibt der Halter zum Ersatz des Schadens verpflichtet, wenn die Benutzung des Fahrzeugs durch sein Verschulden ermöglicht worden ist. Satz 1 findet keine Anwendung, wenn der Benutzer vom Fahrzeughalter für den Betrieb des Kraftfahrzeugs angestellt ist oder wenn ihm das Fahrzeug vom Halter überlassen worden ist. Die Sätze 1 und 2 sind auf die Benutzung eines Anhängers entsprechend anzuwenden.

-

§ 8 Ausnahmen

Die Vorschriften des § 7 gelten nicht,

1.

wenn der Unfall durch ein Kraftfahrzeug verursacht wurde, das auf ebener Bahn mit keiner höheren Geschwindigkeit als 20 Kilometer in der Stunde fahren kann, oder durch einen im Unfallzeitpunkt mit einem solchen Fahrzeug verbundenen Anhänger,

2.

wenn der Verletzte bei dem Betrieb des Kraftfahrzeugs oder des Anhängers tätig war oder

3.

wenn eine Sache beschädigt worden ist, die durch das Kraftfahrzeug oder durch den Anhänger befördert worden ist, es sei denn, dass eine beförderte Person die Sache an sich trägt oder mit sich führt.

-

§ 8a Entgeltliche Personenbeförderung, Verbot des Haftungsausschlusses

Im Fall einer entgeltlichen, geschäftsmäßigen Personenbeförderung darf die Verpflichtung des Halters, wegen Tötung oder Verletzung beförderter Personen Schadensersatz nach § 7 zu leisten, weder ausgeschlossen noch beschränkt werden. Die Geschäftsmäßigkeit einer Personenbeförderung wird nicht dadurch ausgeschlossen, dass die Beförderung von einer Körperschaft oder Anstalt des öffentlichen Rechts betrieben wird.

-

§ 9 Mitverschulden

Hat bei der Entstehung des Schadens ein Verschulden des Verletzten mitgewirkt, so finden die Vorschriften des § 254 des Bürgerlichen Gesetzbuchs mit der Maßgabe Anwendung, dass im Fall der Beschädigung einer Sache das Verschulden desjenigen, welcher die tatsächliche Gewalt über die Sache ausübt, dem Verschulden des Verletzten gleichsteht.

-

§ 10 Umfang der Ersatzpflicht bei Tötung

(1) Im Fall der Tötung ist der Schadensersatz durch Ersatz der Kosten einer versuchten Heilung sowie des Vermögensnachteils zu leisten, den der Getötete dadurch erlitten hat, dass während der Krankheit seine Erwerbsfähigkeit aufgehoben oder gemindert oder eine Vermehrung seiner Bedürfnisse eingetreten war. Der Ersatzpflichtige hat außerdem die Kosten der Beerdigung demjenigen zu ersetzen, dem die Verpflichtung obliegt, diese Kosten zu tragen.

(2) Stand der Getötete zur Zeit der Verletzung zu einem Dritten in einem Verhältnis, vermöge dessen er diesem gegenüber kraft Gesetzes unterhaltspflichtig war oder unterhaltspflichtig werden konnte, und ist dem Dritten infolge der Tötung das Recht auf Unterhalt entzogen, so hat der Ersatzpflichtige dem Dritten insoweit

Schadensersatz zu leisten, als der Getötete während der mutmaßlichen Dauer seines Lebens zur Gewährung des Unterhalts verpflichtet gewesen sein würde. Die Ersatzpflicht tritt auch dann ein, wenn der Dritte zur Zeit der Verletzung gezeugt, aber noch nicht geboren war.

-

§ 11 Umfang der Ersatzpflicht bei Körperverletzung

Im Fall der Verletzung des Körpers oder der Gesundheit ist der Schadensersatz durch Ersatz der Kosten der Heilung sowie des Vermögensnachteils zu leisten, den der Verletzte dadurch erleidet, dass infolge der Verletzung zeitweise oder dauernd seine Erwerbsfähigkeit aufgehoben oder gemindert oder eine Vermehrung seiner Bedürfnisse eingetreten ist. Wegen des Schadens, der nicht Vermögensschaden ist, kann auch eine billige Entschädigung in Geld gefordert werden.

-

§ 12 Höchstbeträge

(1) Der Ersatzpflichtige haftet

1.

im Fall der Tötung oder Verletzung eines oder mehrerer Menschen durch dasselbe Ereignis nur bis zu einem Betrag von insgesamt fünf Millionen Euro; im Fall einer entgeltlichen, geschäftsmäßigen Personenbeförderung erhöht sich für den ersatzpflichtigen Halter des befördernden Kraftfahrzeugs oder Anhängers bei der Tötung oder Verletzung von mehr als acht beförderten Personen dieser Betrag um 600.000 Euro für jede weitere getötete oder verletzte beförderte Person;

2.

im Fall der Sachbeschädigung, auch wenn durch dasselbe Ereignis mehrere Sachen beschädigt werden, nur bis zu einem Betrag von insgesamt einer Million Euro.

Die Höchstbeträge nach Satz 1 Nr. 1 gelten auch für den Kapitalwert einer als Schadensersatz zu leistenden Rente.

(2) Übersteigen die Entschädigungen, die mehreren auf Grund desselben Ereignisses zu leisten sind, insgesamt die in Absatz 1 bezeichneten Höchstbeträge, so verringern sich die einzelnen Entschädigungen in dem Verhältnis, in welchem ihr Gesamtbetrag zu dem Höchstbetrag steht.

-

§ 12a Höchstbeträge bei Beförderung gefährlicher Güter

(1) Werden gefährliche Güter befördert, haftet der Ersatzpflichtige

1.

im Fall der Tötung oder Verletzung eines oder mehrerer Menschen durch dasselbe Ereignis nur bis zu einem Betrag von insgesamt zehn Millionen Euro,

2.

im Fall der Sachbeschädigung an unbeweglichen Sachen, auch wenn durch dasselbe Ereignis mehrere Sachen beschädigt werden, nur bis zu einem Betrag von insgesamt zehn Millionen Euro,

sofern der Schaden durch die die Gefährlichkeit der beförderten Güter begründenden Eigenschaften verursacht wird. Im Übrigen bleibt § 12 Abs. 1 unberührt.

(2) Gefährliche Güter im Sinne dieses Gesetzes sind Stoffe und Gegenstände, deren Beförderung auf der Straße nach den Anlagen A und B zu dem Europäischen Übereinkommen vom 30. September 1957 über die internationale Beförderung gefährlicher Güter auf der Straße (ADR) (BGBl. 1969 II S. 1489) in der jeweils geltenden Fassung verboten oder nur unter bestimmten Bedingungen gestattet ist.

(3) Absatz 1 ist nicht anzuwenden, wenn es sich um freigestellte Beförderungen gefährlicher Güter oder um Beförderungen in begrenzten Mengen unterhalb der im Unterabschnitt 1.1.3.6. zu dem in Absatz 2 genannten Übereinkommen festgelegten Grenzen handelt.

(4) Absatz 1 ist nicht anzuwenden, wenn der Schaden bei der Beförderung innerhalb eines Betriebs entstanden ist, in dem gefährliche Güter hergestellt, bearbeitet, verarbeitet, gelagert, verwendet oder vernichtet werden, soweit die Beförderung auf einem abgeschlossenen Gelände stattfindet.

(5) § 12 Abs. 2 gilt entsprechend.

-

§ 12b Nichtanwendbarkeit der Höchstbeträge

Die §§ 12 und 12a sind nicht anzuwenden, wenn ein Schaden bei dem Betrieb eines gepanzerten Gleiskettenfahrzeugs verursacht wird.

-

§ 13 Geldrente

(1) Der Schadensersatz wegen Aufhebung oder Minderung der Erwerbsfähigkeit und wegen Vermehrung der Bedürfnisse des Verletzten sowie der nach § 10 Abs. 2 einem Dritten zu gewährende Schadensersatz ist für die Zukunft durch Entrichtung einer Geldrente zu leisten.
(2) Die Vorschriften des § 843 Abs. 2 bis 4 des Bürgerlichen Gesetzbuchs finden entsprechende Anwendung.
(3) Ist bei der Verurteilung des Verpflichteten zur Entrichtung einer Geldrente nicht auf Sicherheitsleistung erkannt worden, so kann der Berechtigte gleichwohl Sicherheitsleistung verlangen, wenn die Vermögensverhältnisse des Verpflichteten sich erheblich verschlechtert haben; unter der gleichen Voraussetzung kann er eine Erhöhung der in dem Urteil bestimmten Sicherheit verlangen.

-

§ 14 Verjährung

Auf die Verjährung finden die für unerlaubte Handlungen geltenden Verjährungsvorschriften des Bürgerlichen Gesetzbuchs entsprechende Anwendung.

-

§ 15 Verwirkung

Der Ersatzberechtigte verliert die ihm auf Grund der Vorschriften dieses Gesetzes zustehenden Rechte, wenn er nicht spätestens innerhalb zweier Monate, nachdem er von dem Schaden und der Person des Ersatzpflichtigen Kenntnis erhalten hat, dem Ersatzpflichtigen den Unfall anzeigt. Der Rechtsverlust tritt nicht ein, wenn die Anzeige infolge eines von dem Ersatzberechtigten nicht zu vertretenden Umstands unterblieben ist oder der Ersatzpflichtige innerhalb der bezeichneten Frist auf andere Weise von dem Unfall Kenntnis erhalten hat.

-

§ 16 Sonstige Gesetze

Unberührt bleiben die bundesrechtlichen Vorschriften, nach welchen der Fahrzeughalter für den durch das Fahrzeug verursachten Schaden in weiterem Umfang als nach den Vorschriften dieses Gesetzes haftet oder nach welchen ein anderer für den Schaden verantwortlich ist.

-

§ 17 Schadensverursachung durch mehrere Kraftfahrzeuge

(1) Wird ein Schaden durch mehrere Kraftfahrzeuge verursacht und sind die beteiligten Fahrzeughalter einem Dritten kraft Gesetzes zum Ersatz des Schadens verpflichtet, so hängt im Verhältnis der Fahrzeughalter zueinander die Verpflichtung zum Ersatz sowie der Umfang des zu leistenden Ersatzes von den Umständen, insbesondere davon ab, inwieweit der Schaden vorwiegend von dem einen oder dem anderen Teil verursacht worden ist.
(2) Wenn der Schaden einem der beteiligten Fahrzeughalter entstanden ist, gilt Absatz 1 auch für die Haftung der Fahrzeughalter untereinander.
(3) Die Verpflichtung zum Ersatz nach den Absätzen 1 und 2 ist ausgeschlossen, wenn der Unfall durch ein unabwendbares Ereignis verursacht wird, das weder auf einem Fehler in der Beschaffenheit des Fahrzeugs noch auf einem Versagen seiner Vorrichtungen beruht. Als unabwendbar gilt ein Ereignis nur dann, wenn sowohl der Halter als auch der Führer des Fahrzeugs jede nach den Umständen des Falles gebotene Sorgfalt beobachtet hat. Der Ausschluss gilt auch für die Ersatzpflicht gegenüber dem Eigentümer eines Kraftfahrzeugs, der nicht Halter ist.

(4) Die Vorschriften der Absätze 1 bis 3 sind entsprechend anzuwenden, wenn der Schaden durch ein Kraftfahrzeug und einen Anhänger, durch ein Kraftfahrzeug und ein Tier oder durch ein Kraftfahrzeug und eine Eisenbahn verursacht wird.

-

§ 18 Ersatzpflicht des Fahrzeugführers

(1) In den Fällen des § 7 Abs. 1 ist auch der Führer des Kraftfahrzeugs oder des Anhängers zum Ersatz des Schadens nach den Vorschriften der §§ 8 bis 15 verpflichtet. Die Ersatzpflicht ist ausgeschlossen, wenn der Schaden nicht durch ein Verschulden des Führers verursacht ist.
(2) Die Vorschrift des § 16 findet entsprechende Anwendung.
(3) Ist in den Fällen des § 17 auch der Führer eines Kraftfahrzeugs oder Anhängers zum Ersatz des Schadens verpflichtet, so sind auf diese Verpflichtung in seinem Verhältnis zu den Haltern und Führern der anderen beteiligten Kraftfahrzeuge, zu den Haltern und Führern der anderen beteiligten Anhänger, zu dem Tierhalter oder Eisenbahnunternehmer die Vorschriften des § 17 entsprechend anzuwenden.

-

§ 19

(weggefallen)

-

§ 20 Örtliche Zuständigkeit

Für Klagen, die auf Grund dieses Gesetzes erhoben werden, ist auch das Gericht zuständig, in dessen Bezirk das schädigende Ereignis stattgefunden hat.

III.
Straf- und Bußgeldvorschriften

-

§ 21 Fahren ohne Fahrerlaubnis

(1) Mit Freiheitsstrafe bis zu einem Jahr oder mit Geldstrafe wird bestraft, wer

1.

ein Kraftfahrzeug führt, obwohl er die dazu erforderliche Fahrerlaubnis nicht hat oder ihm das Führen des Fahrzeugs nach § 44 des Strafgesetzbuchs oder nach § 25 dieses Gesetzes verboten ist, oder

2.

als Halter eines Kraftfahrzeugs anordnet oder zulässt, dass jemand das Fahrzeug führt, der die dazu erforderliche Fahrerlaubnis nicht hat oder dem das Führen des Fahrzeugs nach § 44 des Strafgesetzbuchs oder nach § 25 dieses Gesetzes verboten ist.

(2) Mit Freiheitsstrafe bis zu sechs Monaten oder mit Geldstrafe bis zu 180 Tagessätzen wird bestraft, wer

1.

eine Tat nach Absatz 1 fahrlässig begeht,

2.

vorsätzlich oder fahrlässig ein Kraftfahrzeug führt, obwohl der vorgeschriebene Führerschein nach § 94 der Strafprozessordnung in Verwahrung genommen, sichergestellt oder beschlagnahmt ist, oder

3.

vorsätzlich oder fahrlässig als Halter eines Kraftfahrzeugs anordnet oder zulässt, dass jemand das Fahrzeug führt, obwohl der vorgeschriebene Führerschein nach § 94 der Strafprozessordnung in Verwahrung genommen, sichergestellt oder beschlagnahmt ist.

(3) In den Fällen des Absatzes 1 kann das Kraftfahrzeug, auf das sich die Tat bezieht, eingezogen werden, wenn der Täter

1.

das Fahrzeug geführt hat, obwohl ihm die Fahrerlaubnis entzogen oder das Führen des Fahrzeugs

2.

nach § 44 des Strafgesetzbuchs oder nach § 25 dieses Gesetzes verboten war oder obwohl eine Sperre nach § 69a Abs. 1 Satz 3 des Strafgesetzbuchs gegen ihn angeordnet war,

als Halter des Fahrzeugs angeordnet oder zugelassen hat, dass jemand das Fahrzeug führte, dem die Fahrerlaubnis entzogen oder das Führen des Fahrzeugs nach § 44 des Strafgesetzbuchs oder nach § 25 dieses Gesetzes verboten war oder gegen den eine Sperre nach § 69a Abs. 1 Satz 3 des Strafgesetzbuchs angeordnet war, oder

3.

in den letzten drei Jahren vor der Tat schon einmal wegen einer Tat nach Absatz 1 verurteilt worden ist.

Fußnote

§ 21 Abs. 1 Nr. 1 1. Alternative: Mit dem GG vereinbar, BVerfGE v. 27.3.1979 I 489 - 2 BvL 7/78 -
§ 21 Abs. 2 Nr. 1: Mit dem GG vereinbar, BVerfGE v. 27.3.1979 I 489 - 2 BvL 7/78 -

-

§ 22 Kennzeichenmissbrauch

(1) Wer in rechtswidriger Absicht

1.

ein Kraftfahrzeug oder einen Kraftfahrzeuganhänger, für die ein amtliches Kennzeichen nicht ausgegeben oder zugelassen worden ist, mit einem Zeichen versieht, das geeignet ist, den Anschein amtlicher Kennzeichnung hervorzurufen,

2.

ein Kraftfahrzeug oder einen Kraftfahrzeuganhänger mit einer anderen als der amtlich für das Fahrzeug ausgegebenen oder zugelassenen Kennzeichnung versieht,

3.

das an einem Kraftfahrzeug oder einem Kraftfahrzeuganhänger angebrachte amtliche Kennzeichen verändert, beseitigt, verdeckt oder sonst in seiner Erkennbarkeit beeinträchtigt,

wird, wenn die Tat nicht in anderen Vorschriften mit schwererer Strafe bedroht ist, mit Freiheitsstrafe bis zu einem Jahr oder mit Geldstrafe bestraft.

(2) Die gleiche Strafe trifft Personen, welche auf öffentlichen Wegen oder Plätzen von einem Kraftfahrzeug oder einem Kraftfahrzeuganhänger Gebrauch machen, von denen sie wissen, dass die Kennzeichnung in der in Absatz 1 Nr. 1 bis 3 bezeichneten Art gefälscht, verfälscht oder unterdrückt worden ist.

-

§ 22a Missbräuchliches Herstellen, Vertreiben oder Ausgeben von Kennzeichen

(1) Mit Freiheitsstrafe bis zu einem Jahr oder mit Geldstrafe wird bestraft, wer

1.

Kennzeichen ohne vorherige Anzeige bei der zuständigen Behörde herstellt, vertreibt oder ausgibt, oder

2.

(weggefallen)

3.

Kennzeichen in der Absicht nachmacht, dass sie als amtlich zugelassene Kennzeichen verwendet oder in Verkehr gebracht werden oder dass ein solches Verwenden oder Inverkehrbringen ermöglicht werde, oder Kennzeichen in dieser Absicht so verfälscht, dass der Anschein der Echtheit hervorgerufen wird, oder

4.

nachgemachte oder verfälschte Kennzeichen feilhält oder in den Verkehr bringt.

(2) Nachgemachte oder verfälschte Kennzeichen, auf die sich eine Straftat nach Absatz 1 bezieht, können eingezogen werden. § 74a des Strafgesetzbuchs ist anzuwenden.

-

§ 22b Missbrauch von Wegstreckenzählern und Geschwindigkeitsbegrenzern

(1) Mit Freiheitsstrafe bis zu einem Jahr oder mit Geldstrafe wird bestraft, wer

1.
   die Messung eines Wegstreckenzählers, mit dem ein Kraftfahrzeug ausgerüstet ist, dadurch verfälscht, dass er durch Einwirkung auf das Gerät oder den Messvorgang das Ergebnis der Messung beeinflusst,

2.
   die bestimmungsgemäße Funktion eines Geschwindigkeitsbegrenzers, mit dem ein Kraftfahrzeug ausgerüstet ist, durch Einwirkung auf diese Einrichtung aufhebt oder beeinträchtigt oder

3.
   eine Straftat nach Nummer 1 oder 2 vorbereitet, indem er Computerprogramme, deren Zweck die Begehung einer solchen Tat ist, herstellt, sich oder einem anderen verschafft, feilhält oder einem anderen überlässt.

(2) In den Fällen des Absatzes 1 Nr. 3 gilt § 149 Abs. 2 und 3 des Strafgesetzbuches entsprechend.

(3) Gegenstände, auf die sich die Straftat nach Absatz 1 bezieht, können eingezogen werden. § 74a des Strafgesetzbuches ist anzuwenden.

-

§ 23 Feilbieten nicht genehmigter Fahrzeuge, Fahrzeugteile und Ausrüstungen

(1) Ordnungswidrig handelt, wer vorsätzlich oder fahrlässig Fahrzeugteile, die in einer vom Kraftfahrt-Bundesamt genehmigten Bauart ausgeführt sein müssen, gewerbsmäßig feilbietet, obwohl sie nicht mit einem amtlich vorgeschriebenen und zugeteilten Prüfzeichen gekennzeichnet sind.

(2) Ordnungswidrig handelt, wer vorsätzlich oder fahrlässig einer Vorschrift einer auf Grund des § 6 Abs. 3a erlassenen Rechtsverordnung oder einer auf Grund einer solchen Rechtsverordnung ergangenen vollziehbaren Anordnung zuwiderhandelt, soweit die Rechtsverordnung für einen bestimmten Tatbestand auf diese Bußgeldvorschrift verweist.

(3) Die Ordnungswidrigkeit kann mit einer Geldbuße bis zu fünftausend Euro geahndet werden.

(4) Fahrzeuge, Fahrzeugteile und Ausrüstungen, auf die sich die Ordnungswidrigkeit bezieht, können eingezogen werden.

-

§ 24 Verkehrsordnungswidrigkeit

(1) Ordnungswidrig handelt, wer vorsätzlich oder fahrlässig einer Vorschrift einer auf Grund des § 6 Abs. 1 oder des § 6e Abs. 1 erlassenen Rechtsverordnung oder einer auf Grund einer solchen Rechtsverordnung ergangenen Anordnung zuwiderhandelt, soweit die Rechtsverordnung für einen bestimmten Tatbestand auf diese Bußgeldvorschrift verweist. Die Verweisung ist nicht erforderlich, soweit die Vorschrift der Rechtsverordnung vor dem 1. Januar 1969 erlassen worden ist.

(2) Die Ordnungswidrigkeit kann mit einer Geldbuße bis zu zweitausend Euro geahndet werden.

Fußnote

§ 24: Mit dem GG vereinbar gem. BVerfGE v. 16.7.1969 I 1444 - 2 BvL 2/69 -;

-

§ 24a 0,5 Promille-Grenze

(1) Ordnungswidrig handelt, wer im Straßenverkehr ein Kraftfahrzeug führt, obwohl er 0,25 mg/l oder mehr Alkohol in der Atemluft oder 0,5 Promille oder mehr Alkohol im Blut oder eine Alkoholmenge im Körper hat, die zu einer solchen Atem- oder Blutalkoholkonzentration führt.

(2) Ordnungswidrig handelt, wer unter der Wirkung eines in der Anlage zu dieser Vorschrift genannten berauschenden Mittels im Straßenverkehr ein Kraftfahrzeug führt. Eine solche Wirkung liegt vor, wenn eine in dieser Anlage genannte Substanz im Blut nachgewiesen wird. Satz 1 gilt nicht, wenn die Substanz aus der bestimmungsgemäßen Einnahme eines für einen konkreten Krankheitsfall verschriebenen Arzneimittels herrührt.

(3) Ordnungswidrig handelt auch, wer die Tat fahrlässig begeht.

(4) Die Ordnungswidrigkeit kann mit einer Geldbuße bis zu dreitausend Euro geahndet werden.
(5) Das Bundesministerium für Verkehr und digitale Infrastruktur wird ermächtigt, durch Rechtsverordnung im Einvernehmen mit dem Bundesministerium für Gesundheit und dem Bundesministerium der Justiz und für Verbraucherschutz mit Zustimmung des Bundesrates die Liste der berauschenden Mittel und Substanzen in der Anlage zu dieser Vorschrift zu ändern oder zu ergänzen, wenn dies nach wissenschaftlicher Erkenntnis im Hinblick auf die Sicherheit des Straßenverkehrs erforderlich ist.
-

§ 24b Mangelnde Nachweise für Herstellung, Vertrieb und Ausgabe von Kennzeichen

(1) Ordnungswidrig handelt, wer vorsätzlich oder fahrlässig einer Vorschrift einer auf Grund des § 6 Abs. 1 Nr. 8 erlassenen Rechtsverordnung oder einer auf Grund einer solchen Rechtsverordnung ergangenen vollziehbaren Anordnung zuwiderhandelt, soweit die Rechtsverordnung für einen bestimmten Tatbestand auf diese Bußgeldvorschrift verweist.
(2) Die Ordnungswidrigkeit kann mit einer Geldbuße bis zu zweitausendfünfhundert Euro geahndet werden.
-

§ 24c Alkoholverbot für Fahranfänger und Fahranfängerinnen

(1) Ordnungswidrig handelt, wer in der Probezeit nach § 2a oder vor Vollendung des 21. Lebensjahres als Führer eines Kraftfahrzeugs im Straßenverkehr alkoholische Getränke zu sich nimmt oder die Fahrt antritt, obwohl er unter der Wirkung eines solchen Getränks steht.
(2) Ordnungswidrig handelt auch, wer die Tat fahrlässig begeht.
(3) Die Ordnungswidrigkeit kann mit einer Geldbuße geahndet werden.
-

§ 25 Fahrverbot

(1) Wird gegen den Betroffenen wegen einer Ordnungswidrigkeit nach § 24, die er unter grober oder beharrlicher Verletzung der Pflichten eines Kraftfahrzeugführers begangen hat, eine Geldbuße festgesetzt, so kann ihm die Verwaltungsbehörde oder das Gericht in der Bußgeldentscheidung für die Dauer von einem Monat bis zu drei Monaten verbieten, im Straßenverkehr Kraftfahrzeuge jeder oder einer bestimmten Art zu führen. Wird gegen den Betroffenen wegen einer Ordnungswidrigkeit nach § 24a eine Geldbuße festgesetzt, so ist in der Regel auch ein Fahrverbot anzuordnen.
(2) Das Fahrverbot wird mit der Rechtskraft der Bußgeldentscheidung wirksam. Für seine Dauer werden von einer deutschen Behörde ausgestellte nationale und internationale Führerscheine amtlich verwahrt. Dies gilt auch, wenn der Führerschein von einer Behörde eines Mitgliedstaates der Europäischen Union oder eines anderen Vertragsstaates des Abkommens über den Europäischen Wirtschaftsraum ausgestellt worden ist, sofern der Inhaber seinen ordentlichen Wohnsitz im Inland hat. Wird er nicht freiwillig herausgegeben, so ist er zu beschlagnahmen.
(2a) Ist in den zwei Jahren vor der Ordnungswidrigkeit ein Fahrverbot gegen den Betroffenen nicht verhängt worden und wird auch bis zur Bußgeldentscheidung ein Fahrverbot nicht verhängt, so bestimmt die Verwaltungsbehörde oder das Gericht abweichend von Absatz 2 Satz 1, dass das Fahrverbot erst wirksam wird, wenn der Führerschein nach Rechtskraft der Bußgeldentscheidung in amtliche Verwahrung gelangt, spätestens jedoch mit Ablauf von vier Monaten seit Eintritt der Rechtskraft. Werden gegen den Betroffenen weitere Fahrverbote rechtskräftig verhängt, so sind die Fahrverbotsfristen nacheinander in der Reihenfolge der Rechtskraft der Bußgeldentscheidungen zu berechnen.
(3) In anderen als in Absatz 2 Satz 3 genannten ausländischen Führerscheinen wird das Fahrverbot vermerkt. Zu diesem Zweck kann der Führerschein beschlagnahmt werden.
(4) Wird der Führerschein in den Fällen des Absatzes 2 Satz 4 oder des Absatzes 3 Satz 2 bei dem Betroffenen nicht vorgefunden, so hat er auf Antrag der Vollstreckungsbehörde (§ 92 des Gesetzes über Ordnungswidrigkeiten) bei dem Amtsgericht eine eidesstattliche Versicherung über den Verbleib des Führerscheins abzugeben. § 883 Abs. 2 und 3 der Zivilprozessordnung gilt entsprechend.
(5) Ist ein Führerschein amtlich zu verwahren oder das Fahrverbot in einem ausländischen Führerschein zu vermerken, so wird die Verbotsfrist erst von dem Tag an gerechnet, an dem dies geschieht. In die Verbotsfrist wird die Zeit nicht eingerechnet, in welcher der Täter auf behördliche Anordnung in einer Anstalt verwahrt wird.
(6) Die Dauer einer vorläufigen Entziehung der Fahrerlaubnis (§ 111a der Strafprozessordnung) wird auf das

Fahrverbot angerechnet. Es kann jedoch angeordnet werden, dass die Anrechnung ganz oder zum Teil unterbleibt, wenn sie im Hinblick auf das Verhalten des Betroffenen nach Begehung der Ordnungswidrigkeit nicht gerechtfertigt ist. Der vorläufigen Entziehung der Fahrerlaubnis steht die Verwahrung, Sicherstellung oder Beschlagnahme des Führerscheins (§ 94 der Strafprozessordnung) gleich.

(7) Wird das Fahrverbot nach Absatz 1 im Strafverfahren angeordnet (§ 82 des Gesetzes über Ordnungswidrigkeiten), so kann die Rückgabe eines in Verwahrung genommenen, sichergestellten oder beschlagnahmten Führerscheins aufgeschoben werden, wenn der Betroffene nicht widerspricht. In diesem Fall ist die Zeit nach dem Urteil unverkürzt auf das Fahrverbot anzurechnen.

(8) Über den Zeitpunkt der Wirksamkeit des Fahrverbots nach Absatz 2 oder 2a Satz 1 und über den Beginn der Verbotsfrist nach Absatz 5 Satz 1 ist der Betroffene bei der Zustellung der Bußgeldentscheidung oder im Anschluss an deren Verkündung zu belehren.

Fußnote

§ 25 Abs. 1 Satz 1: Mit dem GG vereinbar, BVerfGE v. 16.7.1969 I 1444 - 2 BvL 11/69 -

-

§ 25a Kostentragungspflicht des Halters eines Kraftfahrzeugs

(1) Kann in einem Bußgeldverfahren wegen eines Halt- oder Parkverstoßes der Führer des Kraftfahrzeugs, der den Verstoß begangen hat, nicht vor Eintritt der Verfolgungsverjährung ermittelt werden oder würde seine Ermittlung einen unangemessenen Aufwand erfordern, so werden dem Halter des Kraftfahrzeugs oder seinem Beauftragten die Kosten des Verfahrens auferlegt; er hat dann auch seine Auslagen zu tragen. Von einer Entscheidung nach Satz 1 wird abgesehen, wenn es unbillig wäre, den Halter des Kraftfahrzeugs oder seinen Beauftragten mit den Kosten zu belasten.

(2) Die Kostenentscheidung ergeht mit der Entscheidung, die das Verfahren abschließt; vor der Entscheidung ist derjenige zu hören, dem die Kosten auferlegt werden sollen.

(3) Gegen die Kostenentscheidung der Verwaltungsbehörde und der Staatsanwaltschaft kann innerhalb von zwei Wochen nach Zustellung gerichtliche Entscheidung beantragt werden. § 62 Abs. 2 des Gesetzes über Ordnungswidrigkeiten gilt entsprechend; für die Kostenentscheidung der Staatsanwaltschaft gelten auch § 50 Abs. 2 und § 52 des Gesetzes über Ordnungswidrigkeiten entsprechend. Die Kostenentscheidung des Gerichts ist nicht anfechtbar.

Fußnote

§ 25a: Mit GG (100-1) vereinbar, BVerfGE v. 1.6.1989 (2 BvR 239/88, 2 BvR 1205/87, 2 BvR 1533/87, 2 BvR 1095/87)

-

§ 26 Zuständige Verwaltungsbehörde; Verjährung

(1) Bei Ordnungswidrigkeiten nach § 24, die im Straßenverkehr begangen werden, und bei Ordnungswidrigkeiten nach den §§ 24a und 24c ist Verwaltungsbehörde im Sinne des § 36 Abs. 1 Nr. 1 des Gesetzes über Ordnungswidrigkeiten die Behörde oder Dienststelle der Polizei, die von der Landesregierung durch Rechtsverordnung näher bestimmt wird. Die Landesregierung kann die Ermächtigung auf die zuständige oberste Landesbehörde übertragen.

(2) Bei Ordnungswidrigkeiten nach § 23 ist Verwaltungsbehörde im Sinne des § 36 Abs. 1 Nr. 1 des Gesetzes über Ordnungswidrigkeiten die Behörde, die von der Landesregierung durch Rechtsverordnung näher bestimmt wird.

(3) Die Frist der Verfolgungsverjährung beträgt bei Ordnungswidrigkeiten nach § 24 drei Monate, solange wegen der Handlung weder ein Bußgeldbescheid ergangen noch öffentliche Klage erhoben ist, danach sechs Monate.

Fußnote

§ 26 Abs. 1 Satz 1: Mit dem GG vereinbar, BVerfGE v. 16.7.1969 I 1444 - 2 BvL 2/69 -

-

§ 26a Bußgeldkatalog

(1) Das Bundesministerium für Verkehr und digitale Infrastruktur wird ermächtigt, durch Rechtsverordnung mit Zustimmung des Bundesrates Vorschriften zu erlassen über

1.
   die Erteilung einer Verwarnung (§ 56 des Gesetzes über Ordnungswidrigkeiten) wegen einer Ordnungswidrigkeit nach § 24,

2.
   Regelsätze für Geldbußen wegen einer Ordnungswidrigkeit nach den §§ 24, 24a und § 24c,

3.
   die Anordnung des Fahrverbots nach § 25.

(2) Die Vorschriften nach Absatz 1 bestimmen unter Berücksichtigung der Bedeutung der Ordnungswidrigkeit, in welchen Fällen, unter welchen Voraussetzungen und in welcher Höhe das Verwarnungsgeld erhoben, die Geldbuße festgesetzt und für welche Dauer das Fahrverbot angeordnet werden soll.

-

§ 27 Informationsschreiben

(1) Hat die Verwaltungsbehörde in einem Bußgeldverfahren den Halter oder Eigentümer eines Kraftfahrzeugs auf Grund einer Abfrage im Sinne von Artikel 4 der Richtlinie 2011/82/EU des Europäischen Parlaments und des Rates vom 25. Oktober 2011 zur Erleichterung des grenzüberschreitenden Austauschs von Informationen über die Straßenverkehrssicherheit gefährdende Verkehrsdelikte (ABl. L 288 vom 5.11.2011, S. 1) ermittelt, übersendet sie der ermittelten Person ein Informationsschreiben. In diesem Schreiben werden die Art des Verstoßes, Zeit und Ort seiner Begehung, das gegebenenfalls verwendete Überwachungsgerät, die anwendbaren Bußgeldvorschriften sowie die für einen solchen Verstoß vorgesehene Sanktion angegeben. Das Informationsschreiben ist in der Sprache des Zulassungsdokuments des Kraftfahrzeugs oder in einer der Amtssprachen des Mitgliedstaates zu übermitteln, in dem das Kraftfahrzeug zugelassen ist.

(2) Absatz 1 gilt nicht, wenn die ermittelte Person ihren ordentlichen Wohnsitz im Inland hat.

IV.
Fahreignungsregister

-

§ 28 Führung und Inhalt des Fahreignungsregisters

(1) Das Kraftfahrt-Bundesamt führt das Fahreignungsregister nach den Vorschriften dieses Abschnitts.

(2) Das Fahreignungsregister wird geführt zur Speicherung von Daten, die erforderlich sind

1.
   für die Beurteilung der Eignung und der Befähigung von Personen zum Führen von Kraftfahrzeugen oder zum Begleiten eines Kraftfahrzeugführers entsprechend einer nach § 6e Abs. 1 erlassenen Rechtsverordnung,

2.
   für die Prüfung der Berechtigung zum Führen von Fahrzeugen,

3.
   für die Ahndung der Verstöße von Personen, die wiederholt Straftaten oder Ordnungswidrigkeiten, die im Zusammenhang mit dem Straßenverkehr stehen, begehen oder

4.
   für die Beurteilung von Personen im Hinblick auf ihre Zuverlässigkeit bei der Wahrnehmung der ihnen durch Gesetz, Satzung oder Vertrag übertragenen Verantwortung für die Einhaltung der zur Sicherheit im Straßenverkehr bestehenden Vorschriften.

(3) Im Fahreignungsregister werden Daten gespeichert über

1.
   rechtskräftige Entscheidungen der Strafgerichte wegen einer Straftat, die in der Rechtsverordnung nach § 6 Absatz 1 Nummer 1 Buchstabe s bezeichnet ist, soweit sie auf Strafe, Verwarnung mit Strafvorbehalt erkennen oder einen Schuldspruch enthalten,

2.

rechtskräftige Entscheidungen der Strafgerichte, die die Entziehung der Fahrerlaubnis, eine isolierte Sperre oder ein Fahrverbot anordnen, sofern sie nicht von Nummer 1 erfasst sind, sowie Entscheidungen der Strafgerichte, die die vorläufige Entziehung der Fahrerlaubnis anordnen,

3.

rechtskräftige Entscheidungen wegen einer Ordnungswidrigkeit

a)

nach den §§ 24, 24a oder § 24c, soweit sie in der Rechtsverordnung nach § 6 Absatz 1 Nummer 1 Buchstabe s bezeichnet ist und gegen den Betroffenen

aa)

ein Fahrverbot nach § 25 angeordnet worden ist oder

bb)

eine Geldbuße von mindestens sechzig Euro festgesetzt worden ist und § 28a nichts anderes bestimmt,

b)

nach den §§ 24, 24a oder § 24c, soweit kein Fall des Buchstaben a vorliegt und ein Fahrverbot angeordnet worden ist,

c)

nach § 10 des Gefahrgutbeförderungsgesetzes, soweit sie in der Rechtsverordnung nach § 6 Absatz 1 Nummer 1 Buchstabe s bezeichnet ist,

4.

unanfechtbare oder sofort vollziehbare Verbote oder Beschränkungen, ein fahrerlaubnisfreies Fahrzeug zu führen,

5.

unanfechtbare Versagungen einer Fahrerlaubnis,

6.

unanfechtbare oder sofort vollziehbare Entziehungen, Widerrufe, Aberkennungen oder Rücknahmen einer Fahrerlaubnis oder die Feststellung über die fehlende Berechtigung, von der Fahrerlaubnis im Inland Gebrauch zu machen,

7.

Verzichte auf die Fahrerlaubnis,

8.

unanfechtbare Ablehnungen eines Antrags auf Verlängerung der Geltungsdauer einer Fahrerlaubnis,

9.

die Beschlagnahme, Sicherstellung oder Verwahrung von Führerscheinen nach § 94 der Strafprozessordnung,

10.

(weggefallen)

11.

Maßnahmen der Fahrerlaubnisbehörde nach § 2a Abs. 2 Satz 1 Nr. 1 und 2 und § 4 Absatz 5 Satz 1 Nr. 1 und 2,

12.

die Teilnahme an einem Aufbauseminar, an einem besonderen Aufbauseminar und an einer verkehrspsychologischen Beratung, soweit dies für die Anwendung der Regelungen der Fahrerlaubnis auf Probe (§ 2a) erforderlich ist,

13.

die Teilnahme an einem Fahreignungsseminar, soweit dies für die Anwendung der Regelungen des Fahreignungs-Bewertungssystems (§ 4) erforderlich ist,

14.

Entscheidungen oder Änderungen, die sich auf eine der in den Nummern 1 bis 13 genannten Eintragungen beziehen.

(4) Die Gerichte, Staatsanwaltschaften und anderen Behörden teilen dem Kraftfahrt-Bundesamt unverzüglich die nach Absatz 3 zu speichernden oder zu einer Änderung oder Löschung einer Eintragung führenden Daten mit.

(5) Bei Zweifeln an der Identität einer eingetragenen Person mit der Person, auf die sich eine Mitteilung nach Absatz 4 bezieht, dürfen die Datenbestände des Zentralen Fahrerlaubnisregisters und des Zentralen Fahrzeugregisters zur Identifizierung dieser Personen genutzt werden. Ist die Feststellung der Identität der betreffenden Personen auf diese Weise nicht möglich, dürfen die auf Anfrage aus den Melderegistern übermittelten Daten zur Behebung der Zweifel genutzt werden. Die Zulässigkeit der Übermittlung durch die Meldebehörden richtet sich nach den Meldegesetzen der Länder. Können die Zweifel an der Identität der

betreffenden Personen nicht ausgeräumt werden, werden die Eintragungen über beide Personen mit einem Hinweis auf die Zweifel an deren Identität versehen.

(6) Die regelmäßige Nutzung der auf Grund des § 50 Abs. 1 im Zentralen Fahrerlaubnisregister gespeicherten Daten ist zulässig, um Fehler und Abweichungen bei den Personendaten sowie den Daten über Fahrerlaubnisse und Führerscheine der betreffenden Person im Fahreignungsregister festzustellen und zu beseitigen und um das Fahreignungsregister zu vervollständigen.

-

§ 28a Eintragung beim Abweichen vom Bußgeldkatalog

Wird die Geldbuße wegen einer Ordnungswidrigkeit nach den §§ 24, 24a und § 24c lediglich mit Rücksicht auf die wirtschaftlichen Verhältnisse des Betroffenen abweichend von dem Regelsatz der Geldbuße festgesetzt, der für die zugrunde liegende Ordnungswidrigkeit im Bußgeldkatalog (§ 26a) vorgesehen ist, so ist in der Entscheidung dieser Paragraf bei den angewendeten Bußgeldvorschriften aufzuführen, wenn der Regelsatz der Geldbuße

1. sechzig Euro oder mehr beträgt und eine geringere Geldbuße festgesetzt wird oder

2. weniger als sechzig Euro beträgt und eine Geldbuße von sechzig Euro oder mehr festgesetzt wird.

In diesen Fällen ist für die Eintragung in das Fahreignungsregister der im Bußgeldkatalog vorgesehene Regelsatz maßgebend.

-

§ 28b

(weggefallen)

-

§ 29 Tilgung der Eintragungen

(1) Die im Register gespeicherten Eintragungen werden nach Ablauf der in Satz 2 bestimmten Fristen getilgt. Die Tilgungsfristen betragen

1. zwei Jahre und sechs Monate
bei Entscheidungen über eine Ordnungswidrigkeit,

   a) die in der Rechtsverordnung nach § 6 Absatz 1 Nummer 1 Buchstabe s Doppelbuchstabe bb Dreifachbuchstabe bbb als verkehrssicherheitsbeeinträchtigende oder gleichgestellte Ordnungswidrigkeit mit einem Punkt bewertet ist oder

   b) soweit weder ein Fall des Buchstaben a noch der Nummer 2 Buchstabe b vorliegt und in der Entscheidung ein Fahrverbot angeordnet worden ist,

2. fünf Jahre

   a) bei Entscheidungen über eine Straftat, vorbehaltlich der Nummer 3 Buchstabe a,

   b) bei Entscheidungen über eine Ordnungswidrigkeit, die in der Rechtsverordnung nach § 6 Absatz 1 Nummer 1 Buchstabe s Doppelbuchstabe bb Dreifachbuchstabe aaa als besonders verkehrssicherheitsbeeinträchtigende oder gleichgestellte Ordnungswidrigkeit mit zwei Punkten bewertet ist,

   c) bei von der nach Landesrecht zuständigen Behörde verhängten Verboten oder Beschränkungen, ein fahrerlaubnisfreies Fahrzeug zu führen,

   d) bei Mitteilungen über die Teilnahme an einem Fahreignungsseminar, einem Aufbauseminar, einem besonderen Aufbauseminar oder einer verkehrspsychologischen Beratung,

3.

zehn Jahre

a)

bei Entscheidungen über eine Straftat, in denen die Fahrerlaubnis entzogen oder eine isolierte Sperre angeordnet worden ist,

b)

bei Entscheidungen über Maßnahmen oder Verzichte nach § 28 Absatz 3 Nummer 5 bis 8. Eintragungen über Maßnahmen der nach Landesrecht zuständigen Behörde nach § 2a Absatz 2 Satz 1 Nummer 1 und 2 und § 4 Absatz 5 Satz 1 Nummer 1 und 2 werden getilgt, wenn dem Inhaber einer Fahrerlaubnis die Fahrerlaubnis entzogen wird. Sonst erfolgt eine Tilgung bei den Maßnahmen nach § 2a Absatz 2 Satz 1 Nummer 1 und 2 ein Jahr nach Ablauf der Probezeit und bei Maßnahmen nach § 4 Absatz 5 Satz 1 Nummer 1 und 2 dann, wenn die letzte Eintragung wegen einer Straftat oder Ordnungswidrigkeit getilgt ist. Verkürzungen der Tilgungsfristen nach Absatz 1 können durch Rechtsverordnung gemäß § 30c Abs. 1 Nr. 2 zugelassen werden, wenn die eingetragene Entscheidung auf körperlichen oder geistigen Mängeln oder fehlender Befähigung beruht.

(2) Die Tilgungsfristen gelten nicht, wenn die Erteilung einer Fahrerlaubnis oder die Erteilung des Rechts, von einer ausländischen Fahrerlaubnis wieder Gebrauch zu machen, für immer untersagt ist.

(3) Ohne Rücksicht auf den Lauf der Fristen nach Absatz 1 und das Tilgungsverbot nach Absatz 2 werden getilgt

1.

Eintragungen über Entscheidungen, wenn ihre Tilgung im Bundeszentralregister angeordnet oder wenn die Entscheidung im Wiederaufnahmeverfahren oder nach den §§ 86, 102 Abs. 2 des Gesetzes über Ordnungswidrigkeiten rechtskräftig aufgehoben wird,

2.

Eintragungen, die in das Bundeszentralregister nicht aufzunehmen sind, wenn ihre Tilgung durch die nach Landesrecht zuständige Behörde angeordnet wird, wobei die Anordnung nur ergehen darf, wenn dies zur Vermeidung ungerechtfertigter Härten erforderlich ist und öffentliche Interessen nicht gefährdet werden,

3.

Eintragungen, bei denen die zugrundeliegende Entscheidung aufgehoben wird oder bei denen nach näherer Bestimmung durch Rechtsverordnung gemäß § 30c Abs. 1 Nr. 2 eine Änderung der zugrundeliegenden Entscheidung Anlass gibt,

4.

sämtliche Eintragungen, wenn eine amtliche Mitteilung über den Tod des Betroffenen eingeht.

(4) Die Tilgungsfrist (Absatz 1) beginnt

1.

bei strafgerichtlichen Verurteilungen und bei Strafbefehlen mit dem Tag der Rechtskraft, wobei dieser Tag auch dann maßgebend bleibt, wenn eine Gesamtstrafe oder eine einheitliche Jugendstrafe gebildet oder nach § 30 Abs. 1 des Jugendgerichtsgesetzes auf Jugendstrafe erkannt wird oder eine Entscheidung im Wiederaufnahmeverfahren ergeht, die eine registerpflichtige Verurteilung enthält,

2.

bei Entscheidungen der Gerichte nach den §§ 59, 60 des Strafgesetzbuchs und § 27 des Jugendgerichtsgesetzes mit dem Tag der Rechtskraft,

3.

bei gerichtlichen und verwaltungsbehördlichen Bußgeldentscheidungen sowie bei anderen Verwaltungsentscheidungen mit dem Tag der Rechtskraft oder Unanfechtbarkeit der beschwerenden Entscheidung,

4.

bei Aufbauseminaren nach § 2a Absatz 2 Satz 1 Nummer 1, verkehrspsychologischen Beratungen nach § 2a Absatz 2 Satz 1 Nummer 2 und Fahreignungsseminaren nach § 4 Absatz 7 mit dem Tag der Ausstellung der Teilnahmebescheinigung.

(5) Bei der Versagung oder Entziehung der Fahrerlaubnis wegen mangelnder Eignung, der Anordnung einer Sperre nach § 69a Abs. 1 Satz 3 des Strafgesetzbuchs oder bei einem Verzicht auf die Fahrerlaubnis beginnt die Tilgungsfrist erst mit der Erteilung oder Neuerteilung der Fahrerlaubnis, spätestens jedoch fünf Jahre nach der Rechtskraft der beschwerenden Entscheidung oder dem Tag des Zugangs der Verzichtserklärung bei der zuständigen Behörde. Bei von der nach Landesrecht zuständigen Behörde verhängten Verboten oder Beschränkungen, ein fahrerlaubnisfreies Fahrzeug zu führen, beginnt die Tilgungsfrist fünf Jahre nach Ablauf oder Aufhebung des Verbots oder der Beschränkung.

(6) Nach Eintritt der Tilgungsreife wird eine Eintragung vorbehaltlich der Sätze 2 und 4 gelöscht. Eine

Eintragung nach § 28 Absatz 3 Nummer 1 oder 3 Buchstabe a oder c wird nach Eintritt der Tilgungsreife erst nach einer Überliegefrist von einem Jahr gelöscht. Während dieser Überliegefrist darf der Inhalt dieser Eintragung nur noch zu folgenden Zwecken übermittelt, genutzt oder über ihn eine Auskunft erteilt werden:

1.
an die nach Landesrecht zuständige Behörde zur Anordnung von Maßnahmen im Rahmen der Fahrerlaubnis auf Probe nach § 2a,

2.
an die nach Landesrecht zuständige Behörde zur Ergreifung von Maßnahmen nach dem Fahreignungs-Bewertungssystem nach § 4 Absatz 5,

3.
zur Auskunftserteilung an den Betroffenen nach § 30 Absatz 8.

Die Löschung einer Eintragung nach § 28 Absatz 3 Nummer 3 Buchstabe a oder c unterbleibt in jedem Fall so lange, wie der Betroffene im Zentralen Fahrerlaubnisregister als Inhaber einer Fahrerlaubnis auf Probe gespeichert ist.

(7) Ist eine Eintragung im Fahreignungsregister gelöscht, dürfen die Tat und die Entscheidung dem Betroffenen für die Zwecke des § 28 Absatz 2 nicht mehr vorgehalten und nicht zu seinem Nachteil verwertet werden. Unterliegt eine Eintragung im Fahreignungsregister über eine gerichtliche Entscheidung nach Absatz 1 Satz 2 Nummer 3 Buchstabe a einer zehnjährigen Tilgungsfrist, darf sie nach Ablauf eines Zeitraums, der einer fünfjährigen Tilgungsfrist nach den vorstehenden Vorschriften entspricht, nur noch für folgende Zwecke an die nach Landesrecht zuständige Behörde übermittelt und dort genutzt werden:

1.
zur Durchführung von Verfahren, die eine Erteilung oder Entziehung einer Fahrerlaubnis zum Gegenstand haben,

2.
zum Ergreifen von Maßnahmen nach dem Fahreignungs-Bewertungssystem nach § 4 Absatz 5.

Außerdem dürfen für die Prüfung der Berechtigung zum Führen von Kraftfahrzeugen Entscheidungen der Gerichte nach den §§ 69 bis 69b des Strafgesetzbuches an die nach Landesrecht zuständige Behörde übermittelt und dort genutzt werden. Die Sätze 1 und 2 gelten nicht für Eintragungen wegen strafgerichtlicher Entscheidungen, die für die Ahndung von Straftaten herangezogen werden. Insoweit gelten die Regelungen des Bundeszentralregistergesetzes.

-

§ 30 Übermittlung

(1) Die Eintragungen im Fahreignungsregister dürfen an die Stellen, die

1.
für die Verfolgung von Straftaten, zur Vollstreckung oder zum Vollzug von Strafen,

2.
für die Verfolgung von Ordnungswidrigkeiten und die Vollstreckung von Bußgeldbescheiden und ihren Nebenfolgen nach diesem Gesetz und dem Gesetz über das Fahrpersonal im Straßenverkehr oder

3.
für Verwaltungsmaßnahmen auf Grund dieses Gesetzes oder der auf ihm beruhenden Rechtsvorschriften

zuständig sind, übermittelt werden, soweit dies für die Erfüllung der diesen Stellen obliegenden Aufgaben zu den in § 28 Abs. 2 genannten Zwecken jeweils erforderlich ist.

(2) Die Eintragungen im Fahreignungsregister dürfen an die Stellen, die für Verwaltungsmaßnahmen auf Grund des Gesetzes über die Beförderung gefährlicher Güter, des Kraftfahrsachverständigengesetzes, des Fahrlehrergesetzes, des Personenbeförderungsgesetzes, der gesetzlichen Bestimmungen über die Notfallrettung und den Krankentransport, des Güterkraftverkehrsgesetzes einschließlich der Verordnung (EWG) Nr. 881/92 des Rates vom 26. März 1992 über den Zugang zum Güterkraftverkehrsmarkt in der Gemeinschaft für Beförderungen aus oder nach einem Mitgliedstaat oder durch einen oder mehrere Mitgliedstaaten (ABl. EG Nr. L 95 S. 1), des Gesetzes über das Fahrpersonal im Straßenverkehr oder der auf Grund dieser Gesetze erlassenen Rechtsvorschriften zuständig sind, übermittelt werden, soweit dies für die Erfüllung der diesen Stellen obliegenden Aufgaben zu den in § 28 Abs. 2 Nr. 2 und 4 genannten Zwecken jeweils erforderlich ist.

(3) Die Eintragungen im Fahreignungsregister dürfen an die für Verkehrs- und Grenzkontrollen zuständigen Stellen übermittelt werden, soweit dies zu dem in § 28 Abs. 2 Nr. 2 genannten Zweck erforderlich ist.

(4) Die Eintragungen im Fahreignungsregister dürfen außerdem für die Erteilung, Verlängerung, Erneuerung,

Rücknahme oder den Widerruf einer Erlaubnis für Luftfahrer oder sonstiges Luftfahrpersonal nach den Vorschriften des Luftverkehrsgesetzes oder der auf Grund dieses Gesetzes erlassenen Rechtsvorschriften an die hierfür zuständigen Stellen übermittelt werden, soweit dies für die genannten Maßnahmen erforderlich ist.

(4a) Die Eintragungen im Fahreignungsregister dürfen außerdem an die hierfür zuständigen Stellen übermittelt werden für die Erteilung, den Entzug oder das Anordnen des Ruhens von Befähigungszeugnissen und Erlaubnissen für Kapitäne, Schiffsoffiziere oder sonstige Seeleute nach den Vorschriften des Seemannsgesetzes und des Seeaufgabengesetzes und für Schiffs- und Sportbootführer und sonstige Besatzungsmitglieder nach dem Seeaufgabengesetz oder dem Binnenschifffahrtsaufgabengesetz oder der aufgrund dieser Gesetze erlassenen Rechtsvorschriften, soweit dies für die genannten Maßnahmen erforderlich ist.

(4b) Die Eintragungen im Fahreignungsregister dürfen außerdem für die Erteilung, Aussetzung, Einschränkung und Entziehung des Triebfahrzeugführerscheins auf Grund des Allgemeinen Eisenbahngesetzes oder der auf Grund dieses Gesetzes erlassenen Rechtsvorschriften an die hierfür zuständigen Stellen übermittelt werden, soweit die Eintragungen für die dortige Prüfung der Voraussetzungen für die Erteilung, Aussetzung, Einschränkung und Entziehung des Triebfahrzeugführerscheins erforderlich sind.

(5) Die Eintragungen im Fahreignungsregister dürfen für die wissenschaftliche Forschung entsprechend § 38 und für statistische Zwecke entsprechend § 38a übermittelt und genutzt werden. Zur Vorbereitung von Rechts- und allgemeinen Verwaltungsvorschriften auf dem Gebiet des Straßenverkehrs dürfen die Eintragungen entsprechend § 38b übermittelt und genutzt werden.

(6) Der Empfänger darf die übermittelten Daten nur zu dem Zweck verarbeiten und nutzen, zu dessen Erfüllung sie ihm übermittelt worden sind. Der Empfänger darf die übermittelten Daten auch für andere Zwecke verarbeiten und nutzen, soweit sie ihm auch für diese Zwecke hätten übermittelt werden dürfen. Ist der Empfänger eine nichtöffentliche Stelle, hat die übermittelnde Stelle ihn darauf hinzuweisen. Eine Verarbeitung und Nutzung für andere Zwecke durch nichtöffentliche Stellen bedarf der Zustimmung der übermittelnden Stelle.

(7) Die Eintragungen im Fahreignungsregister dürfen an die zuständigen Stellen anderer Staaten übermittelt werden, soweit dies

1.

    für Verwaltungsmaßnahmen auf dem Gebiet des Straßenverkehrs,

2.

    zur Verfolgung von Zuwiderhandlungen gegen Rechtsvorschriften auf dem Gebiet des Straßenverkehrs oder

3.

    zur Verfolgung von Straftaten, die im Zusammenhang mit dem Straßenverkehr oder sonst mit Kraftfahrzeugen, Anhängern oder Fahrzeugpapieren, Fahrerlaubnissen oder Führerscheinen stehen, erforderlich ist. Der Empfänger ist darauf hinzuweisen, dass die übermittelten Daten nur zu dem Zweck verarbeitet oder genutzt werden dürfen, zu dessen Erfüllung sie ihm übermittelt werden. Die Übermittlung unterbleibt, wenn durch sie schutzwürdige Interessen des Betroffenen beeinträchtigt würden, insbesondere wenn im Empfängerland ein angemessener Datenschutzstandard nicht gewährleistet ist.

(8) Dem Betroffenen wird auf Antrag schriftlich über den ihn betreffenden Inhalt des Fahreignungsregisters und über die Anzahl der Punkte unentgeltlich Auskunft erteilt. Der Antragsteller hat dem Antrag einen Identitätsnachweis beizufügen. Die Auskunft kann elektronisch erteilt werden, wenn der Antrag unter Nutzung des elektronischen Identitätsnachweises nach § 18 des Personalausweisgesetzes oder nach § 78 Absatz 5 des Aufenthaltsgesetzes gestellt wird. Hinsichtlich der Protokollierung gilt § 30a Absatz 3 entsprechend.

(9) Übermittlungen von Daten aus dem Fahreignungsregister sind nur auf Ersuchen zulässig, es sei denn, auf Grund besonderer Rechtsvorschrift wird bestimmt, dass die Registerbehörde bestimmte Daten von Amts wegen zu übermitteln hat. Die Verantwortung für die Zulässigkeit der Übermittlung trägt die übermittelnde Stelle. Erfolgt die Übermittlung auf Ersuchen des Empfängers, trägt dieser die Verantwortung. In diesem Fall prüft die übermittelnde Stelle nur, ob das Übermittlungsersuchen im Rahmen der Aufgaben des Empfängers liegt, es sei denn, dass besonderer Anlass zur Prüfung der Zulässigkeit der Übermittlung besteht.

(10) Die Eintragungen über rechtskräftige oder unanfechtbare Entscheidungen nach § 28 Absatz 3 Nummer 1, 2 und 6, in denen Inhabern ausländischer Fahrerlaubnisse das Recht von einer ausländischen Fahrerlaubnis Gebrauch zu machen, aberkannt oder eingeschränkt wird oder die fehlende Berechtigung von der Fahrerlaubnis im Inland Gebrauch zu machen festgestellt wird, werden vom Kraftfahrt-Bundesamt an die zuständigen Stellen der Mitgliedstaaten der Europäischen Union übermittelt, um ihnen die Einleitung eigener Maßnahmen zu ermöglichen. Der Umfang der zu übermittelnden Daten wird durch Rechtsverordnung bestimmt (§ 30c Absatz 1 Nummer 3).

§ 30a Abruf im automatisierten Verfahren

(1) Den Stellen, denen die Aufgaben nach § 30 Absatz 1 bis 4a obliegen, dürfen die für die Erfüllung dieser Aufgaben jeweils erforderlichen Daten aus dem Fahreignungsregister durch Abruf im automatisierten Verfahren übermittelt werden.

(2) Die Einrichtung von Anlagen zum Abruf im automatisierten Verfahren ist nur zulässig, wenn nach näherer Bestimmung durch Rechtsverordnung (§ 30c Abs. 1 Nr. 5) gewährleistet ist, dass

1.
   dem jeweiligen Stand der Technik entsprechende Maßnahmen zur Sicherstellung von Datenschutz und Datensicherheit getroffen werden, die insbesondere die Vertraulichkeit und Unversehrtheit der Daten gewährleisten; bei der Nutzung allgemein zugänglicher Netze sind Verschlüsselungsverfahren anzuwenden und

2.
   die Zulässigkeit der Abrufe nach Maßgabe des Absatzes 3 kontrolliert werden kann.

(2a) (weggefallen)

(3) Das Kraftfahrt-Bundesamt hat über die Abrufe Aufzeichnungen zu fertigen, die die bei der Durchführung der Abrufe verwendeten Daten, den Tag und die Uhrzeit der Abrufe, die Kennung der abrufenden Dienststelle und die abgerufenen Daten enthalten müssen. Die protokollierten Daten dürfen nur für Zwecke der Datenschutzkontrolle, der Datensicherung oder zur Sicherstellung eines ordnungsgemäßen Betriebs der Datenverarbeitungsanlage verwendet werden. Liegen Anhaltspunkte dafür vor, dass ohne ihre Verwendung die Verhinderung oder Verfolgung einer schwerwiegenden Straftat gegen Leib, Leben oder Freiheit einer Person aussichtslos oder wesentlich erschwert wäre, dürfen die Daten auch für diesen Zweck verwendet werden, sofern das Ersuchen der Strafverfolgungsbehörde unter Verwendung von Personendaten einer bestimmten Person gestellt wird. Die Protokolldaten sind durch geeignete Vorkehrungen gegen zweckfremde Verwendung und gegen sonstigen Missbrauch zu schützen und nach sechs Monaten zu löschen.

(4) Das Kraftfahrt-Bundesamt fertigt weitere Aufzeichnungen, die sich auf den Anlass des Abrufs erstrecken und die Feststellung der für den Abruf verantwortlichen Person ermöglichen. Das Nähere wird durch Rechtsverordnung (§ 30c Abs. 1 Nr. 5) bestimmt.

(5) Durch Abruf im automatisierten Verfahren dürfen aus dem Fahreignungsregister für die in § 30 Abs. 7 genannten Maßnahmen an die hierfür zuständigen öffentlichen Stellen in einem Mitgliedstaat der Europäischen Union oder einem anderen Vertragsstaat des Abkommens über den Europäischen Wirtschaftsraum übermittelt werden:

1.
   die Tatsache folgender Entscheidungen der Verwaltungsbehörden:
   a)
      die unanfechtbare Versagung einer Fahrerlaubnis, einschließlich der Ablehnung der Verlängerung einer befristeten Fahrerlaubnis,
   b)
      die unanfechtbaren oder sofort vollziehbaren Entziehungen, Widerrufe oder Rücknahmen einer Fahrerlaubnis,
   c)
      die rechtskräftige Anordnung eines Fahrverbots,

2.
   die Tatsache folgender Entscheidungen der Gerichte:
   a)
      die rechtskräftige oder vorläufige Entziehung einer Fahrerlaubnis,
   b)
      die rechtskräftige Anordnung einer Fahrerlaubnissperre,
   c)
      die rechtskräftige Anordnung eines Fahrverbots,

3.
   die Tatsache der Beschlagnahme, Sicherstellung oder Verwahrung des Führerscheins nach § 94 der Strafprozessordnung,

4.
   die Tatsache des Verzichts auf eine Fahrerlaubnis und

5.
   zusätzlich

43

a)
    Klasse, Art und etwaige Beschränkungen der Fahrerlaubnis, die Gegenstand der Entscheidung nach Nummer 1 oder Nummer 2 oder des Verzichts nach Nummer 4 ist, und

b)
    Familiennamen, Geburtsnamen, sonstige frühere Namen, Vornamen, Ordens- oder Künstlernamen, Tag und Ort der Geburt der Person, zu der eine Eintragung nach den Nummern 1 bis 3 vorliegt.

Der Abruf ist nur zulässig, soweit

1.
    diese Form der Datenübermittlung unter Berücksichtigung der schutzwürdigen Interessen der Betroffenen wegen der Vielzahl der Übermittlungen oder wegen ihrer besonderen Eilbedürftigkeit angemessen ist und

2.
    der Empfängerstaat die Richtlinie 95/46/EG des Europäischen Parlaments und des Rates vom 24. Oktober 1995 (ABl. EG Nr. L 281 S. 31) anwendet.

Die Absätze 2 und 3 sowie Absatz 4 wegen des Anlasses der Abrufe sind entsprechend anzuwenden.

-

§ 30b Automatisiertes Anfrage- und Auskunftsverfahren beim Kraftfahrt-Bundesamt

(1) Die Übermittlung von Daten aus dem Fahreignungsregister nach § 30 Absatz 1 bis 4b und 7 darf nach näherer Bestimmung durch Rechtsverordnung gemäß § 30c Abs. 1 Nr. 6 in einem automatisierten Anfrage- und Auskunftsverfahren erfolgen. Die anfragende Stelle hat die Zwecke anzugeben, für die die zu übermittelnden Daten benötigt werden.

(2) Solche Verfahren dürfen nur eingerichtet werden, wenn gewährleistet ist, dass

1.
    die zur Sicherung gegen Missbrauch erforderlichen technischen und organisatorischen Maßnahmen ergriffen werden und

2.
    die Zulässigkeit der Übermittlung nach Maßgabe des Absatzes 3 kontrolliert werden kann.

(3) Das Kraftfahrt-Bundesamt als übermittelnde Behörde hat Aufzeichnungen zu führen, die die übermittelten Daten, den Zeitpunkt der Übermittlung, den Empfänger der Daten und den vom Empfänger angegebenen Zweck enthalten. § 30a Abs. 3 Satz 2 und 3 gilt entsprechend.

-

§ 30c Ermächtigungsgrundlagen, Ausführungsvorschriften

(1) Das Bundesministerium für Verkehr und digitale Infrastruktur wird ermächtigt, Rechtsverordnungen mit Zustimmung des Bundesrates zu erlassen über

1.
    den Inhalt der Eintragungen einschließlich der Personendaten nach § 28 Abs. 3,

2.
    Verkürzungen der Tilgungsfristen nach § 29 Abs. 1 Satz 5 und über Tilgungen ohne Rücksicht auf den Lauf der Fristen nach § 29 Abs. 3 Nr. 3,

3.
    die Art und den Umfang der zu übermittelnden Daten nach § 30 Abs. 1 bis 4, 7 und 10 sowie die Bestimmung der Empfänger und den Geschäftsweg bei Übermittlungen nach § 30 Abs. 7 und 10,

4.
    den Identitätsnachweis bei Auskünften nach § 30 Abs. 8,

5.
    die Art und den Umfang der zu übermittelnden Daten nach § 30a Abs. 1, die Maßnahmen zur Sicherung gegen Missbrauch nach § 30a Abs. 2, die weiteren Aufzeichnungen nach § 30a Abs. 4 beim Abruf im automatisierten Verfahren und die Bestimmung der Empfänger bei Übermittlungen nach § 30a Abs. 5,

6.
    die Art und den Umfang der zu übermittelnden Daten nach § 30b Abs. 1 und die Maßnahmen zur Sicherung gegen Missbrauch nach § 30b Abs. 2 Nr. 1.

(2) Das Bundesministerium für Verkehr und digitale Infrastruktur wird ermächtigt, allgemeine Verwaltungsvorschriften mit Zustimmung des Bundesrates

1.
    über die Art und Weise der Durchführung von Datenübermittlungen,
2.
    über die Zusammenarbeit zwischen Bundeszentralregister und Fahreignungsregister

zu erlassen. Die allgemeinen Verwaltungsvorschriften nach Nummer 1, soweit Justizbehörden betroffen sind, und nach Nummer 2 werden gemeinsam mit dem Bundesministerium der Justiz und für Verbraucherschutz erlassen.

V.
Fahrzeugregister

-

§ 31 Registerführung und Registerbehörden

(1) Die Zulassungsbehörden führen ein Register über die Fahrzeuge, für die ein Kennzeichen ihres Bezirks zugeteilt oder ausgegeben wurde (örtliches Fahrzeugregister der Zulassungsbehörden).
(2) Das Kraftfahrt-Bundesamt führt ein Register über die Fahrzeuge, für die im Geltungsbereich dieses Gesetzes ein Kennzeichen zugeteilt oder ausgegeben wurde (Zentrales Fahrzeugregister des Kraftfahrt-Bundesamtes).
(3) Soweit die Dienststellen der Bundeswehr, der Polizeien des Bundes und der Länder, der Wasser- und Schifffahrtsverwaltung des Bundes eigene Register für die jeweils von ihnen zugelassenen Fahrzeuge führen, finden die Vorschriften dieses Abschnitts keine Anwendung. Satz 1 gilt entsprechend für Fahrzeuge, die von den Nachfolgeunternehmen der Deutschen Bundespost zugelassen sind.

-

§ 32 Zweckbestimmung der Fahrzeugregister

(1) Die Fahrzeugregister werden geführt zur Speicherung von Daten

1.
    für die Zulassung und Überwachung von Fahrzeugen nach diesem Gesetz oder den darauf beruhenden Rechtsvorschriften,
2.
    für Maßnahmen zur Gewährleistung des Versicherungsschutzes im Rahmen der Kraftfahrzeughaftpflichtversicherung,
3.
    für Maßnahmen zur Durchführung des Kraftfahrzeugsteuerrechts,
4.
    für Maßnahmen nach dem Bundesleistungsgesetz, dem Verkehrssicherstellungsgesetz, dem Verkehrsleistungsgesetz oder den darauf beruhenden Rechtsvorschriften,
5.
    für Maßnahmen des Katastrophenschutzes nach den hierzu erlassenen Gesetzen der Länder oder den darauf beruhenden Rechtsvorschriften,
6.
    für Maßnahmen zur Durchführung des Altfahrzeugrechts und
7.
    für Maßnahmen zur Durchführung des Infrastrukturabgabenrechts.

(2) Die Fahrzeugregister werden außerdem geführt zur Speicherung von Daten für die Erteilung von Auskünften, um

1.
    Personen in ihrer Eigenschaft als Halter von Fahrzeugen,
2.
    Fahrzeuge eines Halters oder
3.
    Fahrzeugdaten

festzustellen oder zu bestimmen.

§ 33 Inhalt der Fahrzeugregister

(1) Im örtlichen und im Zentralen Fahrzeugregister werden, soweit dies zur Erfüllung der in § 32 genannten Aufgaben jeweils erforderlich ist, gespeichert

1.

  nach näherer Bestimmung durch Rechtsverordnung (§ 47 Abs. 1 Nr. 1) Daten über Beschaffenheit, Ausrüstung, Identifizierungsmerkmale, Prüfung, Kennzeichnung und Papiere des Fahrzeugs sowie über tatsächliche und rechtliche Verhältnisse in Bezug auf das Fahrzeug, insbesondere auch über die Haftpflichtversicherung, die Kraftfahrzeugbesteuerung des Fahrzeugs und die Verwertung oder Nichtentsorgung des Fahrzeugs als Abfall im Inland (Fahrzeugdaten), sowie

2.

  Daten über denjenigen, dem ein Kennzeichen für das Fahrzeug zugeteilt oder ausgegeben wird (Halterdaten), und zwar

  a)
        bei natürlichen Personen:
  Familienname, Geburtsname, Vornamen, vom Halter für die Zuteilung oder die Ausgabe des Kennzeichens angegebener Ordens- oder Künstlername, Tag und Ort der Geburt, Geschlecht, Anschrift; bei Fahrzeugen mit Versicherungskennzeichen entfällt die Speicherung von Geburtsnamen, Ort der Geburt und Geschlecht des Halters,

  b)
        bei juristischen Personen und Behörden:
  Name oder Bezeichnung und Anschrift und

  c)
        bei Vereinigungen:
  benannter Vertreter mit den Angaben nach Buchstabe a und gegebenenfalls Name der Vereinigung.
Im örtlichen und im Zentralen Fahrzeugregister werden zur Erfüllung der in § 32 genannten Aufgaben außerdem Daten über denjenigen gespeichert, an den ein Fahrzeug mit einem amtlichen Kennzeichen veräußert wurde (Halterdaten), und zwar

  a)
        bei natürlichen Personen:
  Familienname, Vornamen und Anschrift,

  b)
        bei juristischen Personen und Behörden:
  Name oder Bezeichnung und Anschrift und

  c)
        bei Vereinigungen:
  benannter Vertreter mit den Angaben nach Buchstabe a und gegebenenfalls Name der Vereinigung.
(2) Im örtlichen und im Zentralen Fahrzeugregister werden über beruflich Selbständige, denen ein amtliches Kennzeichen für ein Fahrzeug zugeteilt wird, für die Aufgaben nach § 32 Abs. 1 Nr. 4 und 5 Berufsdaten gespeichert, und zwar

1.

  bei natürlichen Personen der Beruf oder das Gewerbe (Wirtschaftszweig) und

2.

  bei juristischen Personen und Vereinigungen gegebenenfalls das Gewerbe (Wirtschaftszweig).
(3) Im örtlichen und im Zentralen Fahrzeugregister darf die Anordnung einer Fahrtenbuchauflage wegen Zuwiderhandlungen gegen Verkehrsvorschriften gespeichert werden.
(4) Ferner werden für Daten, die nicht übermittelt werden dürfen (§ 41), in den Fahrzeugregistern Übermittlungssperren gespeichert.

-

§ 34 Erhebung der Daten

(1) Wer die Zuteilung oder die Ausgabe eines Kennzeichens für ein Fahrzeug beantragt, hat der hierfür zuständigen Stelle

1.

2.

von den nach § 33 Abs. 1 Satz 1 Nr. 1 zu speichernden Fahrzeugdaten bestimmte Daten nach näherer Regelung durch Rechtsverordnung (§ 47 Abs. 1 Nr. 1) und

die nach § 33 Abs. 1 Satz 1 Nr. 2 zu speichernden Halterdaten

mitzuteilen und auf Verlangen nachzuweisen. Zur Mitteilung und zum Nachweis der Daten über die Haftpflichtversicherung ist auch der jeweilige Versicherer befugt. Die Zulassungsbehörde kann durch Einholung von Auskünften aus dem Melderegister die Richtigkeit und Vollständigkeit der vom Antragsteller mitgeteilten Daten überprüfen.

(2) Wer die Zuteilung eines amtlichen Kennzeichens für ein Fahrzeug beantragt, hat der Zulassungsbehörde außerdem die Daten über Beruf oder Gewerbe (Wirtschaftszweig) mitzuteilen, soweit sie nach § 33 Abs. 2 zu speichern sind.

(3) Wird ein Fahrzeug veräußert, für das ein amtliches Kennzeichen zugeteilt ist, so hat der Veräußerer der Zulassungsbehörde, die dieses Kennzeichen zugeteilt hat, die in § 33 Abs. 1 Satz 2 aufgeführten Daten des Erwerbers (Halterdaten) mitzuteilen. Die Mitteilung ist nicht erforderlich, wenn der neue Eigentümer bereits seiner Meldepflicht nach Absatz 4 nachgekommen ist.

(4) Der Halter und der Eigentümer, wenn dieser nicht zugleich Halter ist, haben der Zulassungsbehörde jede Änderung der Daten mitzuteilen, die nach Absatz 1 erhoben wurden; dies gilt nicht für die Fahrzeuge, die ein Versicherungskennzeichen führen müssen.

(5) Die Versicherer dürfen der zuständigen Zulassungsbehörde das Nichtbestehen oder die Beendigung des Versicherungsverhältnisses über die vorgeschriebene Haftpflichtversicherung für das betreffende Fahrzeug mitteilen. Die Versicherer haben dem Kraftfahrt-Bundesamt im Rahmen der Zulassung von Fahrzeugen mit Versicherungskennzeichen die erforderlichen Fahrzeugdaten nach näherer Bestimmung durch Rechtsverordnung (§ 47 Abs. 1 Nr. 2) und die Halterdaten nach § 33 Abs. 1 Satz 1 Nr. 2 mitzuteilen.

-

§ 35 Übermittlung von Fahrzeugdaten und Halterdaten

(1) Die nach § 33 Abs. 1 gespeicherten Fahrzeugdaten und Halterdaten dürfen an Behörden und sonstige öffentliche Stellen im Geltungsbereich dieses Gesetzes zur Erfüllung der Aufgaben der Zulassungsbehörde oder des Kraftfahrt-Bundesamtes oder der Aufgaben des Empfängers nur übermittelt werden, wenn dies für die Zwecke nach § 32 Abs. 2 jeweils erforderlich ist

1.

zur Durchführung der in § 32 Abs. 1 angeführten Aufgaben,

2.

zur Verfolgung von Straftaten, zur Vollstreckung oder zum Vollzug von Strafen, von Maßnahmen im Sinne des § 11 Abs. 1 Nr. 8 des Strafgesetzbuchs oder von Erziehungsmaßregeln oder Zuchtmitteln im Sinne des Jugendgerichtsgesetzes,

3.

zur Verfolgung von Ordnungswidrigkeiten,

4.

zur Abwehr von Gefahren für die öffentliche Sicherheit oder Ordnung,

5.

zur Erfüllung der den Verfassungsschutzbehörden, dem Militärischen Abschirmdienst und dem Bundesnachrichtendienst durch Gesetz übertragenen Aufgaben,

6.

für Maßnahmen nach dem Abfallbeseitigungsgesetz oder den darauf beruhenden Rechtsvorschriften,

7.

für Maßnahmen nach dem Wirtschaftssicherstellungsgesetz oder den darauf beruhenden Rechtsvorschriften,

8.

für Maßnahmen nach dem Energiesicherungsgesetz 1975 oder den darauf beruhenden Rechtsvorschriften,

9.

für die Erfüllung der gesetzlichen Mitteilungspflichten zur Sicherung des Steueraufkommens nach § 93 der Abgabenordnung,

10.

zur Feststellung der Maut für die Benutzung mautpflichtiger Straßen im Sinne des § 1 des Bundesfernstraßenmautgesetzes und zur Verfolgung von Ansprüchen nach diesem Gesetz,

11.

zur Ermittlung der Mautgebühr für die Benutzung von Bundesfernstraßen und zur Verfolgung von Ansprüchen nach dem Fernstraßenbauprivatfinanzierungsgesetz vom 30. August 1994 (BGBl. I S. 2243) in der jeweils geltenden Fassung,

12.

zur Ermittlung der Mautgebühr für die Benutzung von Straßen nach Landesrecht und zur Verfolgung von Ansprüchen nach den Gesetzen der Länder über den gebührenfinanzierten Neu- und Ausbau von Straßen,

13.

zur Überprüfung von Personen, die Sozialhilfe, Leistungen der Grundsicherung für Arbeitsuchende oder Leistungen nach dem Asylbewerberleistungsgesetz beziehen, zur Vermeidung rechtswidriger Inanspruchnahme solcher Leistungen,

14.

für die in § 17 des Auslandsunterhaltsgesetzes genannten Zwecke oder

15.

für die in § 802l der Zivilprozessordnung genannten Zwecke.

(1a) Die nach § 33 Absatz 1 Nummer 1 gespeicherten Daten über Beschaffenheit, Ausrüstung und Identifizierungsmerkmale von Fahrzeugen dürfen den Zentralen Leitstellen für Brandschutz, Katastrophenschutz und Rettungsdienst, wenn dies für Zwecke nach § 32 Absatz 2 Nummer 3 erforderlich ist, zur Rettung von Unfallopfern übermittelt werden.

(2) Die nach § 33 Abs. 1 gespeicherten Fahrzeugdaten und Halterdaten dürfen, wenn dies für die Zwecke nach § 32 Abs. 2 jeweils erforderlich ist,

1.

an Inhaber von Betriebserlaubnissen für Fahrzeuge oder an Fahrzeughersteller für Rückrufmaßnahmen zur Beseitigung von erheblichen Mängeln für die Verkehrssicherheit oder für die Umwelt an bereits ausgelieferten Fahrzeugen (§ 32 Abs. 1 Nr. 1) sowie bis zum 31. Dezember 1995 für staatlich geförderte Maßnahmen zur Verbesserung des Schutzes vor schädlichen Umwelteinwirkungen durch bereits ausgelieferte Fahrzeuge,

1a.

an Fahrzeughersteller und Importeure von Fahrzeugen sowie an deren Rechtsnachfolger zur Überprüfung der Angaben über die Verwertung des Fahrzeugs nach dem Altfahrzeugrecht und

2.

an Versicherer zur Gewährleistung des vorgeschriebenen Versicherungsschutzes (§ 32 Abs. 1 Nr. 2) übermittelt werden.

(2a) Die nach § 33 Absatz 3 gespeicherten Daten über die Fahrtenbuchauflagen dürfen

1.

den Zulassungsbehörden in entsprechender Anwendung des Absatzes 5 Nummer 1 zur Überwachung der Fahrtenbuchauflage,

2.

dem Kraftfahrt-Bundesamt in entsprechender Anwendung des Absatzes 5 Nummer 1 für die Unterstützung der Zulassungsbehörden im Rahmen der Überwachung der Fahrtenbuchauflage oder

3.

den hierfür zuständigen Behörden oder Gerichten zur Verfolgung von Straftaten oder von Ordnungswidrigkeiten nach §§ 24, 24a oder § 24c

jeweils im Einzelfall übermittelt werden.

(3) Die Übermittlung von Fahrzeugdaten und Halterdaten zu anderen Zwecken als der Feststellung oder Bestimmung von Haltern oder Fahrzeugen (§ 32 Abs. 2) ist, unbeschadet der Absätze 4, 4a bis 4c unzulässig, es sei denn, die Daten sind

1.

unerlässlich zur

a)

Verfolgung von Straftaten oder zur Vollstreckung oder zum Vollzug von Strafen,

b)

Abwehr einer im Einzelfall bestehenden Gefahr für die öffentliche Sicherheit,

c)

Erfüllung der den Verfassungsschutzbehörden, dem Militärischen Abschirmdienst und dem Bundesnachrichtendienst durch Gesetz übertragenen Aufgaben,

d)

Erfüllung der gesetzlichen Mitteilungspflichten zur Sicherung des Steueraufkommens nach § 93 der Abgabenordnung, soweit diese Vorschrift unmittelbar anwendbar ist, oder

e)
      Erfüllung gesetzlicher Mitteilungspflichten nach § 118 Abs. 4 Satz 4 Nr. 6 des Zwölften Buches Sozialgesetzbuch,

      und

2.
      auf andere Weise nicht oder nicht rechtzeitig oder nur mit unverhältnismäßigem Aufwand zu erlangen. Die ersuchende Behörde hat Aufzeichnungen über das Ersuchen mit einem Hinweis auf dessen Anlass zu führen. Die Aufzeichnungen sind gesondert aufzubewahren, durch technische und organisatorische Maßnahmen zu sichern und am Ende des Kalenderjahres, das dem Jahr der Erstellung der Aufzeichnung folgt, zu vernichten. Die Aufzeichnungen dürfen nur zur Kontrolle der Zulässigkeit der Übermittlungen verwertet werden, es sei denn, es liegen Anhaltspunkte dafür vor, dass ihre Verwertung zur Aufklärung oder Verhütung einer schwerwiegenden Straftat gegen Leib, Leben oder Freiheit einer Person führen kann und die Aufklärung oder Verhütung ohne diese Maßnahme aussichtslos oder wesentlich erschwert wäre.
(4) Auf Ersuchen des Bundeskriminalamtes kann das Kraftfahrt-Bundesamt die im Zentralen Fahrzeugregister gespeicherten Halterdaten mit dem polizeilichen Fahndungsbestand der mit Haftbefehl gesuchten Personen abgleichen. Die dabei ermittelten Daten gesuchter Personen dürfen dem Bundeskriminalamt übermittelt werden. Das Ersuchen des Bundeskriminalamtes erfolgt durch Übersendung eines Datenträgers.
(4a) Auf Ersuchen der Auskunftsstelle nach § 8a des Pflichtversicherungsgesetzes übermitteln die Zulassungsbehörden und das Kraftfahrt-Bundesamt die nach § 33 Abs. 1 gespeicherten Fahrzeugdaten und Halterdaten zu den in § 8a Abs. 1 des Pflichtversicherungsgesetzes genannten Zwecken.
(4b) Zu den in § 7 Abs. 2 des Internationalen Familienrechtsverfahrensgesetzes, § 4 Abs. 3 Satz 2 des Erwachsenenschutzübereinkommens- Ausführungsgesetzes vom 17. März 2007 (BGBl. I S. 314) und in den §§ 16 und 17 des Auslandsunterhaltsgesetzes vom 23. Mai 2011 (BGBl. I S. 898) bezeichneten Zwecken übermittelt das Kraftfahrt-Bundesamt der in diesen Vorschriften bezeichneten Zentralen Behörde auf Ersuchen die nach § 33 Abs. 1 Satz 1 Nr. 2 gespeicherten Halterdaten.
(4c) Zu den in § 755 der Zivilprozessordnung genannten Zwecken übermittelt das Kraftfahrt-Bundesamt dem Gerichtsvollzieher auf Ersuchen die nach § 33 Abs. 1 Satz 1 Nr. 2 gespeicherten Halterdaten.
(5) Die nach § 33 Absatz 1 oder 3 gespeicherten Fahrzeugdaten und Halterdaten dürfen nach näherer Bestimmung durch Rechtsverordnung (§ 47 Abs. 1 Nr. 3) regelmäßig übermittelt werden

1.
      von den Zulassungsbehörden an das Kraftfahrt-Bundesamt für das Zentrale Fahrzeugregister und vom Kraftfahrt-Bundesamt an die Zulassungsbehörden für die örtlichen Fahrzeugregister,

2.
      von den Zulassungsbehörden an andere Zulassungsbehörden, wenn diese mit dem betreffenden Fahrzeug befasst sind oder befasst waren,

3.
      von den Zulassungsbehörden an die Versicherer zur Gewährleistung des vorgeschriebenen Versicherungsschutzes (§ 32 Abs. 1 Nr. 2),

4.
      von den Zulassungsbehörden an die für die Ausübung der Verwaltung der Kraftfahrzeugsteuer zuständigen Behörden zur Durchführung des Kraftfahrzeugsteuerrechts (§ 32 Abs. 1 Nr. 3),

5.
      von den Zulassungsbehörden und vom Kraftfahrt-Bundesamt für Maßnahmen nach dem Bundesleistungsgesetz, dem Verkehrssicherstellungsgesetz, dem Verkehrsleistungsgesetz oder des Katastrophenschutzes nach den hierzu erlassenen Gesetzen der Länder oder den darauf beruhenden Rechtsvorschriften an die hierfür zuständigen Behörden (§ 32 Abs. 1 Nr. 4 und 5),

6.
      von den Zulassungsbehörden für Prüfungen nach § 118 Abs. 4 Satz 4 Nr. 6 des Zwölften Buches Sozialgesetzbuch an die Träger der Sozialhilfe nach dem Zwölften Buch Sozialgesetzbuch.
(6) Das Kraftfahrt-Bundesamt als übermittelnde Behörde hat Aufzeichnungen zu führen, die die übermittelten Daten, den Zeitpunkt der Übermittlung, den Empfänger der Daten und den vom Empfänger angegebenen Zweck enthalten. Die Aufzeichnungen dürfen nur zur Kontrolle der Zulässigkeit der Übermittlungen verwertet werden, sind durch technische und organisatorische Maßnahmen gegen Missbrauch zu sichern und am Ende des Kalenderhalbjahres, das dem Halbjahr der Übermittlung folgt, zu löschen oder zu vernichten. Bei Übermittlung nach § 35 Abs. 5 sind besondere Aufzeichnungen entbehrlich, wenn die Angaben nach Satz 1 aus dem Register oder anderen Unterlagen entnommen werden können. Die Sätze 1 und 2 gelten auch für die Übermittlungen durch das Kraftfahrt-Bundesamt nach den §§ 37 bis 40.

-

§ 36 Abruf im automatisierten Verfahren

(1) Die Übermittlung nach § 35 Abs. 1 Nr. 1, soweit es sich um Aufgaben nach § 32 Abs. 1 Nr. 1 handelt, aus dem Zentralen Fahrzeugregister an die Zulassungsbehörden darf durch Abruf im automatisierten Verfahren erfolgen.

(2) Die Übermittlung nach § 35 Abs. 1 Nr. 1 bis 5 aus dem Zentralen Fahrzeugregister darf durch Abruf im automatisierten Verfahren erfolgen

1.

an die Polizeien des Bundes und der Länder sowie an Dienststellen der Zollverwaltung, soweit sie Befugnisse nach § 10 des Zollverwaltungsgesetzes ausüben oder grenzpolizeiliche Aufgaben wahrnehmen,

a)

zur Kontrolle, ob die Fahrzeuge einschließlich ihrer Ladung und die Fahrzeugpapiere vorschriftsmäßig sind,

b)

zur Verfolgung von Ordnungswidrigkeiten nach §§ 24, 24a oder § 24c,

c)

zur Verfolgung von Straftaten oder zur Vollstreckung oder zum Vollzug von Strafen oder

d)

zur Abwehr von Gefahren für die öffentliche Sicherheit,

1a.

an die Verwaltungsbehörden im Sinne des § 26 Abs. 1 für die Verfolgung von Ordnungswidrigkeiten nach §§ 24, 24a oder § 24c,

2.

an die Zollfahndungsdienststellen zur Verhütung oder Verfolgung von Steuer- und Wirtschaftsstraftaten sowie an die mit der Steuerfahndung betrauten Dienststellen der Landesfinanzbehörden zur Verhütung oder Verfolgung von Steuerstraftaten und

3.

an die Verfassungsschutzbehörden, den Militärischen Abschirmdienst und den Bundesnachrichtendienst zur Erfüllung ihrer durch Gesetz übertragenen Aufgaben.

Satz 1 gilt entsprechend für den Abruf der örtlich zuständigen Polizeidienststellen der Länder und Verwaltungsbehörden im Sinne des § 26 Abs. 1 aus den jeweiligen örtlichen Fahrzeugregistern.

(2a) Die Übermittlung aus dem Zentralen Fahrzeugregister nach § 35 Absatz 1 Nummer 9 darf durch Abruf im automatisierten Verfahren an die mit der Kontrolle und Erhebung der Umsatzsteuer betrauten Dienststellen der Finanzbehörden erfolgen, wenn dies im Einzelfall zur Verhinderung einer missbräuchlichen Anwendung der Vorschriften des Umsatzsteuergesetzes beim Handel, Erwerb oder bei der Übertragung von Fahrzeugen erforderlich ist.

(2b) Die Übermittlung nach § 35 Abs. 1 Nr. 11 und 12 aus dem Zentralen Fahrzeugregister darf durch Abruf im automatisierten Verfahren an den Privaten, der mit der Erhebung der Mautgebühr beliehen worden ist, erfolgen.

(2c) Die Übermittlung nach § 35 Abs. 1 Nr. 10 aus dem Zentralen Fahrzeugregister darf durch Abruf im automatisierten Verfahren an das Bundesamt für Güterverkehr und an eine sonstige öffentliche Stelle, die mit der Erhebung der Maut nach dem Bundesfernstraßenmautgesetz beauftragt ist, erfolgen.

(2d) Die Übermittlung nach § 35 Absatz 1 Nummer 14 aus dem Zentralen Fahrzeugregister darf durch Abruf im automatisierten Verfahren an die zentrale Behörde (§ 4 des Auslandsunterhaltsgesetzes) erfolgen.

(2e) Die Übermittlung nach § 35 Absatz 1 Nummer 15 aus dem Zentralen Fahrzeugregister darf durch Abruf im automatisierten Verfahren an den Gerichtsvollzieher erfolgen.

(2f) Die Übermittlung nach § 35 Absatz 2a darf durch Abruf im automatisierten Verfahren erfolgen.

(3) Die Übermittlung nach § 35 Abs. 3 Satz 1 aus dem Zentralen Fahrzeugregister darf ferner durch Abruf im automatisierten Verfahren an die Polizeien des Bundes und der Länder zur Verfolgung von Straftaten oder zur Vollstreckung oder zum Vollzug von Strafen oder zur Abwehr einer im Einzelfall bestehenden Gefahr für die öffentliche Sicherheit, an die Zollfahndungsdienststellen zur Verhütung oder Verfolgung von Steuer- und Wirtschaftsstraftaten, an die mit der Steuerfahndung betrauten Dienststellen der Landesfinanzbehörden zur Verhütung oder Verfolgung von Steuerstraftaten sowie an die Verfassungsschutzbehörden, den Militärischen Abschirmdienst und den Bundesnachrichtendienst zur Erfüllung ihrer durch Gesetz übertragenen Aufgaben vorgenommen werden.

(3a) Die Übermittlung aus dem Zentralen Fahrzeugregister nach § 35 Abs. 4a darf durch Abruf im automatisierten Verfahren an die Auskunftsstelle nach § 8a des Pflichtversicherungsgesetzes erfolgen.

(3b) Die Übermittlung aus dem Zentralen Fahrzeugregister nach § 35 Absatz 1 Nummer 1 an die für die Ausübung der Verwaltung der Kraftfahrzeugsteuer zuständigen Behörden darf durch Abruf im automatisierten Verfahren erfolgen. Der Abruf ist nur zulässig, wenn die von den Zulassungsbehörden nach § 35 Absatz 5 Nummer 4 übermittelten Datenbestände unrichtig oder unvollständig sind.

(3c) Die Übermittlung aus dem Zentralen Fahrzeugregister nach § 35 Absatz 1a darf an die Zentralen Leitstellen für Brandschutz, Katastrophenschutz und Rettungsdienst zur Vorbereitung der Rettung von Personen aus Fahrzeugen durch Abruf im automatisierten Verfahren erfolgen.

(4) Der Abruf darf sich nur auf ein bestimmtes Fahrzeug oder einen bestimmten Halter richten und in den Fällen der Absätze 1 und 2 Satz 1 Nr. 1 Buchstabe a und b nur unter Verwendung von Fahrzeugdaten durchgeführt werden.

(5) Die Einrichtung von Anlagen zum Abruf im automatisierten Verfahren ist nur zulässig, wenn nach näherer Bestimmung durch Rechtsverordnung (§ 47 Abs. 1 Nr. 4) gewährleistet ist, dass

1.
   die zum Abruf bereitgehaltenen Daten ihrer Art nach für den Empfänger erforderlich sind und ihre Übermittlung durch automatisierten Abruf unter Berücksichtigung der schutzwürdigen Interessen des Betroffenen und der Aufgabe des Empfängers angemessen ist,

2.
   dem jeweiligen Stand der Technik entsprechende Maßnahmen zur Sicherstellung von Datenschutz und Datensicherheit getroffen werden, die insbesondere die Vertraulichkeit und Unversehrtheit der Daten gewährleisten; bei der Nutzung allgemein zugänglicher Netze sind Verschlüsselungsverfahren anzuwenden und

3.
   die Zulässigkeit der Abrufe nach Maßgabe des Absatzes 6 kontrolliert werden kann.

(5a) (weggefallen)

(6) Das Kraftfahrt-Bundesamt oder die Zulassungsbehörde als übermittelnde Stelle hat über die Abrufe Aufzeichnungen zu fertigen, die die bei der Durchführung der Abrufe verwendeten Daten, den Tag und die Uhrzeit der Abrufe, die Kennung der abrufenden Dienststelle und die abgerufenen Daten enthalten müssen. Die protokollierten Daten dürfen nur für Zwecke der Datenschutzkontrolle, der Datensicherung oder zur Sicherstellung eines ordnungsgemäßen Betriebs der Datenverarbeitungsanlage verwendet werden. Die nach Satz 1 protokollierten Daten dürfen auch dazu verwendet werden, der betroffenen Person darüber Auskunft zu erteilen, welche ihrer in Anhang I, Abschnitt I und II der Richtlinie 2011/82/EU des Europäischen Parlaments und des Rates vom 25. Oktober 2011 zur Erleichterung des grenzüberschreitenden Austauschs von Informationen über die Straßenverkehrssicherheit gefährdende Verkehrsdelikte (ABl. L 288 vom 5.11.2011, S. 1) enthaltenen personenbezogenen Daten an Stellen in anderen Mitgliedstaaten der Europäischen Union zum Zwecke der dortigen Verfolgung von in Artikel 2 der Richtlinie 2011/82/EU aufgeführten, die Straßenverkehrssicherheit gefährdenden, Delikten übermittelt wurden. Das Datum des Ersuchens und die zuständige Stelle nach Satz 1, an die die Übermittlung erfolgte, sind der betroffenen Person ebenfalls mitzuteilen. § 36a gilt für das Verfahren nach den Sätzen 3 und 4 entsprechend. Liegen Anhaltspunkte dafür vor, dass ohne ihre Verwendung die Verhinderung oder Verfolgung einer schwerwiegenden Straftat gegen Leib, Leben oder Freiheit einer Person aussichtslos oder wesentlich erschwert wäre, dürfen die Daten auch für diesen Zweck verwendet werden, sofern das Ersuchen der Strafverfolgungsbehörde unter Verwendung von Halterdaten einer bestimmten Person oder von Fahrzeugdaten eines bestimmten Fahrzeugs gestellt wird. Die Protokolldaten sind durch geeignete Vorkehrungen gegen zweckfremde Verwendung und gegen sonstigen Missbrauch zu schützen und nach sechs Monaten zu löschen.

(7) Bei Abrufen aus dem Zentralen Fahrzeugregister sind vom Kraftfahrt-Bundesamt weitere Aufzeichnungen zu fertigen, die sich auf den Anlass des Abrufs erstrecken und die Feststellung der für den Abruf verantwortlichen Personen ermöglichen. Das Nähere wird durch Rechtsverordnung (§ 47 Abs. 1 Nr. 5) bestimmt. Dies gilt entsprechend für Abrufe aus den örtlichen Fahrzeugregistern.

(8) Soweit örtliche Fahrzeugregister nicht im automatisierten Verfahren geführt werden, ist die Übermittlung der nach § 33 Abs. 1 gespeicherten Fahrzeugdaten und Halterdaten durch Einsichtnahme in das örtliche Fahrzeugregister außerhalb der üblichen Dienstzeiten an die für den betreffenden Zulassungsbezirk zuständige Polizeidienststelle zulässig, wenn

1.
   dies für die Erfüllung der in Absatz 2 Satz 1 Nr. 1 bezeichneten Aufgaben erforderlich ist und

2.
   ohne die sofortige Einsichtnahme die Erfüllung dieser Aufgaben gefährdet wäre.

Die Polizeidienststelle hat die Tatsache der Einsichtnahme, deren Datum und Anlass sowie den Namen des Einsichtnehmenden aufzuzeichnen; die Aufzeichnungen sind für die Dauer eines Jahres aufzubewahren und nach Ablauf des betreffenden Kalenderjahres zu vernichten. Die Sätze 1 und 2 finden entsprechende Anwendung auf die Einsichtnahme durch die Zollfahndungsämter zur Erfüllung der in Absatz 2 Satz 1 Nr. 2

bezeichneten Aufgaben.

-

§ 36a Automatisiertes Anfrage- und Auskunftsverfahren beim Kraftfahrt-Bundesamt

Die Übermittlung der Daten aus dem Zentralen Fahrzeugregister nach den §§ 35 und 37 darf nach näherer Bestimmung durch Rechtsverordnung gemäß § 47 Abs. 1 Nr. 4a auch in einem automatisierten Anfrage- und Auskunftsverfahren erfolgen. Für die Einrichtung und Durchführung des Verfahrens gilt § 30b Abs. 1 Satz 2, Abs. 2 und 3 entsprechend.

-

§ 36b Abgleich mit den Sachfahndungsdaten des Bundeskriminalamtes

(1) Das Bundeskriminalamt übermittelt regelmäßig dem Kraftfahrt-Bundesamt die im Polizeilichen Informationssystem gespeicherten Daten von Fahrzeugen, Kennzeichen, Fahrzeugpapieren und Führerscheinen, die zur Beweissicherung, Einziehung, Beschlagnahme, Sicherstellung, Eigentumssicherung und Eigentümer- oder Besitzerermittlung ausgeschrieben sind. Die Daten dienen zum Abgleich mit den im Zentralen Fahrzeugregister erfassten Fahrzeugen und Fahrzeugpapieren sowie mit den im Zentralen Fahrerlaubnisregister erfassten Führerscheinen.
(2) Die Übermittlung der Daten nach Absatz 1 darf auch im automatisierten Verfahren erfolgen.

-

§ 37 Übermittlung von Fahrzeugdaten und Halterdaten an Stellen außerhalb des Geltungsbereiches dieses Gesetzes

(1) Die nach § 33 Abs. 1 gespeicherten Fahrzeugdaten und Halterdaten dürfen von den Registerbehörden an die zuständigen Stellen anderer Staaten übermittelt werden, soweit dies

a)
    für Verwaltungsmaßnahmen auf dem Gebiet des Straßenverkehrs,

b)
    zur Überwachung des Versicherungsschutzes im Rahmen der Kraftfahrzeughaftpflichtversicherung,

c)
    zur Verfolgung von Zuwiderhandlungen gegen Rechtsvorschriften auf dem Gebiet des Straßenverkehrs oder

d)
    zur Verfolgung von Straftaten, die im Zusammenhang mit dem Straßenverkehr oder sonst mit Kraftfahrzeugen, Anhängern, Kennzeichen oder Fahrzeugpapieren, Fahrerlaubnissen oder Führerscheinen stehen,

erforderlich ist.
(1a) Nach Maßgabe völkerrechtlicher Verträge zwischen Mitgliedstaaten der Europäischen Union oder mit den anderen Vertragsstaaten des Abkommens über den Europäischen Wirtschaftsraum, die der Mitwirkung der gesetzgebenden Körperschaften nach Artikel 59 Abs. 2 des Grundgesetzes bedürfen, sowie nach Artikel 12 des Beschlusses des Rates 2008/615/JI vom 23. Juni 2008 (ABl. L 210 vom 6.8.2008, S. 1, dürfen die nach § 33 Abs. 1 gespeicherten Fahrzeugdaten und Halterdaten von den Registerbehörden an die zuständigen Stellen dieser Staaten auch übermittelt werden, soweit dies erforderlich ist

a)
    zur Verfolgung von Ordnungswidrigkeiten, die nicht von Absatz 1 Buchstabe c erfasst werden,

b)
    zur Verfolgung von Straftaten, die nicht von Absatz 1 Buchstabe d erfasst werden, oder

c)
    zur Abwehr von Gefahren für die öffentliche Sicherheit.

(2) Der Empfänger ist darauf hinzuweisen, dass die übermittelten Daten nur zu dem Zweck genutzt werden dürfen, zu dessen Erfüllung sie ihm übermittelt werden.
(3) Die Übermittlung unterbleibt, wenn durch sie schutzwürdige Interessen des Betroffenen beeinträchtigt würden, insbesondere, wenn im Empfängerland ein angemessener Datenschutzstandard nicht gewährleistet ist.

-

§ 37a Abruf im automatisierten Verfahren durch Stellen außerhalb des Geltungsbereiches dieses Gesetzes

(1) Durch Abruf im automatisierten Verfahren dürfen aus dem Zentralen Fahrzeugregister für die in § 37 Abs. 1 und 1a genannten Maßnahmen an die hierfür zuständigen öffentlichen Stellen in einem Mitgliedstaat der Europäischen Union oder einem anderen Vertragsstaat des Abkommens über den Europäischen Wirtschaftsraum die zu deren Aufgabenerfüllung erforderlichen Daten nach näherer Bestimmung durch Rechtsverordnung gemäß § 47 Abs. 1 Nr. 5a übermittelt werden.

(2) Der Abruf darf nur unter Verwendung von Fahrzeugdaten, bei Abrufen für die in § 37 Abs. 1a genannten Zwecke nur unter Verwendung der vollständigen Fahrzeug-Identifizierungsnummer oder des vollständigen Kennzeichens, erfolgen und sich nur auf ein bestimmtes Fahrzeug oder einen bestimmten Halter richten.

(3) Der Abruf ist nur zulässig, soweit

1. diese Form der Datenübermittlung unter Berücksichtigung der schutzwürdigen Interessen der Betroffenen wegen der Vielzahl der Übermittlungen oder wegen ihrer besonderen Eilbedürftigkeit angemessen ist und

2. der Empfängerstaat die Richtlinie 95/46/EWG des Europäischen Parlaments und des Rates vom 24. Oktober 1995 (ABl. EG Nr. L 281 S. 31) anwendet.

§ 36 Abs. 5 und 6 sowie Abs. 7 wegen des Anlasses der Abrufe ist entsprechend anzuwenden.

-

§ 37b Übermittlung von Fahrzeug- und Halterdaten nach der Richtlinie 2011/82/EU

(1) Das Kraftfahrt-Bundesamt unterstützt nach Absatz 2 die in Artikel 4 Absatz 3 der Richtlinie 2011/82/EU genannten nationalen Kontaktstellen der anderen Mitgliedstaaten der Europäischen Union bei den Ermittlungen in Bezug auf folgende in den jeweiligen Mitgliedstaaten begangenen, die Straßenverkehrssicherheit gefährdenden Verkehrsdelikte:

1. Geschwindigkeitsübertretungen,

2. Nicht-Anlegen des Sicherheitsgurtes,

3. Überfahren eines roten Lichtzeichens,

4. Trunkenheit im Straßenverkehr,

5. Fahren unter Einfluss von berauschenden Mitteln,

6. Nicht-Tragen eines Schutzhelmes,

7. unbefugte Benutzung eines Fahrstreifens,

8. rechtswidrige Benutzung eines Mobiltelefons oder anderer Kommunikationsgeräte beim Fahren.

(2) Auf Anfrage teilt das Kraftfahrt-Bundesamt der nationalen Kontaktstelle eines anderen Mitgliedsaates der Europäischen Union folgende nach § 33 gespeicherten Daten zu Fahrzeug und Halter mit:

1. amtliches Kennzeichen,

2. Fahrzeug-Identifizierungsnummer,

3. Land der Zulassung,

4. Marke des Fahrzeugs,

5. Handelsbezeichnung,

6. EU-Fahrzeugklasse,

7. Name des Halters,

8.
   Vorname des Halters,
9.
   Anschrift des Halters,
10.
   Geschlecht,
11.
   Geburtsdatum,
12.
   Rechtsperson,
13.
   Geburtsort,

wenn dies im Einzelfall für die Erfüllung einer Aufgabe der nationalen Kontaktstelle des anfragenden Mitgliedstaates der Europäischen Union oder der zuständigen Behörde des anfragenden Mitgliedstaates der Europäischen Union erforderlich ist.

-

§ 37c Übermittlung von Fahrzeugdaten und Halterdaten an die Europäische Kommission

Das Kraftfahrt-Bundesamt übermittelt zur Erfüllung der Berichtspflicht nach Artikel 5 Absatz 1 Unterabsatz 4 der Richtlinie 2009/103/EG des Europäischen Parlaments und des Rates vom 16. September 2009 über die Kraftfahrzeug-Haftpflichtversicherung und die Kontrolle der entsprechenden Versicherungspflicht (ABl. L 263 vom 7.10.2009, S. 11) bis zum 31. März eines jeden Jahres an die Europäische Kommission die nach § 33 Absatz 1 gespeicherten Namen oder Bezeichnungen und Anschriften der Fahrzeughalter, die nach § 2 Absatz 1 Nummer 1 bis 5 des Pflichtversicherungsgesetzes von der Versicherungspflicht befreit sind.

-

§ 38 Übermittlung für die wissenschaftliche Forschung

(1) Die nach § 33 Abs. 1 gespeicherten Fahrzeugdaten und Halterdaten dürfen an Hochschulen, andere Einrichtungen, die wissenschaftliche Forschung betreiben, und öffentliche Stellen übermittelt werden, soweit

1.
   dies für die Durchführung bestimmter wissenschaftlicher Forschungsarbeiten erforderlich ist,
2.
   eine Nutzung anonymisierter Daten zu diesem Zweck nicht möglich ist und
3.
   das öffentliche Interesse an der Forschungsarbeit das schutzwürdige Interesse des Betroffenen an dem Ausschluss der Übermittlung erheblich überwiegt.

(2) Die Übermittlung der Daten erfolgt durch Erteilung von Auskünften, wenn hierdurch der Zweck der Forschungsarbeit erreicht werden kann und die Erteilung keinen unverhältnismäßigen Aufwand erfordert.

(3) Personenbezogene Daten werden nur an solche Personen übermittelt, die Amtsträger oder für den öffentlichen Dienst besonders Verpflichtete sind oder die zur Geheimhaltung verpflichtet worden sind. § 1 Abs. 2, 3 und 4 Nr. 2 des Verpflichtungsgesetzes findet auf die Verpflichtung zur Geheimhaltung entsprechende Anwendung.

(4) Die personenbezogenen Daten dürfen nur für die Forschungsarbeit genutzt werden, für die sie übermittelt worden sind. Die Verwendung für andere Forschungsarbeiten oder die Weitergabe richtet sich nach den Absätzen 1 und 2 und bedarf der Zustimmung der Stelle, die die Daten übermittelt hat.

(5) Die Daten sind gegen unbefugte Kenntnisnahme durch Dritte zu schützen. Die wissenschaftliche Forschung betreibende Stelle hat dafür zu sorgen, dass die Nutzung der personenbezogenen Daten räumlich und organisatorisch getrennt von der Erfüllung solcher Verwaltungsaufgaben oder Geschäftszwecke erfolgt, für die diese Daten gleichfalls von Bedeutung sein können.

(6) Sobald der Forschungszweck es erlaubt, sind die personenbezogenen Daten zu anonymisieren. Solange dies noch nicht möglich ist, sind die Merkmale gesondert aufzubewahren, mit denen Einzelangaben über persönliche oder sachliche Verhältnisse einer bestimmten oder bestimmbaren Person zugeordnet werden können. Sie dürfen mit den Einzelangaben nur zusammengeführt werden, soweit der Forschungszweck dies erfordert.

(7) Wer nach den Absätzen 1 und 2 personenbezogene Daten erhalten hat, darf diese nur veröffentlichen, wenn dies für die Darstellung von Forschungsergebnissen über Ereignisse der Zeitgeschichte unerlässlich

ist.
(8) Ist der Empfänger eine nichtöffentliche Stelle, gilt § 38 des Bundesdatenschutzgesetzes mit der Maßgabe, dass die Aufsichtsbehörde die Ausführung der Vorschriften über den Datenschutz auch dann überwacht, wenn keine hinreichenden Anhaltspunkte für eine Verletzung dieser Vorschriften vorliegen oder wenn der Empfänger die personenbezogenen Daten nicht in Dateien verarbeitet.
-

§ 38a Übermittlung und Nutzung für statistische Zwecke

(1) Die nach § 33 Abs. 1 gespeicherten Fahrzeug- und Halterdaten dürfen zur Vorbereitung und Durchführung von Statistiken, soweit sie durch Rechtsvorschriften angeordnet sind, übermittelt werden, wenn die Vorbereitung und Durchführung des Vorhabens allein mit anonymisierten Daten (§ 45) nicht möglich ist.
(2) Es finden die Vorschriften des Bundesstatistikgesetzes und der Statistikgesetze der Länder Anwendung.
-

§ 38b Übermittlung und Nutzung für planerische Zwecke

(1) Die nach § 33 Abs. 1 in den örtlichen Fahrzeugregistern gespeicherten Fahrzeug- und Halterdaten dürfen für im öffentlichen Interesse liegende Verkehrsplanungen an öffentliche Stellen übermittelt werden, wenn die Durchführung des Vorhabens allein mit anonymisierten Daten (§ 45) nicht oder nur mit unverhältnismäßigem Aufwand möglich ist und der Betroffene eingewilligt hat oder schutzwürdige Interessen des Betroffenen nicht beeinträchtigt werden.
(2) Der Empfänger der Daten hat sicherzustellen, dass

1.

die Kontrolle zur Sicherstellung schutzwürdiger Interessen des Betroffenen jederzeit gewährleistet wird,

2.

die Daten nur für das betreffende Vorhaben genutzt werden,

3.

zu den Daten nur die Personen Zugang haben, die mit dem betreffenden Vorhaben befasst sind,

4.

diese Personen verpflichtet werden, die Daten gegenüber Unbefugten nicht zu offenbaren, und

5.

die Daten anonymisiert oder gelöscht werden, sobald der Zweck des Vorhabens dies gestattet.

-

§ 39 Übermittlung von Fahrzeugdaten und Halterdaten zur Verfolgung von Rechtsansprüchen

(1) Von den nach § 33 Abs. 1 gespeicherten Fahrzeugdaten und Halterdaten sind

1.

Familienname (bei juristischen Personen, Behörden oder Vereinigungen: Name oder Bezeichnung),

2.

Vornamen,

3.

Ordens- und Künstlername,

4.

Anschrift,

5.

Art, Hersteller und Typ des Fahrzeugs,

6.

Name und Anschrift des Versicherers,

7.

Nummer des Versicherungsscheins, oder, falls diese noch nicht gespeichert ist, Nummer der Versicherungsbestätigung,

8.

gegebenenfalls Zeitpunkt der Beendigung des Versicherungsverhältnisses,

9.
    gegebenenfalls Befreiung von der gesetzlichen Versicherungspflicht,

10.
    Zeitpunkt der Zuteilung oder Ausgabe des Kennzeichens für den Halter sowie

11.
    Kraftfahrzeugkennzeichen

durch die Zulassungsbehörde oder durch das Kraftfahrt-Bundesamt zu übermitteln, wenn der Empfänger unter Angabe des betreffenden Kennzeichens oder der betreffenden Fahrzeug-Identifizierungsnummer darlegt, dass er die Daten zur Geltendmachung, Sicherung oder Vollstreckung oder zur Befriedigung oder Abwehr von Rechtsansprüchen im Zusammenhang mit der Teilnahme am Straßenverkehr oder zur Erhebung einer Privatklage wegen im Straßenverkehr begangener Verstöße benötigt (einfache Registerauskunft).

(2) Weitere Fahrzeugdaten und Halterdaten als die nach Absatz 1 zulässigen sind zu übermitteln, wenn der Empfänger unter Angabe von Fahrzeugdaten oder Personalien des Halters glaubhaft macht, dass er

1.
    die Daten zur Geltendmachung, Sicherung oder Vollstreckung, zur Befriedigung oder Abwehr von Rechtsansprüchen im Zusammenhang mit der Teilnahme am Straßenverkehr, dem Diebstahl, dem sonstigen Abhandenkommen des Fahrzeugs oder zur Erhebung einer Privatklage wegen im Straßenverkehr begangener Verstöße benötigt,

2.
    (weggefallen)

3.
    die Daten auf andere Weise entweder nicht oder nur mit unverhältnismäßigem Aufwand erlangen könnte.

(3) Die in Absatz 1 Nr. 1 bis 5 und 11 angeführten Halterdaten und Fahrzeugdaten dürfen übermittelt werden, wenn der Empfänger unter Angabe von Fahrzeugdaten oder Personalien des Halters glaubhaft macht, dass er

1.
    die Daten zur Geltendmachung, Sicherung oder Vollstreckung

    a)
        von nicht mit der Teilnahme am Straßenverkehr im Zusammenhang stehenden öffentlich-rechtlichen Ansprüchen oder

    b)
        von gemäß § 7 des Unterhaltsvorschussgesetzes, § 33 des Zweiten Buches Sozialgesetzbuch oder § 94 des Zwölften Buches Sozialgesetzbuch übergegangenen Ansprüchen

    in Höhe von jeweils mindestens 500 Euro benötigt,

2.
    ohne Kenntnis der Daten zur Geltendmachung, Sicherung oder Vollstreckung des Rechtsanspruchs nicht in der Lage wäre und

3.
    die Daten auf andere Weise entweder nicht oder nur mit unverhältnismäßigem Aufwand erlangen könnte.

§ 35 Abs. 3 Satz 2 und 3 gilt entsprechend. Die Aufzeichnungen dürfen nur zur Kontrolle der Zulässigkeit der Übermittlungen verwendet werden.

-

§ 40 Übermittlung sonstiger Daten

Die nach § 33 Abs. 2 gespeicherten Daten über Beruf und Gewerbe (Wirtschaftszweig) dürfen nur für die Zwecke nach § 32 Abs. 1 Nr. 4 und 5 an die hierfür zuständigen Behörden übermittelt werden. Außerdem dürfen diese Daten für Zwecke der Statistik (§ 38a Abs. 1) übermittelt werden; die Zulässigkeit und die Durchführung von statistischen Vorhaben richten sich nach § 38a.

-

§ 41 Übermittlungssperren

(1) Die Anordnung von Übermittlungssperren in den Fahrzeugregistern ist zulässig, wenn erhebliche öffentliche Interessen gegen die Offenbarung der Halterdaten bestehen.

(2) Außerdem sind Übermittlungssperren auf Antrag des Betroffenen anzuordnen, wenn er glaubhaft macht, dass durch die Übermittlung seine schutzwürdigen Interessen beeinträchtigt würden.

(3) Die Übermittlung trotz bestehender Sperre ist im Einzelfall zulässig, wenn an der Kenntnis der gesperrten Daten ein überwiegendes öffentliches Interesse, insbesondere an der Verfolgung von Straftaten besteht. Über die Aufhebung entscheidet die für die Anordnung der Sperre zuständige Stelle. Will diese an der Sperre festhalten, weil sie das die Sperre begründende öffentliche Interesse (Absatz 1) für überwiegend hält oder weil sie die Beeinträchtigung schutzwürdiger Interessen des Betroffenen (Absatz 2) als vorrangig ansieht, so führt sie die Entscheidung der obersten Landesbehörde herbei. Vor der Übermittlung ist dem Betroffenen Gelegenheit zur Stellungnahme zu geben, es sei denn, die Anhörung würde dem Zweck der Übermittlung zuwiderlaufen.

(4) Die Übermittlung trotz bestehender Sperre ist im Einzelfall außerdem zulässig, wenn die Geltendmachung, Sicherung oder Vollstreckung oder die Befriedigung oder Abwehr von Rechtsansprüchen im Sinne des § 39 Abs. 1 und 2 sonst nicht möglich wäre. Vor der Übermittlung ist dem Betroffenen Gelegenheit zur Stellungnahme zu geben. Absatz 3 Satz 2 und 3 ist entsprechend anzuwenden.

-

§ 42 Datenvergleich zur Beseitigung von Fehlern

(1) Bei Zweifeln an der Identität eines eingetragenen Halters mit dem Halter, auf den sich eine neue Mitteilung bezieht, dürfen die Datenbestände des Fahreignungsregisters und des Zentralen Fahrerlaubnisregisters zur Identifizierung dieser Halter genutzt werden. Ist die Feststellung der Identität der betreffenden Halter auf diese Weise nicht möglich, dürfen die auf Anfrage aus den Melderegistern übermittelten Daten zur Behebung der Zweifel genutzt werden. Die Zulässigkeit der Übermittlung durch die Meldebehörden richtet sich nach den Meldegesetzen der Länder. Können die Zweifel an der Identität der betreffenden Halter nicht ausgeräumt werden, werden die Eintragungen über beide Halter mit einem Hinweis auf die Zweifel an deren Identität versehen.

(2) Die nach § 33 im Zentralen Fahrzeugregister gespeicherten Daten dürfen den Zulassungsbehörden übermittelt werden, soweit dies erforderlich ist, um Fehler und Abweichungen in deren Register festzustellen und zu beseitigen und um diese örtlichen Register zu vervollständigen. Die nach § 33 im örtlichen Fahrzeugregister gespeicherten Daten dürfen dem Kraftfahrt-Bundesamt übermittelt werden, soweit dies erforderlich ist, um Fehler und Abweichungen im Zentralen Fahrzeugregister festzustellen und zu beseitigen sowie das Zentrale Fahrzeugregister zu vervollständigen. Die Übermittlung nach Satz 1 oder 2 ist nur zulässig, wenn Anlass zu der Annahme besteht, dass die Register unrichtig oder unvollständig sind.

(3) Die nach § 33 im Zentralen Fahrzeugregister oder im zuständigen örtlichen Fahrzeugregister gespeicherten Halter- und Fahrzeugdaten dürfen der für die Ausübung der Verwaltung der Kraftfahrzeugsteuer zuständigen Behörde übermittelt werden, soweit dies für Maßnahmen zur Durchführung des Kraftfahrzeugsteuerrechts erforderlich ist, um Fehler und Abweichungen in den Datenbeständen der für die Ausübung der Verwaltung der Kraftfahrzeugsteuer zuständigen Behörden festzustellen und zu beseitigen und um diese Datenbestände zu vervollständigen. Die Übermittlung nach Satz 1 ist nur zulässig, wenn Anlass zu der Annahme besteht, dass die Datenbestände unrichtig oder unvollständig sind.

-

§ 43 Allgemeine Vorschriften für die Datenübermittlung, Verarbeitung und Nutzung der Daten durch den Empfänger

(1) Übermittlungen von Daten aus den Fahrzeugregistern sind nur auf Ersuchen zulässig, es sei denn, auf Grund besonderer Rechtsvorschrift wird bestimmt, dass die Registerbehörde bestimmte Daten von Amts wegen zu übermitteln hat. Die Verantwortung für die Zulässigkeit der Übermittlung trägt die übermittelnde Stelle. Erfolgt die Übermittlung auf Ersuchen des Empfängers, trägt dieser die Verantwortung. In diesem Fall prüft die übermittelnde Stelle nur, ob das Übermittlungsersuchen im Rahmen der Aufgaben des Empfängers liegt, es sei denn, dass besonderer Anlass zur Prüfung der Zulässigkeit der Übermittlung besteht.

(2) Der Empfänger darf die übermittelten Daten nur zu dem Zweck verarbeiten und nutzen, zu dessen Erfüllung sie ihm übermittelt worden sind. Der Empfänger darf die übermittelten Daten auch für andere Zwecke verarbeiten und nutzen, soweit sie ihm auch für diese Zwecke hätten übermittelt werden dürfen. Ist der Empfänger eine nichtöffentliche Stelle, hat die übermittelnde Stelle ihn darauf hinzuweisen. Eine Verarbeitung und Nutzung für andere Zwecke durch nichtöffentliche Stellen bedarf der Zustimmung der übermittelnden Stelle.

-

§ 44 Löschung der Daten in den Fahrzeugregistern

(1) Die nach § 33 Abs. 1 und 2 gespeicherten Daten sind in den Fahrzeugregistern spätestens zu löschen, wenn sie für die Aufgaben nach § 32 nicht mehr benötigt werden. Bis zu diesem Zeitpunkt sind auch alle übrigen zu dem betreffenden Fahrzeug gespeicherten Daten zu löschen.

(2) Die Daten über Fahrtenbuchauflagen (§ 33 Abs. 3) sind nach Wegfall der Auflage zu löschen.

-

§ 45 Anonymisierte Daten

Auf die Erhebung, Verarbeitung und sonstige Nutzung von Daten, die keinen Bezug zu einer bestimmten oder bestimmbaren Person ermöglichen (anonymisierte Daten), finden die Vorschriften dieses Abschnitts keine Anwendung. Zu den Daten, die einen Bezug zu einer bestimmten oder bestimmbaren Person ermöglichen, gehören auch das Kennzeichen eines Fahrzeugs, die Fahrzeug-Identifizierungsnummer und die Fahrzeugbriefnummer.

-

§ 46

(weggefallen)

-

§ 47 Ermächtigungsgrundlagen, Ausführungsvorschriften

Das Bundesministerium für Verkehr und digitale Infrastruktur wird ermächtigt, Rechtsverordnung mit Zustimmung des Bundesrates zu erlassen

1.
  darüber,
  a)
    welche im Einzelnen zu bestimmenden Fahrzeugdaten (§ 33 Abs. 1 Satz 1 Nr. 1) und
  b)
    welche Halterdaten nach § 33 Abs. 1 Satz 1 Nr. 2 in welchen Fällen der Zuteilung oder Ausgabe des Kennzeichens unter Berücksichtigung der in § 32 genannten Aufgaben
  im örtlichen und im Zentralen Fahrzeugregister jeweils gespeichert (§ 33 Abs. 1) und zur Speicherung erhoben (§ 34 Abs. 1) werden,

2.
  darüber, welche im Einzelnen zu bestimmenden Fahrzeugdaten die Versicherer zur Speicherung im Zentralen Fahrzeugregister nach § 34 Abs. 5 Satz 2 mitzuteilen haben,

3.
  über die regelmäßige Übermittlung der Daten nach § 35 Abs. 5, insbesondere über die Art der Übermittlung sowie die Art und den Umfang der zu übermittelnden Daten,

4.
  über die Art und den Umfang der zu übermittelnden Daten und die Maßnahmen zur Sicherung gegen Missbrauch beim Abruf im automatisierten Verfahren nach § 36 Abs. 5,

4a.
  über die Art und den Umfang der zu übermittelnden Daten und die Maßnahmen zur Sicherung gegen Missbrauch nach § 36a,

5.
  über Einzelheiten des Verfahrens nach § 36 Abs. 7 Satz 2,

5a.
  über die Art und den Umfang der zu übermittelnden Daten, die Bestimmung der Empfänger und den Geschäftsweg bei Übermittlungen nach § 37 Abs. 1 und 1a,

5b.
  darüber, welche Daten nach § 37a Abs. 1 durch Abruf im automatisierten Verfahren übermittelt werden dürfen,

5c.
  über die Bestimmung, welche ausländischen öffentlichen Stellen zum Abruf im automatisierten Verfahren nach § 37a Abs. 1 befugt sind,

6.

über das Verfahren bei Übermittlungssperren sowie über die Speicherung, Änderung und die Aufhebung der Sperren nach § 33 Abs. 4 und § 41 und

7.

über die Löschung der Daten nach § 44, insbesondere über die Voraussetzungen und Fristen für die Löschung.

VI.
Fahrerlaubnisregister

-

§ 48 Registerführung und Registerbehörden

(1) Die Fahrerlaubnisbehörden (§ 2 Abs. 1) führen im Rahmen ihrer örtlichen Zuständigkeit ein Register (örtliche Fahrerlaubnisregister) über

1.

von ihnen erteilte Fahrerlaubnisse sowie die entsprechenden Führerscheine,

2.

Entscheidungen, die Bestand, Art und Umfang von Fahrerlaubnissen oder sonstige Berechtigungen, ein Fahrzeug zu führen, betreffen.

Abweichend von Satz 1 Nr. 2 darf die zur Erteilung einer Prüfbescheinigung zuständige Stelle Aufzeichnungen über von ihr ausgegebene Bescheinigungen für die Berechtigung zum Führen fahrerlaubnisfreier Fahrzeug führen. Sobald ein örtliches Fahrerlaubnisregister nach Maßgabe des § 65 Absatz 2 Satz 1 nicht mehr geführt werden darf, gilt Satz 1 in Verbindung mit Satz 2 nur noch für die in § 65 Absatz 2a bezeichneten Daten.

(2) Das Kraftfahrt-Bundesamt führt ein Register über Fahrerlaubnisse und die entsprechenden Führerscheine (Zentrales Fahrerlaubnisregister), die von den nach Landesrecht für den Vollzug des Fahrerlaubnisrechtes zuständigen Behörden (Fahrerlaubnisbehörden) erteilt sind.

(3) Bei einer zentralen Herstellung der Führscheine übermittelt die Fahrerlaubnisbehörde dem Hersteller die hierfür notwendigen Daten. Der Hersteller darf ausschließlich zum Nachweis des Verbleibs der Führerscheine alle Führerscheinnummern der hergestellten Führerscheine speichern. Die Speicherung der übrigen im Führerschein enthaltenen Angaben beim Hersteller ist unzulässig, soweit sie nicht ausschließlich und vorübergehend der Herstellung des Führerscheins dient; die Angaben sind anschließend zu löschen. Die Daten nach den Sätzen 1 und 2 dürfen nach näherer Bestimmung durch Rechtsverordnung gemäß § 63 Abs. 1 Nr. 1 an das Kraftfahrt-Bundesamt zur Speicherung im Zentralen Fahrerlaubnisregister übermittelt werden; sie sind dort spätestens nach Ablauf von zwölf Monaten zu löschen, sofern dem Amt die Erteilung oder Änderung der Fahrerlaubnis innerhalb dieser Frist nicht mitgeteilt wird; beim Hersteller sind die Daten nach der Übermittlung zu löschen. Vor Eingang der Mitteilung beim Kraftfahrt-Bundesamt über die Erteilung oder Änderung der Fahrerlaubnis darf das Amt über die Daten keine Auskunft erteilen.

-

§ 49 Zweckbestimmung der Register

(1) Die örtlichen Fahrerlaubnisregister und das Zentrale Fahrerlaubnisregister werden geführt zur Speicherung von Daten, die erforderlich sind, um feststellen zu können, welche Fahrerlaubnisse und welche Führerscheine eine Person besitzt oder für welche sie die Neuerteilung beantragen kann.

(2) Die örtlichen Fahrerlaubnisregister werden außerdem geführt zur Speicherung von Daten, die erforderlich sind

1.

für die Beurteilung der Eignung und Befähigung von Personen zum Führen von Kraftfahrzeugen und

2.

für die Prüfung der Berechtigung zum Führen von Fahrzeugen.

-

59

§ 50 Inhalt der Fahrerlaubnisregister

(1) In den örtlichen Fahrerlaubnisregistern und im Zentralen Fahrerlaubnisregister werden gespeichert

1.

    Familiennamen, Geburtsnamen, sonstige frühere Namen, Vornamen, Ordens- oder Künstlername, Doktorgrad, Geschlecht, Tag und Ort der Geburt,

2.

    nach näherer Bestimmung durch Rechtsverordnung gemäß § 63 Abs. 1 Nr. 2 Daten über Erteilung und Registrierung (einschließlich des Umtausches oder der Registrierung einer deutschen Fahrerlaubnis im Ausland), Bestand, Art, Umfang, Gültigkeitsdauer, Verlängerung und Änderung der Fahrerlaubnis, Datum des Beginns und des Ablaufs der Probezeit, Nebenbestimmungen zur Fahrerlaubnis, über Führerscheine und deren Geltung einschließlich der Ausschreibung zur Sachfahndung, sonstige Berechtigungen, ein Kraftfahrzeug zu führen, sowie Hinweise auf Eintragungen im Fahreignungsregister, die die Berechtigung zum Führen von Kraftfahrzeugen berühren.

(2) In den örtlichen Fahrerlaubnisregistern dürfen außerdem gespeichert werden

1.

    die Anschrift des Betroffenen sowie

2.

    nach näherer Bestimmung durch Rechtsverordnung gemäß § 63 Abs. 1 Nr. 2 Daten über

    a)

        Versagung, Entziehung, Widerruf und Rücknahme der Fahrerlaubnis, Verzicht auf die Fahrerlaubnis, isolierte Sperren, Fahrverbote sowie die Beschlagnahme, Sicherstellung und Verwahrung von Führerscheinen sowie Maßnahmen nach § 2a Abs. 2 und § 4 Absatz 5,

    b)

        Verbote oder Beschränkungen, ein Fahrzeug zu führen.

(3) Im Zentralen Fahrerlaubnisregister dürfen zusätzlich zu Absatz 1 der Grund des Erlöschens der Fahrerlaubnis oder einer Fahrerlaubnisklasse, die Dauer der Probezeit einschließlich der Restdauer nach vorzeitiger Beendigung der Probezeit, Beginn und Ende einer Hemmung der Probezeit und die Behörde, die die Unterlagen im Zusammenhang mit dem Erteilen, dem Entziehen oder dem Erlöschen einer Fahrerlaubnis oder Fahrerlaubnisklasse (Fahrerlaubnisakte) führt, gespeichert werden.

(4) Sobald ein örtliches Fahrerlaubnisregister nach Maßgabe des § 65 Absatz 2 Satz 1 nicht mehr geführt werden darf, gelten die Absätze 1 und 2 im Hinblick auf die örtlichen Fahrerlaubnisregister nur noch für die in § 65 Absatz 2a bezeichneten Daten.

-

§ 51 Mitteilung an das Zentrale Fahrerlaubnisregister

Die Fahrerlaubnisbehörden teilen dem Kraftfahrt-Bundesamt zur Speicherung im Zentralen Fahrerlaubnisregister unverzüglich die auf Grund des § 50 Abs. 1 zu speichernden oder zu einer Änderung oder Löschung einer Eintragung führenden Daten mit.

-

§ 52 Übermittlung

(1) Die in den Fahrerlaubnisregistern gespeicherten Daten dürfen an die Stellen, die

1.

    für die Verfolgung von Straftaten, zur Vollstreckung oder zum Vollzug von Strafen,

2.

    für die Verfolgung von Ordnungswidrigkeiten und die Vollstreckung von Bußgeldbescheiden und ihren Nebenfolgen nach diesem Gesetz oder

3.

    für Verwaltungsmaßnahmen auf Grund dieses Gesetzes oder der auf ihm beruhenden Rechtsvorschriften, soweit es um Fahrerlaubnisse, Führerscheine oder sonstige Berechtigungen, ein Fahrzeug zu führen, geht,

zuständig sind, übermittelt werden, soweit dies zur Erfüllung der diesen Stellen obliegenden Aufgaben zu den in § 49 genannten Zwecken jeweils erforderlich ist.

(2) Die in den Fahrerlaubnisregistern gespeicherten Daten dürfen zu den in § 49 Abs. 1 und 2 Nr. 2

genannten Zwecken an die für Verkehrs- und Grenzkontrollen zuständigen Stellen sowie an die für Straßenkontrollen zuständigen Stellen übermittelt werden, soweit dies zur Erfüllung ihrer Aufgaben erforderlich ist.
(3) Das Kraftfahrt-Bundesamt hat entsprechend § 35 Abs. 6 Satz 1 und 2 Aufzeichnungen über die Übermittlungen nach den Absätzen 1 und 2 zu führen.
-

§ 53 Direkteinstellung und Abruf im automatisierten Verfahren

(1) Den Stellen, denen die Aufgaben nach § 52 obliegen, dürfen die hierfür jeweils erforderlichen Daten aus dem Zentralen Fahrerlaubnisregister und den örtlichen Fahrerlaubnisregistern zu den in § 49 genannten Zwecken durch Abruf im automatisierten Verfahren übermittelt werden.
(1a) Die Fahrerlaubnisbehörden dürfen die Daten, die sie nach § 51 dem Kraftfahrt-Bundesamt mitzuteilen haben, im Wege der Datenfernübertragung durch Direkteinstellung übermitteln.
(2) Die Einrichtung von Anlagen zur Direkteinstellung oder zum Abruf im automatisierten Verfahren ist nur zulässig, wenn nach näherer Bestimmung durch Rechtsverordnung gemäß § 63 Abs. 1 Nr. 4 gewährleistet ist, dass

1.
   dem jeweiligen Stand der Technik entsprechende Maßnahmen zur Sicherstellung von Datenschutz und Datensicherheit getroffen werden, die insbesondere die Vertraulichkeit und Unversehrtheit der Daten gewährleisten; bei der Nutzung allgemein zugänglicher Netze sind Verschlüsselungsverfahren anzuwenden und
2.
   die Zulässigkeit der Direkteinstellung oder der Abrufe nach Maßgabe des Absatzes 3 kontrolliert werden kann.

(3) Das Kraftfahrt-Bundesamt oder die Fahrerlaubnisbehörde als übermittelnde Stellen haben über die Direkteinstellungen und die Abrufe Aufzeichnungen zu fertigen, die die bei der Durchführung der Direkteinstellungen oder der Abrufe verwendeten Daten, den Tag und die Uhrzeit der Direkteinstellungen oder der Abrufe, die Kennung der einstellenden oder abrufenden Dienststelle und die eingestellten oder abgerufenen Daten enthalten müssen. Die protokollierten Daten dürfen nur für Zwecke der Datenschutzkontrolle, der Datensicherung oder zur Sicherstellung eines ordnungsgemäßen Betriebs der Datenverarbeitungsanlage verwendet werden, es sei denn, es liegen Anhaltspunkte dafür vor, dass ohne ihre Verwendung die Verhinderung oder Verfolgung einer schwerwiegenden Straftat gegen Leib, Leben oder Freiheit einer Person aussichtslos oder wesentlich erschwert wäre. Die Protokolldaten sind durch geeignete Vorkehrungen gegen zweckfremde Verwendung und gegen sonstigen Missbrauch zu schützen und beim Abruf nach sechs Monaten und bei der Direkteinstellung mit Vollendung des 110. Lebensjahres der betroffenen Person zu löschen.
(4) Bei Direkteinstellungen in das und bei Abrufen aus dem Zentralen Fahrerlaubnisregister sind vom Kraftfahrt-Bundesamt weitere Aufzeichnungen zu fertigen, die sich auf den Anlass der Direkteinstellung oder des Abrufs erstrecken und die Feststellung der für die Direkteinstellung oder den Abruf verantwortlichen Person ermöglichen. Das Nähere wird durch Rechtsverordnung (§ 63 Abs. 1 Nr. 4) bestimmt. Dies gilt entsprechend für Abrufe aus den örtlichen Fahrerlaubnisregistern.
(5) Aus den örtlichen Fahrerlaubnisregistern ist die Übermittlung der Daten durch Einsichtnahme in das Register außerhalb der üblichen Dienstzeiten an die für den betreffenden Bezirk zuständige Polizeidienststelle zulässig, wenn

1.
   dies im Rahmen der in § 49 Abs. 1 und 2 Nr. 2 genannten Zwecke für die Erfüllung der Polizei obliegenden Aufgaben erforderlich ist und
2.
   ohne die sofortige Einsichtnahme die Erfüllung dieser Aufgaben gefährdet wäre.
Die Polizeidienststelle hat die Tatsache der Einsichtnahme, deren Datum und Anlass sowie den Namen des Einsichtnehmenden aufzuzeichnen; die Aufzeichnungen sind für die Dauer eines Jahres aufzubewahren und nach Ablauf des betreffenden Kalenderjahres zu vernichten.
-

§ 54 Automatisiertes Mitteilungs-, Anfrage- und Auskunftsverfahren beim Kraftfahrt-Bundesamt

Die Übermittlung der Daten an das Zentrale Fahrerlaubnisregister und aus dem Zentralen

Fahrerlaubnisregister nach den §§ 51, 52 und 55 darf nach näherer Bestimmung durch Rechtsverordnung gemäß § 63 Absatz 1 Nummer 5 auch in einem automatisierten Mitteilungs-, Anfrage- und Auskunftsverfahren erfolgen. Für die Einrichtung und Durchführung des Verfahrens gilt § 30b Abs. 1 Satz 2, Abs. 2 und 3 entsprechend. Die Protokolldaten der Mitteilungen sind mit Vollendung des 110. Lebensjahres der betroffenen Person zu löschen.

-

§ 55 Übermittlung von Daten an Stellen außerhalb des Geltungsbereiches dieses Gesetzes

(1) Die auf Grund des § 50 gespeicherten Daten dürfen von den Registerbehörden an die hierfür zuständigen Stellen anderer Staaten übermittelt werden, soweit dies

1.
   für Verwaltungsmaßnahmen auf dem Gebiet des Straßenverkehrs,

2.
   zur Verfolgung von Zuwiderhandlungen gegen Rechtsvorschriften auf dem Gebiet des Straßenverkehrs oder

3.
   zur Verfolgung von Straftaten, die im Zusammenhang mit dem Straßenverkehr oder sonst mit Kraftfahrzeugen oder Anhängern oder Fahrzeugpapieren, Fahrerlaubnissen oder Führerscheinen stehen,

erforderlich ist.

(2) Der Empfänger ist darauf hinzuweisen, dass die übermittelten Daten nur zu dem Zweck verarbeitet oder genutzt werden dürfen, zu dessen Erfüllung sie ihm übermittelt werden.

(3) Die Übermittlung unterbleibt, wenn durch sie schutzwürdige Interessen des Betroffenen beeinträchtigt würden, insbesondere wenn im Empfängerland ein angemessener Datenschutzstandard nicht gewährleistet ist.

-

§ 56 Abruf im automatisierten Verfahren durch Stellen außerhalb des Geltungsbereiches dieses Gesetzes

(1) Durch Abruf im automatisierten Verfahren dürfen aus dem Zentralen Fahrerlaubnisregister für die in § 55 Abs. 1 genannten Maßnahmen an die hierfür zuständigen öffentlichen Stellen in einem Mitgliedstaat der Europäischen Union oder einem anderen Vertragsstaat des Abkommens über den Europäischen Wirtschaftsraum die zu deren Aufgabenerfüllung erforderlichen Daten nach näherer Bestimmung durch Rechtsverordnung gemäß § 63 Abs. 1 Nr. 6 übermittelt werden.

(2) Der Abruf ist nur zulässig, soweit

1.
   diese Form der Datenübermittlung unter Berücksichtigung der schutzwürdigen Interessen der Betroffenen wegen der Vielzahl der Übermittlungen oder wegen ihrer besonderen Eilbedürftigkeit angemessen ist und

2.
   der Empfängerstaat die Richtlinie 95/46/EG des Europäischen Parlaments und des Rates vom 24. Oktober 1995 (ABl. EG Nr. L 281 S. 31) anwendet.

§ 53 Abs. 2 und 3 sowie Abs. 4 wegen des Anlasses der Abrufe ist entsprechend anzuwenden.

-

§ 57 Übermittlung und Nutzung von Daten für wissenschaftliche, statistische und gesetzgeberische Zwecke

Für die Übermittlung und Nutzung der nach § 50 gespeicherten Daten für wissenschaftliche Zwecke gilt § 38, für statistische Zwecke § 38a und für gesetzgeberische Zwecke § 38b jeweils entsprechend.

-

§ 58 Auskunft über eigene Daten aus den Registern

Einer Privatperson wird auf Antrag schriftlich über den sie betreffenden Inhalt des örtlichen oder des Zentralen Fahrerlaubnisregisters unentgeltlich Auskunft erteilt. Der Antragsteller hat dem Antrag einen

Identitätsnachweis beizufügen. Die Auskunft kann elektronisch erteilt werden, wenn der Antrag unter Nutzung des elektronischen Identitätsnachweises nach § 18 des Personalausweisgesetzes oder nach § 78 Absatz 5 des Aufenthaltsgesetzes gestellt wird. Hinsichtlich der Protokollierung gilt § 53 Absatz 3 entsprechend.

-

§ 59 Datenvergleich zur Beseitigung von Fehlern

(1) Bei Zweifeln an der Identität einer eingetragenen Person mit der Person, auf die sich eine Mitteilung nach § 51 bezieht, dürfen die Datenbestände des Fahreignungsregisters und des Zentralen Fahrzeugregisters zur Identifizierung dieser Personen genutzt werden. Ist die Feststellung der Identität der betreffenden Personen auf diese Weise nicht möglich, dürfen die auf Anfrage aus den Melderegistern übermittelten Daten zur Behebung der Zweifel genutzt werden. Die Zulässigkeit der Übermittlung durch die Meldebehörden richtet sich nach den Meldegesetzen der Länder. Können die Zweifel an der Identität der betreffenden Personen nicht ausgeräumt werden, werden die Eintragungen über beide Personen mit einem Hinweis auf die Zweifel an deren Identität versehen.
(2) Die regelmäßige Nutzung der auf Grund des § 28 Abs. 3 im Fahreignungsregister gespeicherten Daten ist zulässig, um Fehler und Abweichungen bei den Personendaten sowie den Daten über Fahrerlaubnisse und Führerscheine der betreffenden Person im Zentralen Fahrerlaubnisregister festzustellen und zu beseitigen und um dieses Register zu vervollständigen.
(3) Die nach § 50 Abs. 1 im Zentralen Fahrerlaubnisregister gespeicherten Daten dürfen den Fahrerlaubnisbehörden übermittelt werden, soweit dies erforderlich ist, um Fehler und Abweichungen in deren Registern festzustellen und zu beseitigen und um diese örtlichen Register zu vervollständigen. Die nach § 50 Abs. 1 im örtlichen Fahrerlaubnisregister gespeicherten Daten dürfen dem Kraftfahrt-Bundesamt übermittelt werden, soweit dies erforderlich ist, um Fehler und Abweichungen im Zentralen Fahrerlaubnisregister festzustellen und zu beseitigen und um dieses Register zu vervollständigen. Die Übermittlungen nach den Sätzen 1 und 2 sind nur zulässig, wenn Anlass zu der Annahme besteht, dass die Register unrichtig oder unvollständig sind.

-

§ 60 Allgemeine Vorschriften für die Datenübermittlung, Verarbeitung und Nutzung der Daten durch den Empfänger

(1) Übermittlungen von Daten aus den Fahrerlaubnisregistern sind nur auf Ersuchen zulässig, es sei denn, auf Grund besonderer Rechtsvorschrift wird bestimmt, dass die Registerbehörde bestimmte Daten von Amts wegen zu übermitteln hat. Die Verantwortung für die Zulässigkeit der Übermittlung trägt die übermittelnde Stelle. Erfolgt die Übermittlung auf Ersuchen des Empfängers, trägt dieser die Verantwortung. In diesem Fall prüft die übermittelnde Stelle nur, ob das Übermittlungsersuchen im Rahmen der Aufgaben des Empfängers liegt, es sei denn, dass besonderer Anlass zur Prüfung der Zulässigkeit der Übermittlung besteht.
(2) Für die Verarbeitung und Nutzung der Daten durch den Empfänger gilt § 43 Abs. 2.

-

§ 61 Löschung der Daten

(1) Die auf Grund des § 50 im Zentralen Fahrerlaubnisregister gespeicherten Daten sind zu löschen, soweit

1.
    die zugrunde liegende Fahrerlaubnis vollständig oder hinsichtlich einzelner Fahrerlaubnisklassen erloschen ist oder

2.
    eine amtliche Mitteilung über den Tod des Betroffenen eingeht.

Die Angaben zur Probezeit werden ein Jahr nach deren Ablauf gelöscht. Satz 1 Nummer 1 gilt nicht für die nach § 50 Absatz 1 Nummer 1 gespeicherten Daten, eine erloschene Fahrerlaubnis oder Fahrerlaubnisklasse, das Datum der jeweiligen Erteilung, das Datum des jeweiligen Erlöschens, den Grund des Erlöschens einer Fahrerlaubnis oder einer Fahrerlaubnisklasse, den Beginn und das Ende der Probezeit, die Dauer der Probezeit einschließlich der Restdauer nach einer vorzeitigen Beendigung, den Beginn und das Ende der Hemmung der Probezeit, die Beschränkungen und Auflagen zur Fahrerlaubnis oder Fahrerlaubnisklasse, die Fahrerlaubnisnummer und die Behörde, die die Fahrerlaubnisakte führt.
(2) Über die in Absatz 1 Satz 1 Nummer 1 genannten Daten darf nach dem Erlöschen der Fahrerlaubnis nur

1.
    den Betroffenen und
2.
    den Fahrerlaubnisbehörden zur Überprüfung im Verfahren zur Neuerteilung oder Erweiterung einer Fahrerlaubnis

Auskunft erteilt werden.

(3) Soweit die örtlichen Fahrerlaubnisregister Entscheidungen enthalten, die auch im Fahreignungsregister einzutragen sind, gilt für die Löschung § 29 entsprechend. Für die Löschung der übrigen Daten gilt Absatz 1.

(4) Unbeschadet der Absätze 1 bis 3 sind die im Zentralen Fahrerlaubnisregister und den örtlichen Fahrerlaubnisregistern gespeicherten Daten mit Vollendung des 110. Lebensjahres der betroffenen Person zu löschen.

-

§ 62 Register über die Dienstfahrerlaubnisse der Bundeswehr

(1) Die Zentrale Militärkraftfahrtstelle führt ein zentrales Register über die von den Dienststellen der Bundeswehr erteilten Dienstfahrerlaubnisse und ausgestellten Dienstführerscheine. In dem Register dürfen auch die Daten gespeichert werden, die in den örtlichen Fahrerlaubnisregistern gespeichert werden dürfen.

(2) Im Zentralen Fahrerlaubnisregister beim Kraftfahrt-Bundesamt werden nur die in § 50 Abs. 1 Nr. 1 genannten Daten, die Tatsache des Bestehens einer Dienstfahrerlaubnis mit der jeweiligen Klasse und das Datum von Beginn und Ablauf einer Probezeit sowie die Fahrerlaubnisnummer gespeichert.

(3) Die im zentralen Register der Zentralen Militärkraftfahrtstelle und die im Zentralen Fahrerlaubnisregister beim Kraftfahrt-Bundesamt gespeicherten Daten sind nach Ablauf eines Jahres seit Ende der Wehrpflicht des Betroffenen (§ 3 Abs. 3 und 4 des Wehrpflichtgesetzes) zu löschen.

(4) Im Übrigen finden die Vorschriften dieses Abschnitts mit Ausnahme der §§ 53 und 56 sinngemäß Anwendung. Durch Rechtsverordnung gemäß § 63 Abs. 1 Nr. 9 können Abweichungen von den Vorschriften dieses Abschnitts zugelassen werden, soweit dies zur Erfüllung der hoheitlichen Aufgaben erforderlich ist.

-

§ 63 Ermächtigungsgrundlagen, Ausführungsvorschriften

Das Bundesministerium für Verkehr und digitale Infrastruktur wird ermächtigt, Rechtsverordnungen mit Zustimmung des Bundesrates zu erlassen

1.
    über die Übermittlung der Daten durch den Hersteller von Führerscheinen an das Kraftfahrt-Bundesamt und die dortige Speicherung nach § 48 Abs. 3 Satz 4,
2.
    darüber, welche Daten nach § 50 Abs. 1 Nr. 2 und Abs. 2 Nr. 2 im örtlichen und im Zentralen Fahrerlaubnisregister jeweils gespeichert werden dürfen,
3.
    über die Art und den Umfang der zu übermittelnden Daten nach den §§ 52 und 55 sowie die Bestimmung der Empfänger und den Geschäftsweg bei Übermittlungen nach § 55,
4.
    über die Art und den Umfang der zu übermittelnden Daten, die Maßnahmen zur Sicherung gegen Missbrauch und die weiteren Aufzeichnungen beim Abruf im automatisierten Verfahren nach § 53,
5.
    über die Art und den Umfang der zu übermittelnden Daten und die Maßnahmen zur Sicherung gegen Missbrauch nach § 54,
6.
    darüber, welche Daten durch Abruf im automatisierten Verfahren nach § 56 übermittelt werden dürfen,
7.
    über die Bestimmung, welche ausländischen öffentlichen Stellen zum Abruf im automatisierten Verfahren nach § 56 befugt sind,
8.
    über den Identitätsnachweis bei Auskünften nach § 58 und
9.
    über Sonderbestimmungen für die Fahrerlaubnisregister der Bundeswehr nach § 62 Abs. 4 Satz 2.

VII.
Gemeinsame Vorschriften, Übergangsbestimmungen

§ 64 Gemeinsame Vorschriften

(1) Die Meldebehörden haben dem Kraftfahrt-Bundesamt bei der Änderung des Geburtsnamens oder des Vornamens einer Person, die das 14. Lebensjahr vollendet hat, für den in Satz 2 genannten Zweck neben dem bisherigen Namen folgende weitere Daten zu übermitteln:

1. Geburtsname,
2. Familienname,
3. Vornamen,
4. Tag der Geburt,
5. Geburtsort,
6. Geschlecht,
7. Bezeichnung der Behörde, die die Namensänderung im Melderegister veranlasst hat, sowie
8. Datum und Aktenzeichen des zugrunde liegenden Rechtsakts.

Enthält das Fahreignungsregister oder das Zentrale Fahrerlaubnisregister eine Eintragung über diese Person, so ist der neue Name bei der Eintragung zu vermerken. Eine Mitteilung nach Satz 1 darf nur für den in Satz 2 genannten Zweck verwendet werden. Enthalten die Register keine Eintragung über diese Person, ist die Mitteilung vom Kraftfahrt-Bundesamt unverzüglich zu vernichten.
(2) Unbeschadet anderer landesrechtlicher Regelungen können durch Landesrecht Aufgaben der Zulassung von Kraftfahrzeugen auf die für das Meldewesen zuständigen Behörden übertragen werden, sofern kein neues Kennzeichen erteilt werden muss oder sich die technischen Daten des Fahrzeugs nicht ändern.

§ 65 Übergangsbestimmungen

(1) Registerauskünfte, Führungszeugnisse, Gutachten und Gesundheitszeugnisse, die sich am 1. Januar 1999 bereits in den Akten befinden, brauchen abweichend von § 2 Abs. 9 Satz 2 bis 4 erst dann vernichtet zu werden, wenn sich die Fahrerlaubnisbehörde aus anderem Anlass mit dem Vorgang befasst. Eine Überprüfung der Akten muss jedoch spätestens bis zum 1. Januar 2014 durchgeführt werden. Anstelle einer Vernichtung der Unterlagen sind die darin enthaltenen Daten zu sperren, wenn die Vernichtung wegen der besonderen Art der Führung der Akten nicht oder nur mit unverhältnismäßigem Aufwand möglich ist.
(2) Ein örtliches Fahrerlaubnisregister (§ 48 Abs. 1) darf nicht mehr geführt werden, sobald

1. sein Datenbestand mit den in § 50 Abs. 1 genannten Daten in das Zentrale Fahrerlaubnisregister übernommen worden ist,
2. die getroffenen Maßnahmen der Fahrerlaubnisbehörde nach § 2a Abs. 2 und § 4 Absatz 5 in das Fahreignungsregister übernommen worden sind und
3. der Fahrerlaubnisbehörde die Daten, die ihr nach § 30 Abs. 1 Nr. 3 und § 52 Abs. 1 Nr. 3 aus den zentralen Registern mitgeteilt werden dürfen, durch Abruf im automatisierten Verfahren mitgeteilt werden können.

Die Fahrerlaubnisbehörden löschen aus ihrem örtlichen Fahrerlaubnisregister spätestens bis zum 31. Dezember 2014 die im Zentralen Fahrerlaubnisregister gespeicherten Daten, nachdem sie sich von der Vollständigkeit und Richtigkeit der in das Zentrale Fahrerlaubnisregister übernommenen Einträge überzeugt haben. Die noch nicht im Zentralen Fahrerlaubnisregister gespeicherten Daten der Fahrerlaubnisbehörden werden bis zur jeweiligen Übernahme im örtlichen Register gespeichert. Maßnahmen der Fahrerlaubnisbehörde nach § 2a Abs. 2 Satz 1 Nr. 1 und 2 und § 4 Absatz 5 Satz 1 Nr. 1 und 2 werden erst dann im Fahreignungsregister gespeichert, wenn eine Speicherung im örtlichen Fahrerlaubnisregister nicht mehr vorgenommen wird.

(2a) Absatz 2 ist nicht auf die Daten anzuwenden, die vor dem 1. Januar 1999 in örtlichen Fahrerlaubnisregistern gespeichert worden sind.

(3) Die Regelungen über das Verkehrszentralregister und das Punktsystem werden in die Regelungen über das Fahreignungsregister und das Fahreignungs-Bewertungssystem nach folgenden Maßgaben überführt:

1.

Entscheidungen, die nach § 28 Absatz 3 in der bis zum Ablauf des 30. April 2014 anwendbaren Fassung im Verkehrszentralregister gespeichert worden sind und nach § 28 Absatz 3 in der ab dem 1. Mai 2014 anwendbaren Fassung nicht mehr zu speichern wären, werden am 1. Mai 2014 gelöscht. Für die Feststellung nach Satz 1, ob eine Entscheidung nach § 28 Absatz 3 in der ab dem 1. Mai 2014 anwendbaren Fassung nicht mehr zu speichern wäre, bleibt die Höhe der festgesetzten Geldbuße außer Betracht.

2.

Entscheidungen, die nach § 28 Absatz 3 in der bis zum Ablauf des 30. April 2014 anwendbaren Fassung im Verkehrszentralregister gespeichert worden und nicht von Nummer 1 erfasst sind, werden bis zum Ablauf des 30. April 2019 nach den Bestimmungen des § 29 in der bis zum Ablauf des 30. April 2014 anwendbaren Fassung getilgt und gelöscht. Dabei kann eine Ablaufhemmung nach § 29 Absatz 6 Satz 2 in der bis zum Ablauf des 30. April 2014 anwendbaren Fassung nicht durch Entscheidungen, die erst ab dem 1. Mai 2014 im Fahreignungsregister gespeichert werden, ausgelöst werden. Für Entscheidungen wegen Ordnungswidrigkeiten nach § 24a gilt Satz 1 mit der Maßgabe, dass sie spätestens fünf Jahre nach Rechtskraft der Entscheidung getilgt werden. Ab dem 1. Mai 2019 gilt

a)

für die Berechnung der Tilgungsfrist § 29 Absatz 1 bis 5 in der ab dem 1. Mai 2014 anwendbaren Fassung mit der Maßgabe, dass die nach Satz 1 bisher abgelaufene Tilgungsfrist angerechnet wird,

b)

für die Löschung § 29 Absatz 6 in der ab dem 1. Mai 2014 anwendbaren Fassung.

3.

Auf Entscheidungen, die bis zum Ablauf des 30. April 2014 begangene Zuwiderhandlungen ahnden und erst ab dem 1. Mai 2014 im Fahreignungsregister gespeichert werden, sind dieses Gesetz und die auf Grund des § 6 Absatz 1 Nummer 1 Buchstabe s erlassenen Rechtsverordnungen in der ab dem 1. Mai 2014 geltenden Fassung anzuwenden. Dabei sind § 28 Absatz 3 Nummer 3 Buchstabe a Doppelbuchstabe bb und § 28a in der ab dem 1. Mai 2014 geltenden Fassung mit der Maßgabe anzuwenden, dass jeweils anstelle der dortigen Grenze von sechzig Euro die Grenze von vierzig Euro gilt.

4.

Personen, zu denen bis zum Ablauf des 30. April 2014 im Verkehrszentralregister eine oder mehrere Entscheidungen nach § 28 Absatz 3 Satz 1 Nummer 1 bis 3 in der bis zum Ablauf des 30. April 2014 anwendbaren Fassung gespeichert worden sind, sind wie folgt in das Fahreignungs-Bewertungssystem einzuordnen:

Punktestand vor dem 1. Mai 2014	Fahreignungs-Bewertungssystem ab dem 1. Mai 2014	
	Punktestand	Stufe
1 – 3	1	
4 – 5	2	Vormerkung (§ 4 Absatz 4)
6 – 7	3	
8 – 10	4	1: Ermahnung
11 – 13	5	(§ 4 Absatz 5 Satz 1 Nummer 1)
14 – 15	6	2: Verwarnung
16 – 17	7	(§ 4 Absatz 5 Satz 1 Nummer 2)
>= 18	8	3: Entzug (§ 4 Absatz 5 Satz 1 Nummer 3)

Die am 1. Mai 2014 erreichte Stufe wird für Maßnahmen nach dem Fahreignungs-Bewertungssystem zugrunde gelegt. Die Einordnung nach Satz 1 führt allein nicht zu einer Maßnahme nach dem

5. Fahreignungs-Bewertungssystem.

Die Regelungen über Punkteabzüge und Aufbauseminare werden wie folgt überführt:

a)

Punkteabzüge nach § 4 Absatz 4 Satz 1 und 2 in der bis zum Ablauf des 30. April 2014 anwendbaren Fassung sind vorzunehmen, wenn die Bescheinigung über die Teilnahme an einem Aufbauseminar oder einer verkehrspsychologischen Beratung bis zum Ablauf des 30. April 2014 der nach Landesrecht zuständigen Behörde vorgelegt worden ist. Punkteabzüge nach § 4 Absatz 4 Satz 1 und 2 in der bis zum Ablauf des 30. April 2014 anwendbaren Fassung bleiben bis zur Tilgung der letzten Eintragung wegen einer Straftat oder einer Ordnungswidrigkeit nach § 28 Absatz 3 Nummer 1 bis 3 in der bis zum Ablauf des 30. April 2014 anwendbaren Fassung, längstens aber zehn Jahre ab dem 1. Mai 2014 im Fahreignungsregister gespeichert.

b)

Bei der Berechnung der Fünfjahresfrist nach § 4 Absatz 7 Satz 2 und 3 sind auch Punkteabzüge zu berücksichtigen, die nach § 4 Absatz 4 Satz 1 und 2 in der bis zum Ablauf des 30. April 2014 anwendbaren Fassung vorgenommen worden sind.

c)

Aufbauseminare, die bis zum Ablauf des 30. April 2014 nach § 4 Absatz 3 Satz 1 Nummer 2 in der bis zum Ablauf des 30. April 2014 anwendbaren Fassung angeordnet, aber bis zum Ablauf des 30. April 2014 nicht abgeschlossen worden sind, sind bis zum Ablauf des 30. November 2014 nach dem bis zum Ablauf des 30. April 2014 anwendbaren Recht durchzuführen.

d)

Abweichend von Buchstabe c kann anstelle von Aufbauseminaren, die bis zum Ablauf des 30. April 2014 nach § 4 Absatz 3 Satz 1 Nummer 2 in der bis zum Ablauf des 30. April 2014 anwendbaren Fassung angeordnet, aber bis zum Ablauf des 30. April 2014 noch nicht begonnen worden sind, die verkehrspädagogische Teilmaßnahme des Fahreignungsseminars absolviert werden.

e)

Die nach Landesrecht zuständige Behörde hat dem Kraftfahrt-Bundesamt unverzüglich die Teilnahme an einem Aufbauseminar oder einer verkehrspsychologischen Beratung mitzuteilen.

6. Nachträgliche Veränderungen des Punktestandes nach den Nummern 2 oder 5 führen zu einer Aktualisierung der nach der Tabelle zu Nummer 4 erreichten Stufe im Fahreignungs-Bewertungssystem.

7. Sofern eine Fahrerlaubnis nach § 4 Absatz 7 in der bis zum 30. April 2014 anwendbaren Fassung entzogen worden ist, ist § 4 Absatz 3 Satz 1 bis 3 auf die Erteilung einer neuen Fahrerlaubnis nicht anwendbar.

(4) § 4 Absatz 7 ist mit Ablauf des 30. April 2020 mit der Maßgabe nicht mehr anzuwenden, dass eine Teilnahmebescheinigung für ein Fahreignungsseminar, das spätestens an dem vorstehend genannten Tag begonnen worden ist, noch binnen der in § 4 Absatz 7 Satz 1 genannten Frist mit der Rechtsfolge des § 4 Absatz 7 vorgelegt werden kann.

-

§ 66 Verkündung von Rechtsverordnungen

Rechtsverordnungen können abweichend von § 2 Absatz 1 des Verkündungs- und Bekanntmachungsgesetzes im Bundesanzeiger verkündet werden.

-

Anlage (zu § 24a)

(Fundstelle: BGBl. I 2007, 1045)

Liste der berauschenden Mittel und Substanzen

Berauschende Mittel	Substanzen
Cannabis	Tetrahydrocannabinol (THC)

Berauschende Mittel	Substanzen
Heroin	Morphin
Morphin	Morphin
Cocain	Cocain
Cocain	Benzoylecgonin
Amfetamin	Amfetamin
Designer-Amfetamin	Methylendioxyamfetamin (MDA)
Designer-Amfetamin	Methylendioxyethylamfetamin (MDE)
Designer-Amfetamin	Methylendioxymetamfetamin (MDMA)
Metamfetamin	Metamfetamin
-	

Anhang EV Auszug aus EinigVtr Anlage I Kapitel XI Sachgebiet B Abschnitt III
(BGBl. II 1990, 889, 1099)
- Maßgaben für das beigetretene Gebiet (Art. 3 EinigVtr) -

Abschnitt III
Bundesrecht tritt in dem in Artikel 3 des Vertrages genannten Gebiet mit folgenden Maßgaben in Kraft:

1.

Straßenverkehrsgesetz in der im Bundesgesetzblatt Teil III, Gliederungsnummer 9231-1, veröffentlichten bereinigten Fassung, zuletzt geändert durch Gesetz vom 28. Januar 1987 (BGBl. I S. 486),
mit folgenden Maßgaben:
a)
§ 24a findet bis zum 31. Dezember 1992 keine Anwendung.
b)
Für die nach bisherigem Recht der Deutschen Demokratischen Republik erfolgten Zulassungen dürfen die örtlichen Fahrzeugregister von den für die Zulassung zuständigen Behörden unter entsprechender Anwendung der § 31 Abs. 1, §§ 32 bis 35, 37 bis 47 des Straßenverkehrsgesetzes sowie der §§ 1 bis 3, 5, 8 und 15 der Fahrzeugregisterverordnung vom 20. Oktober 1987 (BGBl. I S. 2305) bis zum 31. Dezember 1993 weitergeführt werden.
c)
Nach bisherigem Recht der Deutschen Demokratischen Republik erfolgte Zulassungen dürfen an das Zentrale Fahrzeugregister übermittelt und dort unter entsprechender Anwendung der § 31 Abs. 2, §§ 32 bis 47 des Straßenverkehrsgesetzes sowie der §§ 4, 5, 12 Abs. 1, §§ 13 bis 15, 17 der Fahrzeugregisterverordnung bis zum 31. Dezember 1993 verarbeitet werden.
d)
Die Vorschriften des Straßenverkehrsgesetzes und der Fahrzeugregisterverordnung, die sich auf das Versicherungskennzeichen beziehen, gelten erst ab 1. Januar 1991; § 34 Abs. 5 Satz 2 gilt erst ab 1. März 1991.
e)
Der Bundesminister für Verkehr bestimmt nach Anhörung der zuständigen obersten Landesbehörden durch Rechtsverordnung ohne Zustimmung des Bundesrates die Festlegung von Unterscheidungszeichen der Verwaltungsbezirke und von Erkennungsnummern nach § 23 Abs. 2 der Straßenverkehrs-Zulassungs-Ordnung für das in Artikel 3 des Vertrages genannte Gebiet. Die Ermächtigung ist bis zum 31. Dezember 1991 befristet.
f)
Das Kraftfahrt-Bundesamt darf das bestehende Zentrale Fahrerlaubnisregister für das in Artikel 3 des Vertrages genannte Gebiet unter entsprechender Anwendung der §§ 29 bis 30a des Straßenverkehrsgesetzes sowie der §§ 13a bis 13d der Straßenverkehrs-Zulassungs-Ordnung bis zu einer gesetzlichen Regelung über die Übernahme in das Verkehrszentralregister weiterführen.
g)
Die Aufgaben der medizinisch-psychologischen Untersuchungsstellen können bis zum 31. Dezember 1991 vom Verkehrsmedizinischen Dienst der Deutschen Demokratischen Republik wahrgenommen werden.
h)

Für Maßnahmen nach den Vorschriften für die Fahrerlaubnis auf Probe tritt an die Stelle der Regelung des § 24a des Straßenverkehrsgesetzes die entsprechende Regelung, die in dem in Artikel 3 des Vertrages genannten Gebiet gilt.

i)

Die §§ 7 bis 20 des Straßenverkehrsgesetzes finden nur auf solche Schadensereignisse Anwendung, die nach Wirksamwerden des Beitritts eingetreten sind.

Straßenverkehrs-Ordnung (StVO)

Ausfertigungsdatum: 06.03.2013

Vollzitat:

"Straßenverkehrs-Ordnung vom 6. März 2013 (BGBl. I S. 367), die durch Artikel 2 der Verordnung vom 15. September 2015 (BGBl. I S. 1573) geändert worden ist". Neufassung gem. V v. 6.3.2013 I 367, in Kraft getreten am 1.4. 2013. geändert durch Art. 2 V v. 15.9.2015 I 1573

Fußnote

(+++ Textnachweis ab: 1.4.2013 +++)

I.
Allgemeine Verkehrsregeln

-

§ 1 Grundregeln

(1) Die Teilnahme am Straßenverkehr erfordert ständige Vorsicht und gegenseitige Rücksicht.
(2) Wer am Verkehr teilnimmt hat sich so zu verhalten, dass kein Anderer geschädigt, gefährdet oder mehr, als nach den Umständen unvermeidbar, behindert oder belästigt wird.

-

§ 2 Straßenbenutzung durch Fahrzeuge

(1) Fahrzeuge müssen die Fahrbahnen benutzen, von zwei Fahrbahnen die rechte. Seitenstreifen sind nicht Bestandteil der Fahrbahn.
(2) Es ist möglichst weit rechts zu fahren, nicht nur bei Gegenverkehr, beim Überholtwerden, an Kuppen, in Kurven oder bei Unübersichtlichkeit.
(3) Fahrzeuge, die in der Längsrichtung einer Schienenbahn verkehren, müssen diese, soweit möglich, durchfahren lassen.
(3a) Bei Glatteis, Schneeglätte, Schneematsch, Eis- oder Reifglätte darf ein Kraftfahrzeug nur mit Reifen gefahren werden, die die in Anhang II Nummer 2.2 der Richtlinie 92/23/EWG des Rates vom 31. März 1992 über Reifen von Kraftfahrzeugen und Kraftfahrzeuganhängern und über ihre Montage (ABl. L 129 vom 14.5.1992, S. 95), die zuletzt durch die Richtlinie 2005/11/EG (ABl. L 46 vom 17.2.2005, S. 42) geändert

worden ist, beschriebenen Eigenschaften erfüllen (M+S-Reifen). Kraftfahrzeuge der Klassen M2, M3, N2 und N3 im Sinne der Anlage XXIX der Straßenverkehrs-Zulassungs-Ordnung in der Fassung vom 26. April 2012 (BGBl. I S. 679) dürfen bei solchen Wetterverhältnissen auch gefahren werden, wenn nur an den Rädern der Antriebsachsen M+S-Reifen angebracht sind. Satz 1 gilt nicht für Nutzfahrzeuge der Land- und Forstwirtschaft sowie für Einsatzfahrzeuge der in § 35 Absatz 1 genannten Organisationen, soweit für diese Fahrzeuge bauartbedingt keine M+S-Reifen verfügbar sind. Wer ein kennzeichnungspflichtiges Fahrzeug mit gefährlichen Gütern führt, muss bei einer Sichtweite unter 50 m, bei Schneeglätte oder Glatteis jede Gefährdung Anderer ausschließen und wenn nötig den nächsten geeigneten Platz zum Parken aufsuchen.

(4) Mit Fahrrädern muss einzeln hintereinander gefahren werden; nebeneinander darf nur gefahren werden, wenn dadurch der Verkehr nicht behindert wird. Eine Pflicht, Radwege in der jeweiligen Fahrtrichtung zu benutzen, besteht nur, wenn dies durch Zeichen 237, 240 oder 241 angeordnet ist. Rechte Radwege ohne die Zeichen 237, 240 oder 241 dürfen benutzt werden. Linke Radwege ohne die Zeichen 237, 240 oder 241 dürfen nur benutzt werden, wenn dies durch das allein stehende Zusatzzeichen „Radverkehr frei" angezeigt ist. Wer mit dem Rad fährt, darf ferner rechte Seitenstreifen benutzen, wenn keine Radwege vorhanden sind und zu Fuß Gehende nicht behindert werden. Außerhalb geschlossener Ortschaften darf man mit Mofas Radwege benutzen.

(5) Kinder bis zum vollendeten achten Lebensjahr müssen, ältere Kinder bis zum vollendeten zehnten Lebensjahr dürfen mit Fahrrädern Gehwege benutzen. Auf zu Fuß Gehende ist besondere Rücksicht zu nehmen. Beim Überqueren einer Fahrbahn müssen die Kinder absteigen.

-

§ 3 Geschwindigkeit

(1) Wer ein Fahrzeug führt, darf nur so schnell fahren, dass das Fahrzeug ständig beherrscht wird. Die Geschwindigkeit ist insbesondere den Straßen-, Verkehrs-, Sicht- und Wetterverhältnissen sowie den persönlichen Fähigkeiten und den Eigenschaften von Fahrzeug und Ladung anzupassen. Beträgt die Sichtweite durch Nebel, Schneefall oder Regen weniger als 50 m, darf nicht schneller als 50 km/h gefahren werden, wenn nicht eine geringere Geschwindigkeit geboten ist. Es darf nur so schnell gefahren werden, dass innerhalb der übersehbaren Strecke gehalten werden kann. Auf Fahrbahnen, die so schmal sind, dass dort entgegenkommende Fahrzeuge gefährdet werden könnten, muss jedoch so langsam gefahren werden, dass mindestens innerhalb der Hälfte der übersehbaren Strecke gehalten werden kann.

(2) Ohne triftigen Grund dürfen Kraftfahrzeuge nicht so langsam fahren, dass sie den Verkehrsfluss behindern.

(2a) Wer ein Fahrzeug führt, muss sich gegenüber Kindern, hilfsbedürftigen und älteren Menschen, insbesondere durch Verminderung der Fahrgeschwindigkeit und durch Bremsbereitschaft, so verhalten, dass eine Gefährdung dieser Verkehrsteilnehmer ausgeschlossen ist.

(3) Die zulässige Höchstgeschwindigkeit beträgt auch unter günstigsten Umständen

1.
    innerhalb geschlossener Ortschaften für alle Kraftfahrzeuge 50 km/h,

2.
    außerhalb geschlossener Ortschaften
    a)
        für
        aa)
            Kraftfahrzeuge mit einer zulässigen Gesamtmasse über 3,5 t bis 7,5 t, ausgenommen Personenkraftwagen,
        bb)
            Personenkraftwagen mit Anhänger,
        cc)
            Lastkraftwagen und Wohnmobile jeweils bis zu einer zulässigen Gesamtmasse von 3,5 t mit Anhänger sowie
        dd)
            Kraftomnibusse, auch mit Gepäckanhänger,
        80 km/h,
    b)
        für
        aa)
            Kraftfahrzeuge mit einer zulässigen Gesamtmasse über 7,5 t,
        bb)

　　　　　alle Kraftfahrzeuge mit Anhänger, ausgenommen Personenkraftwagen, Lastkraftwagen und Wohnmobile jeweils bis zu einer zulässigen Gesamtmasse von 3,5 t, sowie

cc)

　　　　　Kraftomnibusse mit Fahrgästen, für die keine Sitzplätze mehr zur Verfügung stehen, 60 km/h,

c)

　　　　　für Personenkraftwagen sowie für andere Kraftfahrzeuge mit einer zulässigen Gesamtmasse bis 3,5 t

100 km/h.

Diese Geschwindigkeitsbeschränkung gilt nicht auf Autobahnen (Zeichen 330.1) sowie auf anderen Straßen mit Fahrbahnen für eine Richtung, die durch Mittelstreifen oder sonstige bauliche Einrichtungen getrennt sind. Sie gilt ferner nicht auf Straßen, die mindestens zwei durch Fahrstreifenbegrenzung (Zeichen 295) oder durch Leitlinien (Zeichen 340) markierte Fahrstreifen für jede Richtung haben.

(4) Die zulässige Höchstgeschwindigkeit beträgt für Kraftfahrzeuge mit Schneeketten auch unter günstigsten Umständen 50 km/h.

-

§ 4 Abstand

(1) Der Abstand zu einem vorausfahrenden Fahrzeug muss in der Regel so groß sein, dass auch dann hinter diesem gehalten werden kann, wenn es plötzlich gebremst wird. Wer vorausfährt, darf nicht ohne zwingenden Grund stark bremsen.

(2) Wer ein Kraftfahrzeug führt, für das eine besondere Geschwindigkeitsbeschränkung gilt, sowie einen Zug führt, der länger als 7 m ist, muss außerhalb geschlossener Ortschaften ständig so großen Abstand von dem vorausfahrenden Kraftfahrzeug halten, dass ein überholendes Kraftfahrzeug einscheren kann. Das gilt nicht,

1.

　　　　　wenn zum Überholen ausgeschert wird und dies angekündigt wurde,

2.

　　　　　wenn in der Fahrtrichtung mehr als ein Fahrstreifen vorhanden ist oder

3.

　　　　　auf Strecken, auf denen das Überholen verboten ist.

(3) Wer einen Lastkraftwagen mit einer zulässigen Gesamtmasse über 3,5 t oder einen Kraftomnibus führt, muss auf Autobahnen, wenn die Geschwindigkeit mehr als 50 km/h beträgt, zu vorausfahrenden Fahrzeugen einen Mindestabstand von 50 m einhalten.

-

§ 5 Überholen

(1) Es ist links zu überholen.

(2) Überholen darf nur, wer übersehen kann, dass während des ganzen Überholvorgangs jede Behinderung des Gegenverkehrs ausgeschlossen ist. Überholen darf ferner nur, wer mit wesentlich höherer Geschwindigkeit als der zu Überholende fährt.

(3) Das Überholen ist unzulässig:

1.

　　　　　bei unklarer Verkehrslage oder

2.

　　　　　wenn es durch ein angeordnetes Verkehrszeichen (Zeichen 276, 277) untersagt ist.

(3a) Wer ein Kraftfahrzeug mit einer zulässigen Gesamtmasse über 7,5 t führt, darf unbeschadet sonstiger Überholverbote nicht überholen, wenn die Sichtweite durch Nebel, Schneefall oder Regen weniger als 50 m beträgt.

(4) Wer zum Überholen ausscheren will, muss sich so verhalten, dass eine Gefährdung des nachfolgenden Verkehrs ausgeschlossen ist. Beim Überholen muss ein ausreichender Seitenabstand zu anderen Verkehrsteilnehmern, insbesondere zu den zu Fuß Gehenden und zu den Rad Fahrenden, eingehalten werden. Wer überholt, muss sich so bald wie möglich wieder nach rechts einordnen. Wer überholt, darf dabei denjenigen, der überholt wird, nicht behindern.

(4a) Das Ausscheren zum Überholen und das Wiedereinordnen sind rechtzeitig und deutlich anzukündigen; dabei sind die Fahrtrichtungsanzeiger zu benutzen.

71

(5) Außerhalb geschlossener Ortschaften darf das Überholen durch kurze Schall- oder Leuchtzeichen angekündigt werden. Wird mit Fernlicht geblinkt, dürfen entgegenkommende Fahrzeugführende nicht geblendet werden.
(6) Wer überholt wird, darf seine Geschwindigkeit nicht erhöhen. Wer ein langsameres Fahrzeug führt, muss die Geschwindigkeit an geeigneter Stelle ermäßigen, notfalls warten, wenn nur so mehreren unmittelbar folgenden Fahrzeugen das Überholen möglich ist. Hierzu können auch geeignete Seitenstreifen in Anspruch genommen werden; das gilt nicht auf Autobahnen.
(7) Wer seine Absicht, nach links abzubiegen, ankündigt und sich eingeordnet hat, ist rechts zu überholen. Schienenfahrzeuge sind rechts zu überholen. Nur wer das nicht kann, weil die Schienen zu weit rechts liegen, darf links überholen. Auf Fahrbahnen für eine Richtung dürfen Schienenfahrzeuge auch links überholt werden.
(8) Ist ausreichender Raum vorhanden, dürfen Rad Fahrende und Mofa Fahrende die Fahrzeuge, die auf dem rechten Fahrstreifen warten, mit mäßiger Geschwindigkeit und besonderer Vorsicht rechts überholen.
-

§ 6 Vorbeifahren

Wer an einer Fahrbahnverengung, einem Hindernis auf der Fahrbahn oder einem haltenden Fahrzeug links vorbeifahren will, muss entgegenkommende Fahrzeuge durchfahren lassen. Satz 1 gilt nicht, wenn der Vorrang durch Verkehrszeichen (Zeichen 208, 308) anders geregelt ist. Muss ausgeschert werden, ist auf den nachfolgenden Verkehr zu achten und das Ausscheren sowie das Wiedereinordnen – wie beim Überholen – anzukündigen.
-

§ 7 Benutzung von Fahrstreifen durch Kraftfahrzeuge

(1) Auf Fahrbahnen mit mehreren Fahrstreifen für eine Richtung dürfen Kraftfahrzeuge von dem Gebot möglichst weit rechts zu fahren (§ 2 Absatz 2) abweichen, wenn die Verkehrsdichte das rechtfertigt. Fahrstreifen ist der Teil einer Fahrbahn, den ein mehrspuriges Fahrzeug zum ungehinderten Fahren im Verlauf der Fahrbahn benötigt.
(2) Ist der Verkehr so dicht, dass sich auf den Fahrstreifen für eine Richtung Fahrzeugschlangen gebildet haben, darf rechts schneller als links gefahren werden.
(2a) Wenn auf der Fahrbahn für eine Richtung eine Fahrzeugschlange auf dem jeweils linken Fahrstreifen steht oder langsam fährt, dürfen Fahrzeuge diese mit geringfügig höherer Geschwindigkeit und mit äußerster Vorsicht rechts überholen.
(3) Innerhalb geschlossener Ortschaften – ausgenommen auf Autobahnen (Zeichen 330.1) – dürfen Kraftfahrzeuge mit einer zulässigen Gesamtmasse bis zu 3,5 t auf Fahrbahnen mit mehreren markierten Fahrstreifen für eine Richtung (Zeichen 296 oder 340) den Fahrstreifen frei wählen, auch wenn die Voraussetzungen des Absatzes 1 Satz 1 nicht vorliegen. Dann darf rechts schneller als links gefahren werden.
(3a) Sind auf einer Fahrbahn für beide Richtungen insgesamt drei Fahrstreifen durch Leitlinien (Zeichen 340) markiert, dann dürfen der linke, dem Gegenverkehr vorbehaltene, und der mittlere Fahrstreifen nicht zum Überholen benutzt werden. Dasselbe gilt für Fahrbahnen, wenn insgesamt fünf Fahrstreifen für beide Richtungen durch Leitlinien (Zeichen 340) markiert sind, für die zwei linken, dem Gegenverkehr vorbehaltenen, und den mittleren Fahrstreifen. Wer nach links abbiegen will, darf sich bei insgesamt drei oder fünf Fahrstreifen für beide Richtungen auf dem jeweils mittleren Fahrstreifen in Fahrtrichtung einordnen.
(3b) Auf Fahrbahnen mit vier durch Leitlinien (Zeichen 340) markierten Fahrstreifen sind die beiden in Fahrtrichtung linken Fahrstreifen ausschließlich dem Gegenverkehr vorbehalten; sie dürfen nicht zum Überholen benutzt werden. Dasselbe gilt auf sechsstreifigen Fahrbahnen für die drei in Fahrtrichtung linken Fahrstreifen.
(3c) Sind außerhalb geschlossener Ortschaften für eine Richtung drei Fahrstreifen mit Zeichen 340 gekennzeichnet, dürfen Kraftfahrzeuge mit vier durch Gebot möglichst weit rechts zu fahren, den mittleren Fahrstreifen dort durchgängig befahren, wo – auch nur hin und wieder – rechts davon ein Fahrzeug hält oder fährt. Dasselbe gilt auf Fahrbahnen mit mehr als drei so markierten Fahrstreifen für eine Richtung für den zweiten Fahrstreifen von rechts. Den linken Fahrstreifen dürfen außerhalb geschlossener Ortschaften Lastkraftwagen mit einer zulässigen Gesamtmasse von mehr als 3,5 t sowie alle Kraftfahrzeuge mit Anhänger nur benutzen, wenn sie sich dort zum Zwecke des Linksabbiegens einordnen.
(4) Ist auf Straßen mit mehreren Fahrstreifen für eine Richtung das durchgehende Befahren eines Fahrstreifens nicht möglich oder endet ein Fahrstreifen, ist den am Weiterfahren gehinderten Fahrzeugen

der Übergang auf den benachbarten Fahrstreifen in der Weise zu ermöglichen, dass sich diese Fahrzeuge unmittelbar vor Beginn der Verengung jeweils im Wechsel nach einem auf dem durchgehenden Fahrstreifen fahrenden Fahrzeug einordnen können (Reißverschlussverfahren).
(5) In allen Fällen darf ein Fahrstreifen nur gewechselt werden, wenn eine Gefährdung anderer Verkehrsteilnehmer ausgeschlossen ist. Jeder Fahrstreifenwechsel ist rechtzeitig und deutlich anzukündigen; dabei sind die Fahrtrichtungsanzeiger zu benutzen.
-

§ 7a Abgehende Fahrstreifen, Einfädelungs- und Ausfädelungsstreifen

(1) Gehen Fahrstreifen, insbesondere auf Autobahnen und Kraftfahrstraßen, von der durchgehenden Fahrbahn ab, darf beim Abbiegen vom Beginn einer breiten Leitlinie (Zeichen 340) rechts von dieser schneller als auf der durchgehenden Fahrbahn gefahren werden.
(2) Auf Autobahnen und anderen Straßen außerhalb geschlossener Ortschaften darf auf Einfädelungsstreifen schneller gefahren werden als auf den durchgehenden Fahrstreifen.
(3) Auf Ausfädelungsstreifen darf nicht schneller gefahren werden als auf den durchgehenden Fahrstreifen. Stockt oder steht der Verkehr auf den durchgehenden Fahrstreifen, darf auf dem Ausfädelungsstreifen mit mäßiger Geschwindigkeit und besonderer Vorsicht überholt werden.
-

§ 8 Vorfahrt

(1) An Kreuzungen und Einmündungen hat die Vorfahrt, wer von rechts kommt. Das gilt nicht,
1.
    wenn die Vorfahrt durch Verkehrszeichen besonders geregelt ist (Zeichen 205, 206, 301, 306) oder
2.
    für Fahrzeuge, die aus einem Feld- oder Waldweg auf eine andere Straße kommen.
(1a) Ist an der Einmündung in einen Kreisverkehr Zeichen 215 (Kreisverkehr) unter dem Zeichen 205 (Vorfahrt gewähren) angeordnet, hat der Verkehr auf der Kreisfahrbahn Vorfahrt. Bei der Einfahrt in einen solchen Kreisverkehr ist die Benutzung des Fahrtrichtungsanzeigers unzulässig.
(2) Wer die Vorfahrt zu beachten hat, muss rechtzeitig durch sein Fahrverhalten, insbesondere durch mäßige Geschwindigkeit, erkennen lassen, dass gewartet wird. Es darf nur weitergefahren werden, wenn übersehen werden kann, dass wer die Vorfahrt hat, weder gefährdet noch wesentlich behindert wird. Kann das nicht übersehen werden, weil die Straßenstelle unübersichtlich ist, so darf sich vorsichtig in die Kreuzung oder Einmündung hineingetastet werden, bis die Übersicht gegeben ist. Wer die Vorfahrt hat, darf auch beim Abbiegen in die andere Straße nicht wesentlich durch den Wartepflichtigen behindert werden.
-

§ 9 Abbiegen, Wenden und Rückwärtsfahren

(1) Wer abbiegen will, muss dies rechtzeitig und deutlich ankündigen; dabei sind die Fahrtrichtungsanzeiger zu benutzen. Wer nach rechts abbiegen will, hat sein Fahrzeug möglichst weit rechts, wer nach links abbiegen will, bis zur Mitte, auf Fahrbahnen für eine Richtung möglichst weit links, einzuordnen, und zwar rechtzeitig. Wer nach links abbiegen will, darf sich auf längs verlegten Schienen nur einordnen, wenn kein Schienenfahrzeug behindert wird. Vor dem Einordnen und nochmals vor dem Abbiegen ist auf den nachfolgenden Verkehr zu achten; vor dem Abbiegen ist es dann nicht nötig, wenn eine Gefährdung nachfolgenden Verkehrs ausgeschlossen ist.
(2) Wer mit dem Fahrrad nach links abbiegen will, braucht sich nicht einzuordnen, wenn die Fahrbahn hinter der Kreuzung oder Einmündung vom rechten Fahrbahnrand aus überquert werden soll. Beim Überqueren ist der Fahrzeugverkehr aus beiden Richtungen zu beachten. Wer über eine Radverkehrsführung abbiegt, muss dieser im Kreuzungs- oder Einmündungsbereich folgen.
(3) Wer abbiegen will, muss entgegenkommende Fahrzeuge durchfahren lassen, Schienenfahrzeuge, Fahrräder mit Hilfsmotor und Fahrräder auch dann, wenn sie auf oder neben der Fahrbahn in der gleichen Richtung fahren. Dies gilt auch gegenüber Linienomnibussen und sonstigen Fahrzeugen, die gekennzeichnete Sonderfahrstreifen benutzen. Auf zu Fuß Gehende ist besondere Rücksicht zu nehmen; wenn nötig, ist zu warten.
(4) Wer nach links abbiegen will, muss entgegenkommende Fahrzeuge, die ihrerseits nach rechts abbiegen wollen, durchfahren lassen. Einander entgegenkommende Fahrzeuge, die jeweils nach links abbiegen

wollen, müssen voreinander abbiegen, es sei denn, die Verkehrslage oder die Gestaltung der Kreuzung erfordern, erst dann abzubiegen, wenn die Fahrzeuge aneinander vorbeigefahren sind.

(5) Wer ein Fahrzeug führt, muss sich beim Abbiegen in ein Grundstück, beim Wenden und beim Rückwärtsfahren darüber hinaus so verhalten, dass eine Gefährdung anderer Verkehrsteilnehmer ausgeschlossen ist; erforderlichenfalls muss man sich einweisen lassen.

-

§ 10 Einfahren und Anfahren

Wer aus einem Grundstück, aus einer Fußgängerzone (Zeichen 242.1 und 242.2), aus einem verkehrsberuhigten Bereich (Zeichen 325.1 und 325.2) auf die Straße oder von anderen Straßenteilen oder über einen abgesenkten Bordstein hinweg auf die Fahrbahn einfahren oder vom Fahrbahnrand anfahren will, hat sich dabei so zu verhalten, dass eine Gefährdung anderer Verkehrsteilnehmer ausgeschlossen ist; erforderlichenfalls muss man sich einweisen lassen. Die Absicht einzufahren oder anzufahren ist rechtzeitig und deutlich anzukündigen; dabei sind die Fahrtrichtungsanzeiger zu benutzen. Dort, wo eine Klarstellung notwendig ist, kann Zeichen 205 stehen.

-

§ 11 Besondere Verkehrslagen

(1) Stockt der Verkehr, darf trotz Vorfahrt oder grünem Lichtzeichen nicht in die Kreuzung oder Einmündung eingefahren werden, wenn auf ihr gewartet werden müsste.

(2) Stockt der Verkehr auf Autobahnen und Außerortsstraßen mit mindestens zwei Fahrstreifen für eine Richtung, müssen Fahrzeuge für die Durchfahrt von Polizei- und Hilfsfahrzeugen in der Mitte der Richtungsfahrbahn, bei Fahrbahnen mit drei Fahrstreifen für eine Richtung zwischen dem linken und dem mittleren Fahrstreifen, eine freie Gasse bilden.

(3) Auch wer sonst nach den Verkehrsregeln weiterfahren darf oder anderweitig Vorrang hat, muss darauf verzichten, wenn die Verkehrslage es erfordert; auf einen Verzicht darf man nur vertrauen, wenn man sich mit dem oder der Verzichtenden verständigt hat.

-

§ 12 Halten und Parken

(1) Das Halten ist unzulässig

1.
   an engen und an unübersichtlichen Straßenstellen,
2.
   im Bereich von scharfen Kurven,
3.
   auf Einfädelungs- und auf Ausfädelungsstreifen,
4.
   auf Bahnübergängen,
5.
   vor und in amtlich gekennzeichneten Feuerwehrzufahrten.

(2) Wer sein Fahrzeug verlässt oder länger als drei Minuten hält, der parkt.

(3) Das Parken ist unzulässig

1.
   vor und hinter Kreuzungen und Einmündungen bis zu je 5 m von den Schnittpunkten der Fahrbahnkanten,
2.
   wenn es die Benutzung gekennzeichneter Parkflächen verhindert,
3.
   vor Grundstücksein- und -ausfahrten, auf schmalen Fahrbahnen auch ihnen gegenüber,
4.
   über Schachtdeckeln und anderen Verschlüssen, wo durch Zeichen 315 oder eine Parkflächenmarkierung (Anlage 2 Nummer 74) das Parken auf Gehwegen erlaubt ist,
5.

vor Bordsteinabsenkungen.

(3a) Mit Kraftfahrzeugen mit einer zulässigen Gesamtmasse über 7,5 t sowie mit Kraftfahrzeuganhängern über 2 t zulässiger Gesamtmasse ist innerhalb geschlossener Ortschaften

1.
    in reinen und allgemeinen Wohngebieten,

2.
    in Sondergebieten, die der Erholung dienen,

3.
    in Kurgebieten und

4.
    in Klinikgebieten

das regelmäßige Parken in der Zeit von 22.00 bis 06.00 Uhr sowie an Sonn- und Feiertagen unzulässig. Das gilt nicht auf entsprechend gekennzeichneten Parkplätzen sowie für das Parken von Linienomnibussen an Endhaltestellen.

(3b) Mit Kraftfahrzeuganhängern ohne Zugfahrzeug darf nicht länger als zwei Wochen geparkt werden. Das gilt nicht auf entsprechend gekennzeichneten Parkplätzen.

(4) Zum Parken ist der rechte Seitenstreifen, dazu gehören auch entlang der Fahrbahn angelegte Parkstreifen, zu benutzen, wenn er dazu ausreichend befestigt ist, sonst ist an den rechten Fahrbahnrand heranzufahren. Das gilt in der Regel auch, wenn man nur halten will; jedenfalls muss man auch dazu auf der rechten Fahrbahnseite rechts bleiben. Taxen dürfen, wenn die Verkehrslage es zulässt, neben anderen Fahrzeugen, die auf dem Seitenstreifen oder am rechten Fahrbahnrand halten oder parken, Fahrgäste ein- oder aussteigen lassen. Soweit auf der rechten Seite Schienen liegen sowie in Einbahnstraßen (Zeichen 220) darf links gehalten und geparkt werden. Im Fahrraum von Schienenfahrzeugen darf nicht gehalten werden.

(4a) Ist das Parken auf dem Gehweg erlaubt, ist hierzu nur der rechte Gehweg, in Einbahnstraßen der rechte oder linke Gehweg, zu benutzen.

(5) An einer Parklücke hat Vorrang, wer sie zuerst unmittelbar erreicht; der Vorrang bleibt erhalten, wenn der Berechtigte an der Parklücke vorbeifährt, um rückwärts einzuparken oder wenn sonst zusätzliche Fahrbewegungen ausgeführt werden, um in die Parklücke einzufahren. Satz 1 gilt entsprechend, wenn an einer frei werdenden Parklücke gewartet wird.

(6) Es ist platzsparend zu parken; das gilt in der Regel auch für das Halten.

-

§ 13 Einrichtungen zur Überwachung der Parkzeit

(1) An Parkuhren darf nur während des Laufens der Uhr, an Parkscheinautomaten nur mit einem Parkschein, der am oder im Fahrzeug von außen gut lesbar angebracht sein muss, für die Dauer der zulässigen Parkzeit gehalten werden. Ist eine Parkuhr oder ein Parkscheinautomat nicht funktionsfähig, darf nur bis zur angegebenen Höchstparkdauer geparkt werden. In diesem Fall ist die Parkscheibe zu verwenden (Absatz 2 Satz 1 Nummer 2). Die Parkzeitregelungen können auf bestimmte Stunden oder Tage beschränkt sein.

(2) Wird im Bereich eines eingeschränkten Haltverbots für eine Zone (Zeichen 290.1 und 290.2) oder einer Parkraumbewirtschaftungszone (Zeichen 314.1 und 314.2) oder bei den Zeichen 314 oder 315 durch ein Zusatzzeichen die Benutzung einer Parkscheibe (Bild 318) vorgeschrieben, ist das Halten und Parken nur erlaubt

1.
    für die Zeit, die auf dem Zusatzzeichen angegeben ist, und,

2.
    soweit das Fahrzeug eine von außen gut lesbare Parkscheibe hat und der Zeiger der Scheibe auf den Strich der halben Stunde eingestellt ist, die dem Zeitpunkt des Anhaltens folgt.

Sind in einem eingeschränkten Haltverbot für eine Zone oder einer Parkraumbewirtschaftungszone Parkuhren oder Parkscheinautomaten aufgestellt, gelten deren Anordnungen. Im Übrigen bleiben die Vorschriften über die Halt- und Parkverbote unberührt.

(3) Die in den Absätzen 1 und 2 genannten Einrichtungen zur Überwachung der Parkzeit müssen nicht betätigt werden, soweit die Entrichtung der Parkgebühren und die Überwachung der Parkzeit auch durch elektronische Einrichtungen oder Vorrichtungen, insbesondere Taschenparkuhren oder Mobiltelefone, sichergestellt werden kann. Satz 1 gilt nicht, soweit eine dort genannte elektronische Einrichtung oder Vorrichtung nicht funktionsfähig ist.

(4) Einrichtungen und Vorrichtungen zur Überwachung der Parkzeit brauchen nicht betätigt zu werden

1.

    beim Ein- oder Aussteigen sowie

2.

    zum Be- oder Entladen.

-

§ 14 Sorgfaltspflichten beim Ein- und Aussteigen

(1) Wer ein- oder aussteigt, muss sich so verhalten, dass eine Gefährdung anderer am Verkehr Teilnehmenden ausgeschlossen ist.
(2) Wer ein Fahrzeug führt, muss die nötigen Maßnahmen treffen, um Unfälle oder Verkehrsstörungen zu vermeiden, wenn das Fahrzeug verlassen wird. Kraftfahrzeuge sind auch gegen unbefugte Benutzung zu sichern.

-

§ 15 Liegenbleiben von Fahrzeugen

Bleibt ein mehrspuriges Fahrzeug an einer Stelle liegen, an der es nicht rechtzeitig als stehendes Hindernis erkannt werden kann, ist sofort Warnblinklicht einzuschalten. Danach ist mindestens ein auffällig warnendes Zeichen gut sichtbar in ausreichender Entfernung aufzustellen, und zwar bei schnellem Verkehr in etwa 100 m Entfernung; vorgeschriebene Sicherungsmittel, wie Warndreiecke, sind zu verwenden. Darüber hinaus gelten die Vorschriften über die Beleuchtung haltender Fahrzeuge.

-

§ 15a Abschleppen von Fahrzeugen

(1) Beim Abschleppen eines auf der Autobahn liegen gebliebenen Fahrzeugs ist die Autobahn (Zeichen 330.1) bei der nächsten Ausfahrt zu verlassen.
(2) Beim Abschleppen eines außerhalb der Autobahn liegen gebliebenen Fahrzeugs darf nicht in die Autobahn (Zeichen 330.1) eingefahren werden.
(3) Während des Abschleppens haben beide Fahrzeuge Warnblinklicht einzuschalten.
(4) Krafträder dürfen nicht abgeschleppt werden.

-

§ 16 Warnzeichen

(1) Schall- und Leuchtzeichen darf nur geben,

1.

    wer außerhalb geschlossener Ortschaften überholt (§ 5 Absatz 5) oder

2.

    wer sich oder Andere gefährdet sieht.

(2) Wer einen Omnibus des Linienverkehrs oder einen gekennzeichneten Schulbus führt, muss Warnblinklicht einschalten, wenn er sich einer Haltestelle nähert und solange Fahrgäste ein- oder aussteigen, soweit die für den Straßenverkehr nach Landesrecht zuständige Behörde (Straßenverkehrsbehörde) für bestimmte Haltestellen ein solches Verhalten angeordnet hat. Im Übrigen darf außer beim Liegenbleiben (§ 15) und beim Abschleppen von Fahrzeugen (§ 15a) Warnblinklicht nur einschalten, wer Andere durch sein Fahrzeug gefährdet oder Andere vor Gefahren warnen will, zum Beispiel bei Annäherung an einen Stau oder bei besonders langsamer Fahrgeschwindigkeit auf Autobahnen und anderen schnell befahrenen Straßen.
(3) Schallzeichen dürfen nicht aus einer Folge verschieden hoher Töne bestehen.

-

§ 17 Beleuchtung

(1) Während der Dämmerung, bei Dunkelheit oder wenn die Sichtverhältnisse es sonst erfordern, sind die vorgeschriebenen Beleuchtungseinrichtungen zu benutzen. Die Beleuchtungseinrichtungen dürfen nicht

verdeckt oder verschmutzt sein.

(2) Mit Begrenzungsleuchten (Standlicht) allein darf nicht gefahren werden. Auf Straßen mit durchgehender, ausreichender Beleuchtung darf auch nicht mit Fernlicht gefahren werden. Es ist rechtzeitig abzublenden, wenn ein Fahrzeug entgegenkommt oder mit geringem Abstand vorausfährt oder wenn es sonst die Sicherheit des Verkehrs auf oder neben der Straße erfordert. Wenn nötig ist entsprechend langsamer zu fahren.

(2a) Wer ein Kraftrad führt, muss auch am Tag mit Abblendlicht oder eingeschalteten Tagfahrleuchten fahren. Während der Dämmerung, bei Dunkelheit oder wenn die Sichtverhältnisse es sonst erfordern, ist Abblendlicht einzuschalten.

(3) Behindert Nebel, Schneefall oder Regen die Sicht erheblich, dann ist auch am Tage mit Abblendlicht zu fahren. Nur bei solcher Witterung dürfen Nebelscheinwerfer eingeschaltet sein. Bei zwei Nebelscheinwerfern genügt statt des Abblendlichts die zusätzliche Benutzung der Begrenzungsleuchten. An Krafträdern ohne Beiwagen braucht nur der Nebelscheinwerfer benutzt zu werden. Nebelschlussleuchten dürfen nur dann benutzt werden, wenn durch Nebel die Sichtweite weniger als 50 m beträgt.

(4) Haltende Fahrzeuge sind außerhalb geschlossener Ortschaften mit eigener Lichtquelle zu beleuchten. Innerhalb geschlossener Ortschaften genügt es, nur die der Fahrbahn zugewandte Fahrzeugseite durch Parkleuchten oder auf andere zugelassene Weise kenntlich zu machen; eigene Beleuchtung ist entbehrlich, wenn die Straßenbeleuchtung das Fahrzeug auf ausreichende Entfernung deutlich sichtbar macht. Auf der Fahrbahn haltende Fahrzeuge, ausgenommen Personenkraftwagen, mit einer zulässigen Gesamtmasse von mehr als 3,5 t und Anhänger sind innerhalb geschlossener Ortschaften stets mit eigener Lichtquelle zu beleuchten oder durch andere zugelassene lichttechnische Einrichtungen kenntlich zu machen. Fahrzeuge, die ohne Schwierigkeiten von der Fahrbahn entfernt werden können, wie Krafträder, Fahrräder mit Hilfsmotor, Fahrräder, Krankenfahrstühle, einachsige Zugmaschinen, einachsige Anhänger, Handfahrzeuge oder unbespannte Fuhrwerke, dürfen bei Dunkelheit dort nicht unbeleuchtet stehen gelassen werden.

(4a) Soweit bei Militärfahrzeugen von den allgemeinen Beleuchtungsvorschriften abgewichen wird, sind gelb-rote retroreflektierende Warntafeln oder gleichwertige Absicherungsmittel zu verwenden. Im Übrigen können sie an diesen Fahrzeugen zusätzlich verwendet werden.

(5) Wer zu Fuß geht und einachsige Zug- oder Arbeitsmaschinen an Holmen oder Handfahrzeuge mitführt, hat mindestens eine nach vorn und hinten gut sichtbare, nicht blendende Leuchte mit weißem Licht auf der linken Seite anzubringen oder zu tragen.

(6) Suchscheinwerfer dürfen nur kurz und nicht zum Beleuchten der Fahrbahn benutzt werden.

-

§ 18 Autobahnen und Kraftfahrstraßen

(1) Autobahnen (Zeichen 330.1) und Kraftfahrstraßen (Zeichen 331.1) dürfen nur mit Kraftfahrzeugen benutzt werden, deren durch die Bauart bestimmte Höchstgeschwindigkeit mehr als 60 km/h beträgt; werden Anhänger mitgeführt, gilt das Gleiche auch für diese. Fahrzeug und Ladung dürfen zusammen nicht höher als 4 m und nicht breiter als 2,55 m sein. Kühlfahrzeuge dürfen nicht breiter als 2,60 m sein.

(2) Auf Autobahnen darf nur an gekennzeichneten Anschlussstellen (Zeichen 330.1) eingefahren werden, auf Kraftfahrstraßen nur an Kreuzungen oder Einmündungen.

(3) Der Verkehr auf der durchgehenden Fahrbahn hat die Vorfahrt.

(4) (weggefallen)

(5) Auf Autobahnen darf innerhalb geschlossener Ortschaften schneller als 50 km/h gefahren werden. Auf ihnen sowie außerhalb geschlossener Ortschaften auf Kraftfahrstraßen mit Fahrbahnen für eine Richtung, die durch Mittelstreifen oder sonstige bauliche Einrichtungen getrennt sind, beträgt die zulässige Höchstgeschwindigkeit auch unter günstigsten Umständen

1.

 für

 a)

  Kraftfahrzeuge mit einer zulässigen Gesamtmasse von mehr als 3,5 t, ausgenommen Personenkraftwagen,

 b)

  Personenkraftwagen mit Anhänger, Lastkraftwagen mit Anhänger, Wohnmobile mit Anhänger und Zugmaschinen mit Anhänger sowie

 c)

  Kraftomnibusse ohne Anhänger oder mit Gepäckanhänger

 80 km/h,

2.

für
a)

Krafträder mit Anhänger und selbstfahrende Arbeitsmaschinen mit Anhänger,

b)

Zugmaschinen mit zwei Anhängern sowie

c)

Kraftomnibusse mit Anhänger oder mit Fahrgästen, für die keine Sitzplätze mehr zur Verfügung stehen,

60 km/h,

3.

für Kraftomnibusse ohne Anhänger, die

a)

nach Eintragung in der Zulassungsbescheinigung Teil I für eine Höchstgeschwindigkeit von 100 km/h zugelassen sind,

b)

hauptsächlich für die Beförderung von sitzenden Fahrgästen gebaut und die Fahrgastsitze als Reisebestuhlung ausgeführt sind,

c)

auf allen Sitzen sowie auf Rollstuhlplätzen, wenn auf ihnen Rollstuhlfahrer befördert werden, mit Sicherheitsgurten ausgerüstet sind,

d)

mit einem Geschwindigkeitsbegrenzer ausgerüstet sind, der auf eine Höchstgeschwindigkeit von maximal 100 km/h (Vset) eingestellt ist,

e)

den Vorschriften der Richtlinie 2001/85/EG des Europäischen Parlaments und des Rates vom 20. November 2001 über besondere Vorschriften für Fahrzeuge zur Personenbeförderung mit mehr als acht Sitzplätzen außer dem Fahrersitz und zur Änderung der Richtlinien 70/156/EWG und 97/27/EG (ABl. L 42 vom 13.2.2002, S. 1) in der jeweils zum Zeitpunkt der Erstzulassung des jeweiligen Kraftomnibusses geltenden Fassung entsprechen und

f)

auf der vorderen Lenkachse nicht mit nachgeschnittenen Reifen ausgerüstet sind, oder

g)

für nicht in Mitgliedstaaten der Europäischen Union oder in Vertragsstaaten des Abkommens über den Europäischen Wirtschaftsraum zugelassene Kraftomnibusse, wenn jeweils eine behördliche Bestätigung des Zulassungsstaates in deutscher Sprache über die Übereinstimmung mit den vorgenannten Bestimmungen und über jährlich stattgefundene Untersuchungen mindestens im Umfang der Richtlinie 96/96/EG des Rates vom 20. Dezember 1996 zur Angleichung der Rechtsvorschriften der Mitgliedstaaten über die technische Überwachung der Kraftfahrzeuge und Kraftfahrzeuganhänger (ABl. L 46 vom 17.2.1997, S. 1) in der jeweils geltenden Fassung vorgelegt werden kann,

100 km/h.

(6) Wer auf der Autobahn mit Abblendlicht fährt, braucht seine Geschwindigkeit nicht der Reichweite des Abblendlichts anzupassen, wenn

1.

die Schlussleuchten des vorausfahrenden Kraftfahrzeugs klar erkennbar sind und ein ausreichender Abstand von ihm eingehalten wird oder

2.

der Verlauf der Fahrbahn durch Leiteinrichtungen mit Rückstrahlern und, zusammen mit fremdem Licht, Hindernisse rechtzeitig erkennbar sind.

(7) Wenden und Rückwärtsfahren sind verboten.

(8) Halten, auch auf Seitenstreifen, ist verboten.

(9) Zu Fuß Gehende dürfen Autobahnen nicht betreten. Kraftfahrstraßen dürfen sie nur an Kreuzungen, Einmündungen oder sonstigen dafür vorgesehenen Stellen überschreiten; sonst ist jedes Betreten verboten.

(10) Die Ausfahrt von Autobahnen ist nur an Stellen erlaubt, die durch die Ausfahrttafel (Zeichen 332) und durch das Pfeilzeichen (Zeichen 333) oder durch eins dieser Zeichen gekennzeichnet sind. Die Ausfahrt von Kraftfahrstraßen ist nur an Kreuzungen oder Einmündungen erlaubt.

(11) Lastkraftwagen mit einer zulässigen Gesamtmasse über 7,5 t, einschließlich ihrer Anhänger, sowie Zugmaschinen dürfen, wenn die Sichtweite durch erheblichen Schneefall oder Regen auf 50 m oder weniger eingeschränkt ist, sowie bei Schneeglätte oder Glatteis den äußerst linken Fahrstreifen nicht benutzen.

-

§ 19 Bahnübergänge

(1) Schienenfahrzeuge haben Vorrang

1.

auf Bahnübergängen mit Andreaskreuz (Zeichen 201),

2.

auf Bahnübergängen über Fuß-, Feld-, Wald- oder Radwege und

3.

in Hafen- und Industriegebieten, wenn an den Einfahrten das Andreaskreuz mit dem Zusatzzeichen „Hafengebiet, Schienenfahrzeuge haben Vorrang" oder „Industriegebiet, Schienenfahrzeuge haben Vorrang" steht.

Der Straßenverkehr darf sich solchen Bahnübergängen nur mit mäßiger Geschwindigkeit nähern. Wer ein Fahrzeug führt, darf an Bahnübergängen vom Zeichen 151, 156 an bis einschließlich des Kreuzungsbereichs von Schiene und Straße Kraftfahrzeuge nicht überholen.

(2) Fahrzeuge haben vor dem Andreaskreuz, zu Fuß Gehende in sicherer Entfernung vor dem Bahnübergang zu warten, wenn

1.

sich ein Schienenfahrzeug nähert,

2.

rotes Blinklicht oder gelbe oder rote Lichtzeichen gegeben werden,

3.

die Schranken sich senken oder geschlossen sind,

4.

ein Bahnbediensteter Halt gebietet oder

5.

ein hörbares Signal, wie ein Pfeifsignal des herannahenden Zuges, ertönt.

Hat das rote Blinklicht oder das rote Lichtzeichen die Form eines Pfeils, hat nur zu warten, wer in die Richtung des Pfeils fahren will. Das Senken der Schranken kann durch Glockenzeichen angekündigt werden.

(3) Kann der Bahnübergang wegen des Straßenverkehrs nicht zügig und ohne Aufenthalt überquert werden, ist vor dem Andreaskreuz zu warten.

(4) Wer einen Fuß-, Feld-, Wald- oder Radweg benutzt, muss sich an Bahnübergängen ohne Andreaskreuz entsprechend verhalten.

(5) Vor Bahnübergängen ohne Vorrang der Schienenfahrzeuge ist in sicherer Entfernung zu warten, wenn ein Bahnbediensteter mit einer weiß-rot-weißen Fahne oder einer roten Leuchte Halt gebietet. Werden gelbe oder rote Lichtzeichen gegeben, gilt § 37 Absatz 2 Nummer 1 entsprechend.

(6) Die Scheinwerfer wartender Kraftfahrzeuge dürfen niemanden blenden.

-

§ 20 Öffentliche Verkehrsmittel und Schulbusse

(1) An Omnibussen des Linienverkehrs, an Straßenbahnen und an gekennzeichneten Schulbussen, die an Haltestellen (Zeichen 224) halten, darf, auch im Gegenverkehr, nur vorsichtig vorbeigefahren werden.

(2) Wenn Fahrgäste ein- oder aussteigen, darf rechts nur mit Schrittgeschwindigkeit und nur in einem solchen Abstand vorbeigefahren werden, dass eine Gefährdung von Fahrgästen ausgeschlossen ist. Sie dürfen auch nicht behindert werden. Wenn nötig, muss, wer ein Fahrzeug führt, warten.

(3) Omnibusse des Linienverkehrs und gekennzeichnete Schulbusse, die sich einer Haltestelle (Zeichen 224) nähern und Warnblinklicht eingeschaltet haben, dürfen nicht überholt werden.

(4) An Omnibussen des Linienverkehrs und an gekennzeichneten Schulbussen, die an Haltestellen (Zeichen 224) halten und Warnblinklicht eingeschaltet haben, darf nur mit Schrittgeschwindigkeit und nur in einem solchen Abstand vorbeigefahren werden, dass eine Gefährdung von Fahrgästen ausgeschlossen ist. Die Schrittgeschwindigkeit gilt auch für den Gegenverkehr auf derselben Fahrbahn. Die Fahrgäste dürfen auch nicht behindert werden. Wenn nötig, muss, wer ein Fahrzeug führt, warten.

(5) Omnibussen des Linienverkehrs und Schulbussen ist das Abfahren von gekennzeichneten Haltestellen zu ermöglichen. Wenn nötig, müssen andere Fahrzeuge warten.

(6) Personen, die öffentliche Verkehrsmittel benutzen wollen, müssen sie auf den Gehwegen, den Seitenstreifen oder einer Haltestelleninsel, sonst am Rand der Fahrbahn erwarten.

-

§ 21 Personenbeförderung

(1) In Kraftfahrzeugen dürfen nicht mehr Personen befördert werden, als mit Sicherheitsgurten ausgerüstete Sitzplätze vorhanden sind. Abweichend von Satz 1 dürfen in Kraftfahrzeugen, für die Sicherheitsgurte nicht für alle Sitzplätze vorgeschrieben sind, so viele Personen befördert werden, wie Sitzplätze vorhanden sind. Die Sätze 1 und 2 gelten nicht in Kraftomnibussen, bei denen die Beförderung stehender Fahrgäste zugelassen ist. Es ist verboten, Personen mitzunehmen

1.
    auf Krafträdern ohne besonderen Sitz,

2.
    auf Zugmaschinen ohne geeignete Sitzgelegenheit oder

3.
    in Wohnanhängern hinter Kraftfahrzeugen.

(1a) Kinder bis zum vollendeten 12. Lebensjahr, die kleiner als 150 cm sind, dürfen in Kraftfahrzeugen auf Sitzen, für die Sicherheitsgurte vorgeschrieben sind, nur mitgenommen werden, wenn Rückhalteeinrichtungen für Kinder benutzt werden, die den in Artikel 2 Absatz 1 Buchstabe c der Richtlinie 91/671/EWG des Rates vom 16. Dezember 1991 über die Gurtanlegepflicht und die Pflicht zur Benutzung von Kinderrückhalteeinrichtungen in Kraftfahrzeugen (ABl. L 373 vom 31.12.1991, S. 26), der zuletzt durch Artikel 1 Absatz 2 der Durchführungsrichtlinie 2014/37/EU vom 27. Februar 2014 (ABl. L 59 vom 28.2.2014, S. 32) neu gefasst worden ist, genannten Anforderungen genügen und für das Kind geeignet sind. Abweichend von Satz 1

1.
    ist in Kraftomnibussen mit einer zulässigen Gesamtmasse von mehr als 3,5 t Satz 1 nicht anzuwenden,

2.
    dürfen Kinder ab dem vollendeten dritten Lebensjahr auf Rücksitzen mit den vorgeschriebenen Sicherheitsgurten gesichert werden, soweit wegen der Sicherung anderer Kinder mit Kinderrückhalteeinrichtungen für die Befestigung weiterer Rückhalteeinrichtungen für Kinder keine Möglichkeit besteht,

3.
    ist

a)
    beim Verkehr mit Taxen und

b)
    bei sonstigen Verkehren mit Personenkraftwagen, wenn eine Beförderungspflicht im Sinne des § 22 des Personenbeförderungsgesetzes besteht,

auf Rücksitzen die Verpflichtung zur Sicherung von Kindern mit amtlich genehmigten und geeigneten Rückhalteeinrichtungen auf zwei Kinder mit einem Gewicht ab 9 kg beschränkt, wobei wenigstens für ein Kind mit einem Gewicht zwischen 9 und 18 kg eine Sicherung möglich sein muss; diese Ausnahmeregelung gilt nicht, wenn eine regelmäßige Beförderung von Kindern gegeben ist.
(1b) In Fahrzeugen, die nicht mit Sicherheitsgurten ausgerüstet sind, dürfen Kinder unter drei Jahren nicht befördert werden. Kinder ab dem vollendeten dritten Lebensjahr, die kleiner als 150 cm sind, müssen in solchen Fahrzeugen auf dem Rücksitz befördert werden. Die Sätze 1 und 2 gelten nicht für Kraftomnibusse.
(2) Die Mitnahme von Personen auf der Ladefläche oder in Laderäumen von Kraftfahrzeugen ist verboten. Dies gilt nicht, soweit auf der Ladefläche oder in Laderäumen mitgenommene Personen dort notwendige Arbeiten auszuführen haben. Das Verbot gilt ferner nicht für die Beförderung von Baustellenpersonal innerhalb von Baustellen. Auf der Ladefläche oder in Laderäumen von Anhängern darf niemand mitgenommen werden. Jedoch dürfen auf Anhängern, wenn diese für land- oder forstwirtschaftliche Zwecke eingesetzt werden, Personen auf geeigneten Sitzgelegenheiten mitgenommen werden. Das Stehen während der Fahrt ist verboten, soweit es nicht zur Begleitung der Ladung oder zur Arbeit auf der Ladefläche erforderlich ist.
(3) Auf Fahrrädern dürfen nur Kinder bis zum vollendeten siebten Lebensjahr von mindestens 16 Jahre alten Personen mitgenommen werden, wenn für die Kinder besondere Sitze vorhanden sind und durch Radverkleidungen oder gleich wirksame Vorrichtungen dafür gesorgt ist, dass die Füße der Kinder nicht in die Speichen geraten können. Hinter Fahrrädern dürfen in Anhängern, die zur Beförderung von Kindern eingerichtet sind, bis zu zwei Kinder bis zum vollendeten siebten Lebensjahr von mindestens 16 Jahre alten Personen mitgenommen werden. Die Begrenzung auf das vollendete siebte Lebensjahr gilt nicht für die Beförderung eines behinderten Kindes.
-

§ 21a Sicherheitsgurte, Schutzhelme

(1) Vorgeschriebene Sicherheitsgurte müssen während der Fahrt angelegt sein. Das gilt nicht für

1.
  (weggefallen)

2.
  Personen beim Haus-zu-Haus-Verkehr, wenn sie im jeweiligen Leistungs- oder Auslieferungsbezirk regelmäßig in kurzen Zeitabständen ihr Fahrzeug verlassen müssen,

3.
  Fahrten mit Schrittgeschwindigkeit wie Rückwärtsfahren, Fahrten auf Parkplätzen,

4.
  Fahrten in Kraftomnibussen, bei denen die Beförderung stehender Fahrgäste zugelassen ist,

5.
  das Betriebspersonal in Kraftomnibussen und das Begleitpersonal von besonders betreuungsbedürftigen Personengruppen während der Dienstleistungen, die ein Verlassen des Sitzplatzes erfordern,

6.
  Fahrgäste in Kraftomnibussen mit einer zulässigen Gesamtmasse von mehr als 3,5 t beim kurzzeitigen Verlassen des Sitzplatzes.

(2) Wer Krafträder oder offene drei- oder mehrrädrige Kraftfahrzeuge mit einer bauartbedingten Höchstgeschwindigkeit von über 20 km/h führt sowie auf oder in ihnen mitfährt, muss während der Fahrt einen geeigneten Schutzhelm tragen. Dies gilt nicht, wenn vorgeschriebene Sicherheitsgurte angelegt sind.

-

§ 22 Ladung

(1) Die Ladung einschließlich Geräte zur Ladungssicherung sowie Ladeeinrichtungen sind so zu verstauen und zu sichern, dass sie selbst bei Vollbremsung oder plötzlicher Ausweichbewegung nicht verrutschen, umfallen, hin- und herrollen, herabfallen oder vermeidbaren Lärm erzeugen können. Dabei sind die anerkannten Regeln der Technik zu beachten.

(2) Fahrzeug und Ladung dürfen zusammen nicht breiter als 2,55 m und nicht höher als 4 m sein. Fahrzeuge, die für land- oder forstwirtschaftliche Zwecke eingesetzt werden, dürfen, wenn sie mit land- oder forstwirtschaftlichen Erzeugnissen oder Arbeitsgeräten beladen sind, samt Ladung nicht breiter als 3 m sein. Sind sie mit land- oder forstwirtschaftlichen Erzeugnissen beladen, dürfen sie samt Ladung höher als 4 m sein. Kühlfahrzeuge dürfen nicht breiter als 2,60 m sein.

(3) Die Ladung darf bis zu einer Höhe von 2,50 m nicht nach vorn über das Fahrzeug, bei Zügen über das ziehende Fahrzeug hinausragen. Im Übrigen darf der Ladungsüberstand nach vorn bis zu 50 cm über das Fahrzeug, bei Zügen bis zu 50 cm über das ziehende Fahrzeug betragen.

(4) Nach hinten darf die Ladung bis zu 1,50 m hinausragen, jedoch bei Beförderung über eine Wegstrecke bis zu einer Entfernung von 100 km bis zu 3 m; die außerhalb des Geltungsbereichs dieser Verordnung zurückgelegten Wegstrecken werden nicht berücksichtigt. Fahrzeug oder Zug samt Ladung darf nicht länger als 20,75 m sein. Ragt das äußerste Ende der Ladung mehr als 1 m über die Rückstrahler des Fahrzeugs nach hinten hinaus, so ist es kenntlich zu machen durch mindestens

1.
  eine hellrote, nicht unter 30 x 30 cm große, durch eine Querstange auseinandergehaltene Fahne,

2.
  ein gleich großes, hellrotes, quer zur Fahrtrichtung pendelnd aufgehängtes Schild oder

3.
  einen senkrecht angebrachten zylindrischen Körper gleicher Farbe und Höhe mit einem Durchmesser von mindestens 35 cm.

Diese Sicherungsmittel dürfen nicht höher als 1,50 m über der Fahrbahn angebracht werden. Wenn nötig (§ 17 Absatz 1), ist mindestens eine Leuchte mit rotem Licht an gleicher Stelle anzubringen, außerdem ein roter Rückstrahler nicht höher als 90 cm.

(5) Ragt die Ladung seitlich mehr als 40 cm über die Fahrzeugleuchten, bei Kraftfahrzeugen über den äußeren Rand der Lichtaustrittsflächen der Begrenzungs- oder Schlussleuchten hinaus, so ist sie, wenn nötig (§ 17 Absatz 1), kenntlich zu machen, und zwar seitlich höchstens 40 cm von ihrem Rand und höchstens 1,50 m über der Fahrbahn nach vorn durch eine Leuchte mit weißem, nach hinten durch eine mit rotem Licht. Einzelne Stangen oder Pfähle, waagerecht liegende Platten und andere schlecht erkennbare Gegenstände dürfen seitlich nicht herausragen.

§ 23 Sonstige Pflichten von Fahrzeugführenden

(1) Wer ein Fahrzeug führt, ist dafür verantwortlich, dass seine Sicht und das Gehör nicht durch die Besetzung, Tiere, die Ladung, Geräte oder den Zustand des Fahrzeugs beeinträchtigt werden. Wer ein Fahrzeug führt, hat zudem dafür zu sorgen, dass das Fahrzeug, der Zug, das Gespann sowie die Ladung und die Besetzung vorschriftsmäßig sind und dass die Verkehrssicherheit des Fahrzeugs durch die Ladung oder die Besetzung nicht leidet. Ferner ist dafür zu sorgen, dass die vorgeschriebenen Kennzeichen stets gut lesbar sind. Vorgeschriebene Beleuchtungseinrichtungen müssen an Kraftfahrzeugen und ihren Anhängern sowie an Fahrrädern auch am Tage vorhanden und betriebsbereit sein, sonst jedoch nur, falls zu erwarten ist, dass sich das Fahrzeug noch im Verkehr befinden wird, wenn Beleuchtung nötig ist (§ 17 Absatz 1).
(1a) Wer ein Fahrzeug führt, darf ein Mobil- oder Autotelefon nicht benutzen, wenn hierfür das Mobiltelefon oder der Hörer des Autotelefons aufgenommen oder gehalten werden muss. Dies gilt nicht, wenn das Fahrzeug steht und bei Kraftfahrzeugen der Motor ausgeschaltet ist.
(1b) Wer ein Fahrzeug führt, darf ein technisches Gerät nicht betreiben oder betriebsbereit mitführen, das dafür bestimmt ist, Verkehrsüberwachungsmaßnahmen anzuzeigen oder zu stören. Das gilt insbesondere für Geräte zur Störung oder Anzeige von Geschwindigkeitsmessungen (Radarwarn- oder Laserstörgeräte).
(2) Wer ein Fahrzeug führt, muss das Fahrzeug, den Zug oder das Gespann auf dem kürzesten Weg aus dem Verkehr ziehen, falls unterwegs auftretende Mängel, welche die Verkehrssicherheit wesentlich beeinträchtigen, nicht alsbald beseitigt werden; dagegen dürfen Krafträder und Fahrräder dann geschoben werden.
(3) Wer ein Fahrrad oder ein Kraftrad fährt, darf sich nicht an Fahrzeuge anhängen. Es darf nicht freihändig gefahren werden. Die Füße dürfen nur dann von den Pedalen oder den Fußrasten genommen werden, wenn der Straßenzustand das erfordert.

§ 24 Besondere Fortbewegungsmittel

(1) Schiebe- und Greifreifenrollstühle, Rodelschlitten, Kinderwagen, Roller, Kinderfahrräder, Inline-Skates, Rollschuhe und ähnliche nicht motorbetriebene Fortbewegungsmittel sind nicht Fahrzeuge im Sinne der Verordnung. Für den Verkehr mit diesen Fortbewegungsmitteln gelten die Vorschriften für den Fußgängerverkehr entsprechend.
(2) Mit Krankenfahrstühlen oder mit anderen als in Absatz 1 genannten Rollstühlen darf dort, wo Fußgängerverkehr zulässig ist, gefahren werden, jedoch nur mit Schrittgeschwindigkeit.

§ 25 Fußgänger

(1) Wer zu Fuß geht, muss die Gehwege benutzen. Auf der Fahrbahn darf nur gegangen werden, wenn die Straße weder einen Gehweg noch einen Seitenstreifen hat. Wird die Fahrbahn benutzt, muss innerhalb geschlossener Ortschaften am rechten oder linken Fahrbahnrand gegangen werden; außerhalb geschlossener Ortschaften muss am linken Fahrbahnrand gegangen werden, wenn das zumutbar ist. Bei Dunkelheit, bei schlechter Sicht oder wenn die Verkehrslage es erfordert, muss einzeln hintereinander gegangen werden.
(2) Wer zu Fuß geht und Fahrzeuge oder sperrige Gegenstände mitführt, muss die Fahrbahn benutzen, wenn auf dem Gehweg oder auf dem Seitenstreifen andere zu Fuß Gehende erheblich behindert würden. Benutzen zu Fuß Gehende, die Fahrzeuge mitführen, die Fahrbahn, müssen sie am rechten Fahrbahnrand gehen; vor dem Abbiegen nach links dürfen sie jedoch nicht links einordnen.
(3) Wer zu Fuß geht, hat Fahrbahnen unter Beachtung des Fahrzeugverkehrs zügig auf dem kürzesten Weg quer zur Fahrtrichtung zu überschreiten, und zwar, wenn die Verkehrslage es erfordert, nur an Kreuzungen oder Einmündungen, an Lichtzeichenanlagen innerhalb von Markierungen oder auf Fußgängerüberwegen (Zeichen 293). Wird die Fahrbahn an Kreuzungen oder Einmündungen überschritten, sind dort vorhandene Fußgängerüberwege oder Markierungen an Lichtzeichenanlagen stets zu benutzen.
(4) Wer zu Fuß geht, darf Absperrungen, wie Stangen- oder Kettengeländer, nicht überschreiten. Absperrschranken (Zeichen 600) verbieten das Betreten der abgesperrten Straßenfläche.
(5) Gleisanlagen, die nicht zugleich dem sonstigen öffentlichen Straßenverkehr dienen, dürfen nur an den

dafür vorgesehenen Stellen betreten werden.

-

§ 26 Fußgängerüberwege

(1) An Fußgängerüberwegen haben Fahrzeuge mit Ausnahme von Schienenfahrzeugen den zu Fuß Gehenden sowie Fahrenden von Krankenfahrstühlen oder Rollstühlen, welche den Überweg erkennbar benutzen wollen, das Überqueren der Fahrbahn zu ermöglichen. Dann dürfen sie nur mit mäßiger Geschwindigkeit heranfahren; wenn nötig, müssen sie warten.
(2) Stockt der Verkehr, dürfen Fahrzeuge nicht auf den Überweg fahren, wenn sie auf ihm warten müssten.
(3) An Überwegen darf nicht überholt werden.
(4) Führt die Markierung über einen Radweg oder einen anderen Straßenteil, gelten diese Vorschriften entsprechend.

-

§ 27 Verbände

(1) Für geschlossene Verbände gelten die für den gesamten Fahrverkehr einheitlich bestehenden Verkehrsregeln und Anordnungen sinngemäß.Mehr als 15 Rad Fahrende dürfen einen geschlossenen Verband bilden. Dann dürfen sie zu zweit nebeneinander auf der Fahrbahn fahren. Kinder- und Jugendgruppen zu Fuß müssen, soweit möglich, die Gehwege benutzen.
(2) Geschlossene Verbände, Leichenzüge und Prozessionen müssen, wenn ihre Länge dies erfordert, in angemessenen Abständen Zwischenräume für den übrigen Verkehr frei lassen; an anderen Stellen darf dieser sie nicht unterbrechen.
(3) Geschlossen ist ein Verband, wenn er für andere am Verkehr Teilnehmende als solcher deutlich erkennbar ist. Bei Kraftfahrzeugverbänden muss dazu jedes einzelne Fahrzeug als zum Verband gehörig gekennzeichnet sein.
(4) Die seitliche Begrenzung geschlossen reitender oder zu Fuß marschierender Verbände muss, wenn nötig (§ 17 Absatz 1), mindestens nach vorn durch nicht blendende Leuchten mit weißem Licht, nach hinten durch Leuchten mit rotem Licht oder gelbem Blinklicht kenntlich gemacht werden. Gliedert sich ein solcher Verband in mehrere deutlich voneinander getrennte Abteilungen, dann ist jede auf diese Weise zu sichern. Eigene Beleuchtung brauchen die Verbände nicht, wenn sie sonst ausreichend beleuchtet sind.
(5) Wer einen Verband führt, hat dafür zu sorgen, dass die für geschlossene Verbände geltenden Vorschriften befolgt werden.
(6) Auf Brücken darf nicht im Gleichschritt marschiert werden.

-

§ 28 Tiere

(1) Haus- und Stalltiere, die den Verkehr gefährden können, sind von der Straße fernzuhalten. Sie sind dort nur zugelassen, wenn sie von geeigneten Personen begleitet sind, die ausreichend auf sie einwirken können. Es ist verboten, Tiere von Kraftfahrzeugen aus zu führen. Von Fahrrädern aus dürfen nur Hunde geführt werden.
(2) Wer reitet, Pferde oder Vieh führt oder Vieh treibt, unterliegt sinngemäß den für den gesamten Fahrverkehr einheitlich bestehenden Verkehrsregeln und Anordnungen. Zur Beleuchtung müssen mindestens verwendet werden:

1.

    beim Treiben von Vieh vorn eine nicht blendende Leuchte mit weißem Licht und am Ende eine Leuchte mit rotem Licht,

2.

    beim Führen auch nur eines Großtieres oder von Vieh eine nicht blendende Leuchte mit weißem Licht, die auf der linken Seite nach vorn und hinten gut sichtbar mitzuführen ist.

-

§ 29 Übermäßige Straßenbenutzung

(1) Rennen mit Kraftfahrzeugen sind verboten.

(2) Veranstaltungen, für die Straßen mehr als verkehrsüblich in Anspruch genommen werden, bedürfen der Erlaubnis. Das ist der Fall, wenn die Benutzung der Straße für den Verkehr wegen der Zahl oder des Verhaltens der Teilnehmenden oder der Fahrweise der beteiligten Fahrzeuge eingeschränkt wird; Kraftfahrzeuge in geschlossenem Verband nehmen die Straße stets mehr als verkehrsüblich in Anspruch. Veranstaltende haben dafür zu sorgen, dass die Verkehrsvorschriften sowie etwaige Bedingungen und Auflagen befolgt werden.

(3) Einer Erlaubnis bedarf der Verkehr mit Fahrzeugen und Zügen, deren Abmessungen, Achslasten oder Gesamtmassen die gesetzlich allgemein zugelassenen Grenzen tatsächlich überschreiten. Das gilt auch für den Verkehr mit Fahrzeugen, deren Bauart den Fahrzeugführenden kein ausreichendes Sichtfeld lässt.

-

§ 30 Umweltschutz, Sonn- und Feiertagsfahrverbot

(1) Bei der Benutzung von Fahrzeugen sind unnötiger Lärm und vermeidbare Abgasbelästigungen verboten. Es ist insbesondere verboten, Fahrzeugmotoren unnötig laufen zu lassen und Fahrzeugtüren übermäßig laut zu schließen. Unnützes Hin- und Herfahren ist innerhalb geschlossener Ortschaften verboten, wenn Andere dadurch belästigt werden.

(2) Veranstaltungen mit Kraftfahrzeugen bedürfen der Erlaubnis, wenn sie die Nachtruhe stören können.

(3) An Sonntagen und Feiertagen dürfen in der Zeit von 0.00 bis 22.00 Uhr Lastkraftwagen mit einer zulässigen Gesamtmasse über 7,5 t sowie Anhänger hinter Lastkraftwagen nicht verkehren. Das Verbot gilt nicht für

1.

kombinierten Güterverkehr Schiene-Straße vom Versender bis zum nächstgelegenen geeigneten Verladebahnhof oder vom nächstgelegenen geeigneten Entladebahnhof bis zum Empfänger, jedoch nur bis zu einer Entfernung von 200 km,

1a.

kombinierten Güterverkehr Hafen-Straße zwischen Belade- oder Entladestelle und einem innerhalb eines Umkreises von höchstens 150 Kilometern gelegenen Hafen (An- oder Abfuhr),

2.

die Beförderung von

a)

frischer Milch und frischen Milcherzeugnissen,

b)

frischem Fleisch und frischen Fleischerzeugnissen,

c)

frischen Fischen, lebenden Fischen und frischen Fischerzeugnissen,

d)

leicht verderblichem Obst und Gemüse,

3.

Leerfahrten, die im Zusammenhang mit Fahrten nach Nummer 2 stehen,

4.

Fahrten mit Fahrzeugen, die nach dem Bundesleistungsgesetz herangezogen werden. Dabei ist der Leistungsbescheid mitzuführen und auf Verlangen zuständigen Personen zur Prüfung auszuhändigen.

(4) Feiertage im Sinne des Absatzes 3 sind
Neujahr;
Karfreitag;
Ostermontag;
Tag der Arbeit (1. Mai);
Christi Himmelfahrt;
Pfingstmontag;
Fronleichnam, jedoch nur in Baden-Württemberg, Bayern, Hessen, Nordrhein-Westfalen, Rheinland-Pfalz und im Saarland;
Tag der deutschen Einheit (3. Oktober);
Reformationstag (31. Oktober), jedoch nur in Brandenburg, Mecklenburg-Vorpommern, Sachsen, Sachsen-Anhalt und Thüringen;
Allerheiligen (1. November), jedoch nur in Baden-Württemberg, Bayern, Nordrhein-Westfalen, Rheinland-Pfalz und im Saarland;
1. und 2. Weihnachtstag.

§ 31 Sport und Spiel

(1) Sport und Spiel auf der Fahrbahn, den Seitenstreifen und auf Radwegen sind nicht erlaubt. Satz 1 gilt nicht, soweit dies durch ein die zugelassene Sportart oder Spielart kennzeichnendes Zusatzzeichen angezeigt ist.
(2) Durch das Zusatzzeichen

wird das Inline-Skaten und Rollschuhfahren zugelassen. Das Zusatzzeichen kann auch allein angeordnet sein. Wer sich dort mit Inline-Skates oder Rollschuhen fortbewegt, hat sich mit äußerster Vorsicht und unter besonderer Rücksichtnahme auf den übrigen Verkehr am rechten Rand in Fahrtrichtung zu bewegen und Fahrzeugen das Überholen zu ermöglichen.

-

§ 32 Verkehrshindernisse

(1) Es ist verboten, die Straße zu beschmutzen oder zu benetzen oder Gegenstände auf Straßen zu bringen oder dort liegen zu lassen, wenn dadurch der Verkehr gefährdet oder erschwert werden kann. Wer für solche verkehrswidrigen Zustände verantwortlich ist, hat diese unverzüglich zu beseitigen und diese bis dahin ausreichend kenntlich zu machen. Verkehrshindernisse sind, wenn nötig (§ 17 Absatz 1), mit eigener Lichtquelle zu beleuchten oder durch andere zugelassene lichttechnische Einrichtungen kenntlich zu machen.
(2) Sensen, Mähmesser oder ähnlich gefährliche Geräte sind wirksam zu verkleiden.

-

§ 33 Verkehrsbeeinträchtigungen

(1) Verboten ist

1.
   der Betrieb von Lautsprechern,
2.
   das Anbieten von Waren und Leistungen aller Art auf der Straße,
3.
   außerhalb geschlossener Ortschaften jede Werbung und Propaganda durch Bild, Schrift, Licht oder Ton,

wenn dadurch am Verkehr Teilnehmende in einer den Verkehr gefährdenden oder erschwerenden Weise abgelenkt oder belästigt werden können. Auch durch innerörtliche Werbung und Propaganda darf der Verkehr außerhalb geschlossener Ortschaften nicht in solcher Weise gestört werden.
(2) Einrichtungen, die Zeichen oder Verkehrseinrichtungen (§§ 36 bis 43 in Verbindung mit den Anlagen 1 bis 4) gleichen, mit ihnen verwechselt werden können oder deren Wirkung beeinträchtigen können, dürfen dort nicht angebracht oder sonst verwendet werden, wo sie sich auf den Verkehr auswirken können. Werbung und Propaganda in Verbindung mit Verkehrszeichen und Verkehrseinrichtungen sind unzulässig.
(3) Ausgenommen von den Verboten des Absatzes 1 Satz 1 Nummer 3 und des Absatzes 2 Satz 2 sind in der Hinweisbeschilderung für Nebenbetriebe an den Bundesautobahnen und für Autohöfe die Hinweise auf Dienstleistungen, die unmittelbar den Belangen der am Verkehr Teilnehmenden auf den Bundesautobahnen dienen.

-

§ 34 Unfall

(1) Nach einem Verkehrsunfall hat, wer daran beteiligt ist,

1.

unverzüglich zu halten,

2.

den Verkehr zu sichern und bei geringfügigem Schaden unverzüglich beiseite zu fahren,

3.

sich über die Unfallfolgen zu vergewissern,

4.

Verletzten zu helfen (§ 323c des Strafgesetzbuchs),

5.

anderen am Unfallort anwesenden Beteiligten und Geschädigten

a)

anzugeben, dass man am Unfall beteiligt war und

b)

auf Verlangen den eigenen Namen und die eigene Anschrift anzugeben sowie den eigenen Führerschein und den Fahrzeugschein vorzuweisen und nach bestem Wissen Angaben über die Haftpflichtversicherung zu machen,

6.

a)

so lange am Unfallort zu bleiben, bis zugunsten der anderen Beteiligten und Geschädigten die Feststellung der Person, des Fahrzeugs und der Art der Beteiligung durch eigene Anwesenheit ermöglicht wurde oder

b)

eine nach den Umständen angemessene Zeit zu warten und am Unfallort den eigenen Namen und die eigene Anschrift zu hinterlassen, wenn niemand bereit war, die Feststellung zu treffen,

7.

unverzüglich die Feststellungen nachträglich zu ermöglichen, wenn man sich berechtigt, entschuldigt oder nach Ablauf der Wartefrist (Nummer 6 Buchstabe b) vom Unfallort entfernt hat. Dazu ist mindestens den Berechtigten (Nummer 6 Buchstabe a) oder einer nahe gelegenen Polizeidienststelle mitzuteilen, dass man am Unfall beteiligt gewesen ist, und die eigene Anschrift, den Aufenthalt sowie das Kennzeichen und den Standort des beteiligten Fahrzeugs anzugeben und dieses zu unverzüglichen Feststellungen für eine zumutbare Zeit zur Verfügung zu halten.

(2) Beteiligt an einem Verkehrsunfall ist jede Person, deren Verhalten nach den Umständen zum Unfall beigetragen haben kann.

(3) Unfallspuren dürfen nicht beseitigt werden, bevor die notwendigen Feststellungen getroffen worden sind.

-

§ 35 Sonderrechte

(1) Von den Vorschriften dieser Verordnung sind die Bundeswehr, die Bundespolizei, die Feuerwehr, der Katastrophenschutz, die Polizei und der Zolldienst befreit, soweit das zur Erfüllung hoheitlicher Aufgaben dringend geboten ist.

(1a) Absatz 1 gilt entsprechend für ausländische Beamte, die auf Grund völkerrechtlicher Vereinbarungen zur Nacheile oder Observation im Inland berechtigt sind.

(2) Dagegen bedürfen diese Organisationen auch unter den Voraussetzungen des Absatzes 1 der Erlaubnis,

1.

wenn sie mehr als 30 Kraftfahrzeuge im geschlossenen Verband (§ 27) fahren lassen wollen,

2.

im Übrigen bei jeder sonstigen übermäßigen Straßenbenutzung mit Ausnahme der nach § 29 Absatz 3 Satz 2.

(3) Die Bundeswehr ist über Absatz 2 hinaus auch zu übermäßiger Straßenbenutzung befugt, soweit Vereinbarungen getroffen sind.

(4) Die Beschränkungen der Sonderrechte durch die Absätze 2 und 3 gelten nicht bei Einsätzen anlässlich von Unglücksfällen, Katastrophen und Störungen der öffentlichen Sicherheit oder Ordnung sowie in den Fällen der Artikel 91 und 87a Absatz 4 des Grundgesetzes sowie im Verteidigungsfall und im Spannungsfall.

(5) Die Truppen der nichtdeutschen Vertragsstaaten des Nordatlantikpaktes sind im Falle dringender militärischer Erfordernisse von den Vorschriften dieser Verordnung befreit, von den Vorschriften des § 29 allerdings nur, soweit für diese Truppen Sonderregelungen oder Vereinbarungen bestehen.

(5a) Fahrzeuge des Rettungsdienstes sind von den Vorschriften dieser Verordnung befreit, wenn höchste Eile geboten ist, um Menschenleben zu retten oder schwere gesundheitliche Schäden abzuwenden.

(6) Fahrzeuge, die dem Bau, der Unterhaltung oder Reinigung der Straßen und Anlagen im Straßenraum oder der Müllabfuhr dienen und durch weiß-rot-weiße Warneinrichtungen gekennzeichnet sind, dürfen auf allen Straßen und Straßenteilen und auf jeder Straßenseite in jeder Richtung zu allen Zeiten fahren und halten, soweit ihr Einsatz dies erfordert, zur Reinigung der Gehwege jedoch nur, wenn die zulässige Gesamtmasse bis zu 2,8 t beträgt. Dasselbe gilt auch für Fahrzeuge zur Reinigung der Gehwege, deren zulässige Gesamtmasse 3,5 t nicht übersteigt und deren Reifeninnendruck nicht mehr als 3 bar beträgt. Dabei ist sicherzustellen, dass keine Beschädigung der Gehwege und der darunter liegenden Versorgungsleitungen erfolgen kann. Personen, die hierbei eingesetzt sind oder Straßen oder in deren Raum befindliche Anlagen zu beaufsichtigen haben, müssen bei ihrer Arbeit außerhalb von Gehwegen und Absperrungen auffällige Warnkleidung tragen.

(7) Messfahrzeuge der Bundesnetzagentur für Elektrizität, Gas, Telekommunikation, Post und Eisenbahn (§ 1 des Gesetzes über die Bundesnetzagentur) dürfen auf allen Straßen und Straßenteilen zu allen Zeiten fahren und halten, soweit ihr hoheitlicher Einsatz dies erfordert.

(7a) Fahrzeuge von Unternehmen, die Universaldienstleistungen nach § 11 des Postgesetzes in Verbindung mit § 1 Nummer 1 der Post-Universaldienstleistungsverordnung erbringen oder Fahrzeuge von Unternehmen, die in deren Auftrag diese Universaldienstleistungen erbringen (Subunternehmer), dürfen abweichend von Anlage 2 Nummer 21 (Zeichen 242.1) Fußgängerzonen auch außerhalb der durch Zusatzzeichen angeordneten Zeiten für Anlieger- und Anlieferverkehr benutzen, soweit dies zur zeitgerechten Leerung von Briefkästen oder zur Abholung von Briefen in stationären Einrichtungen erforderlich ist. Ferner dürfen die in Satz 1 genannten Fahrzeuge abweichend von § 12 Absatz 4 Satz 1 und Anlage 2 Nummer 62 (Zeichen 283), Nummer 63 (Zeichen 286) und Nummer 64 (Zeichen 290.1) in einem Bereich von 10 m vor oder hinter einem Briefkasten auf der Fahrbahn auch in zweiter Reihe kurzfristig parken, soweit dies mangels geeigneter anderweitiger Parkmöglichkeiten in diesem Bereich zum Zwecke der Leerung von Briefkästen erforderlich ist. Die Sätze 1 und 2 gelten nur, soweit ein Nachweis zum Erbringen der Universaldienstleistung oder zusätzlich ein Nachweis über die Beauftragung als Subunternehmer im Fahrzeug jederzeit gut sichtbar ausgelegt oder angebracht ist. § 2 Absatz 3 in Verbindung mit Anhang 3 Nummer 7 der Verordnung zur Kennzeichnung der Kraftfahrzeuge mit geringem Beitrag zur Schadstoffbelastung vom 10. Oktober 2006 (BGBl. I S. 2218), die durch Artikel 1 der Verordnung vom 5. Dezember 2007 (BGBl. I S. 2793) geändert worden ist, ist für die in Satz 1 genannten Fahrzeuge nicht anzuwenden.

(8) Die Sonderrechte dürfen nur unter gebührender Berücksichtigung der öffentlichen Sicherheit und Ordnung ausgeübt werden.

II.
Zeichen und Verkehrseinrichtungen

-

§ 36 Zeichen und Weisungen der Polizeibeamten

(1) Die Zeichen und Weisungen der Polizeibeamten sind zu befolgen. Sie gehen allen anderen Anordnungen und sonstigen Regeln vor, entbinden den Verkehrsteilnehmer jedoch nicht von seiner Sorgfaltspflicht.

(2) An Kreuzungen ordnet an:

1.
Seitliches Ausstrecken eines Armes oder beider Arme quer zur Fahrtrichtung: „Halt vor der Kreuzung".
Der Querverkehr ist freigegeben.
Wird dieses Zeichen gegeben, gilt es fort, solange in der gleichen Richtung gewinkt oder nur die Grundstellung beibehalten wird. Der freigegebene Verkehr kann nach den Regeln des § 9 abbiegen, nach links jedoch nur, wenn er Schienenfahrzeuge dadurch nicht behindert.

2.
Hochheben eines Arms:
„Vor der Kreuzung auf das nächste Zeichen warten",
für Verkehrsteilnehmer in der Kreuzung: „Kreuzung räumen".

(3) Diese Zeichen können durch Weisungen ergänzt oder geändert werden.

(4) An anderen Straßenstellen, wie an Einmündungen und an Fußgängerüberwegen, haben die Zeichen entsprechende Bedeutung.

(5) Polizeibeamte dürfen Verkehrsteilnehmer zur Verkehrskontrolle einschließlich der Kontrolle der Verkehrstüchtigkeit und zu Verkehrserhebungen anhalten. Das Zeichen zum Anhalten kann auch durch geeignete technische Einrichtungen am Einsatzfahrzeug, eine Winkerkelle oder eine rote Leuchte gegeben werden. Mit diesen Zeichen kann auch ein vorausfahrender Verkehrsteilnehmer angehalten werden. Die

Verkehrsteilnehmer haben die Anweisungen der Polizeibeamten zu befolgen.

-

§ 37 Wechsellichtzeichen, Dauerlichtzeichen und Grünpfeil

(1) Lichtzeichen gehen Vorrangregeln und Vorrang regelnden Verkehrszeichen vor. Wer ein Fahrzeug führt, darf bis zu 10 m vor einem Lichtzeichen nicht halten, wenn es dadurch verdeckt wird.

(2) Wechsellichtzeichen haben die Farbfolge Grün – Gelb – Rot – Rot und Gelb (gleichzeitig) – Grün. Rot ist oben, Gelb in der Mitte und Grün unten.

1.
An Kreuzungen bedeuten:

Grün: „Der Verkehr ist freigegeben".

Er kann nach den Regeln des § 9 abbiegen, nach links jedoch nur, wenn er Schienenfahrzeuge dadurch nicht behindert.

Grüner Pfeil: „Nur in Richtung des Pfeils ist der Verkehr freigegeben".

Ein grüner Pfeil links hinter der Kreuzung zeigt an, dass der Gegenverkehr durch Rotlicht angehalten ist und dass, wer links abbiegt, die Kreuzung in Richtung des grünen Pfeils ungehindert befahren und räumen kann.

Gelb ordnet an: „Vor der Kreuzung auf das nächste Zeichen warten".

Keines dieser Zeichen entbindet von der Sorgfaltspflicht.

Rot ordnet an: „Halt vor der Kreuzung".

Nach dem Anhalten ist das Abbiegen nach rechts auch bei Rot erlaubt, wenn rechts neben dem Lichtzeichen Rot ein Schild mit grünem Pfeil auf schwarzem Grund (Grünpfeil) angebracht ist. Wer ein Fahrzeug führt, darf nur aus dem rechten Fahrstreifen abbiegen. Dabei muss man sich so verhalten, dass eine Behinderung oder Gefährdung anderer Verkehrsteilnehmer, insbesondere des Fußgänger- und Fahrzeugverkehrs der freigegebenen Verkehrsrichtung, ausgeschlossen ist.

Schwarzer Pfeil auf Rot ordnet das Halten, schwarzer Pfeil auf Gelb das Warten nur für die angegebene Richtung an.

Ein einfeldiger Signalgeber mit Grünpfeil zeigt an, dass bei Rot für die Geradeaus-Richtung nach rechts abgebogen werden darf.

2.
An anderen Straßenstellen, wie an Einmündungen und an Markierungen für den Fußgängerverkehr, haben die Lichtzeichen entsprechende Bedeutung.

3.
Lichtzeichenanlagen können auf die Farbfolge Gelb-Rot beschränkt sein.

4.
Für jeden von mehreren markierten Fahrstreifen (Zeichen 295, 296 oder 340) kann ein eigenes Lichtzeichen gegeben werden. Für Schienenbahnen können besondere Zeichen, auch in abweichenden Phasen, gegeben werden; das gilt auch für Omnibusse des Linienverkehrs und nach dem Personenbeförderungsrecht mit dem Schulbus-Zeichen zu kennzeichnende Fahrzeuge des Schüler- und Behindertenverkehrs, wenn diese einen vom übrigen Verkehr freigehaltenen Verkehrsraum benutzen; dies gilt zudem für Krankenfahrzeuge, Fahrräder, Taxen und Busse im Gelegenheitsverkehr, soweit diese durch Zusatzzeichen dort ebenfalls zugelassen sind.

5.
Gelten die Lichtzeichen nur für zu Fuß Gehende oder nur für Rad Fahrende, wird das durch das Sinnbild „Fußgänger" oder „Radverkehr" angezeigt. Für zu Fuß Gehende ist die Farbfolge Grün-Rot-Grün; für Rad Fahrende kann sie so sein. Wechselt Grün auf Rot, während zu Fuß Gehende die Fahrbahn überschreiten, haben sie ihren Weg zügig fortzusetzen.

6.
Wer ein Rad fährt, hat die Lichtzeichen für den Fahrverkehr zu beachten. Davon abweichend sind auf Radverkehrsführungen die besonderen Lichtzeichen für den Radverkehr zu beachten. An Lichtzeichenanlagen mit Radverkehrsführungen ohne besondere Lichtzeichen für Rad Fahrende müssen Rad Fahrende bis zum 31. Dezember 2016 weiterhin die Lichtzeichen für zu Fuß Gehende beachten, soweit eine Radfahrerfurt an eine Fußgängerfurt grenzt.

(3) Dauerlichtzeichen über einem Fahrstreifen sperren ihn oder geben ihn zum Befahren frei.

Rote gekreuzte Schrägbalken ordnen an:

„Der Fahrstreifen darf nicht benutzt werden".

Ein grüner, nach unten gerichteter Pfeil bedeutet:

„Der Verkehr auf dem Fahrstreifen ist freigegeben".

Ein gelb blinkender, schräg nach unten gerichteter Pfeil ordnet an:

„Fahrstreifen in Pfeilrichtung wechseln".
(4) Wo Lichtzeichen den Verkehr regeln, darf nebeneinander gefahren werden, auch wenn die Verkehrsdichte das nicht rechtfertigt.
(5) Wer ein Fahrzeug führt, darf auf Fahrstreifen mit Dauerlichtzeichen nicht halten.
-

§ 38 Blaues Blinklicht und gelbes Blinklicht

(1) Blaues Blinklicht zusammen mit dem Einsatzhorn darf nur verwendet werden, wenn höchste Eile geboten ist, um Menschenleben zu retten oder schwere gesundheitliche Schäden abzuwenden, eine Gefahr für die öffentliche Sicherheit oder Ordnung abzuwenden, flüchtige Personen zu verfolgen oder bedeutende Sachwerte zu erhalten.

Es ordnet an:

„Alle übrigen Verkehrsteilnehmer haben sofort freie Bahn zu schaffen".

(2) Blaues Blinklicht allein darf nur von den damit ausgerüsteten Fahrzeugen und nur zur Warnung an Unfall- oder sonstigen Einsatzstellen, bei Einsatzfahrten oder bei der Begleitung von Fahrzeugen oder von geschlossenen Verbänden verwendet werden.
(3) Gelbes Blinklicht warnt vor Gefahren. Es kann ortsfest oder von Fahrzeugen aus verwendet werden. Die Verwendung von Fahrzeugen aus ist nur zulässig, um vor Arbeits- oder Unfallstellen, vor ungewöhnlich langsam fahrenden Fahrzeugen oder vor Fahrzeugen mit ungewöhnlicher Breite oder Länge oder mit ungewöhnlich breiter oder langer Ladung zu warnen.
-

§ 39 Verkehrszeichen

(1) Angesichts der allen Verkehrsteilnehmern obliegenden Verpflichtung, die allgemeinen und besonderen Verhaltensvorschriften dieser Verordnung eigenverantwortlich zu beachten, werden örtliche Anordnungen durch Verkehrszeichen nur dort getroffen, wo dies auf Grund der besonderen Umstände zwingend geboten ist.
(1a) Innerhalb geschlossener Ortschaften ist abseits der Vorfahrtstraßen (Zeichen 306) mit der Anordnung von Tempo 30-Zonen (Zeichen 274.1) zu rechnen.
(2) Regelungen durch Verkehrszeichen gehen den allgemeinen Verkehrsregeln vor. Verkehrszeichen sind Gefahrzeichen, Vorschriftzeichen und Richtzeichen. Als Schilder stehen sie regelmäßig rechts. Gelten sie nur für einzelne markierte Fahrstreifen, sind sie in der Regel über diesen angebracht.
(3) Auch Zusatzzeichen sind Verkehrszeichen. Zusatzzeichen zeigen auf weißem Grund mit schwarzem Rand schwarze Sinnbilder, Zeichnungen oder Aufschriften, soweit nichts anderes bestimmt ist. Sie sind unmittelbar, in der Regel unter dem Verkehrszeichen, auf das sie sich beziehen, angebracht.
(4) Verkehrszeichen können auf einer weißen Trägertafel aufgebracht sein. Abweichend von den abgebildeten Verkehrszeichen können in Wechselverkehrszeichen die weißen Flächen schwarz und die schwarzen Sinnbilder und der schwarze Rand weiß sein, wenn diese Zeichen nur durch Leuchten erzeugt werden.
(5) Auch Markierungen und Radverkehrsführungsmarkierungen sind Verkehrszeichen. Sie sind grundsätzlich weiß. Nur als vorübergehend gültige Markierungen sind sie gelb; dann heben sie die weißen Markierungen auf. Gelbe Markierungen können auch in Form von Markierungsknopfreihen, Markierungsleuchtknopfreihen oder als Leitschwellen oder Leitborde ausgeführt sein. Leuchtknopfreihen gelten nur, wenn sie eingeschaltet sind. Alle Linien können durch gleichmäßig dichte Markierungsknopfreihen ersetzt werden. In verkehrsberuhigten Geschäftsbereichen (§ 45 Absatz 1d) können Fahrbahnbegrenzungen auch mit anderen Mitteln, insbesondere durch Pflasterlinien, ausgeführt sein. Schriftzeichen und die Wiedergabe von Verkehrszeichen auf der Fahrbahn dienen dem Hinweis auf ein angebrachtes Verkehrszeichen.

(6) Verkehrszeichen können an einem Fahrzeug angebracht sein. Sie gelten auch während das Fahrzeug sich bewegt. Sie gehen den Anordnungen der ortsfest angebrachten Verkehrszeichen vor.

(7) Werden Sinnbilder auf anderen Verkehrszeichen als den in den Anlagen 1 bis 3 zu den §§ 40 bis 42 dargestellten gezeigt, so bedeuten die Sinnbilder:

Kraftwagen und sonstige mehrspurige Kraftfahrzeuge

Kraftfahrzeuge mit einer zulässigen Gesamtmasse über 3,5 t, einschließlich ihrer Anhänger, und Zugmaschinen, ausgenommen Personenkraftwagen und Kraftomnibusse

Radverkehr

Fußgänger

Reiter

Viehtrieb

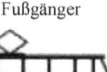

Straßenbahn

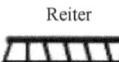

Kraftomnibus

Personenkraftwagen

Personenkraftwagen mit Anhänger

Lastkraftwagen mit Anhänger

Kraftfahrzeuge und Züge, die nicht schneller als 25 km/h fahren können oder dürfen

Krafträder, auch mit Beiwagen, Kleinkrafträder und Mofas

Mofas

Gespannfuhrwerke

(8) Bei besonderen Gefahrenlagen können als Gefahrzeichen nach Anlage 1 auch die Sinnbilder „Viehtrieb" und „Reiter" und Sinnbilder mit folgender Bedeutung angeordnet sein:

Schnee- oder Eisglätte

Steinschlag

Splitt, Schotter

Bewegliche Brücke

Ufer

Fußgängerüberweg

90

Amphibienwanderung   Unzureichendes Lichtraumprofil   Flugbetrieb

(9) Die in den Anlagen 1 bis 4 abgebildeten Verkehrszeichen und Verkehrseinrichtungen können auch mit den im Verkehrszeichenkatalog dargestellten Varianten angeordnet sein. Der Verkehrszeichenkatalog wird vom Bundesministerium für Verkehr und digitale Infrastruktur im Verkehrsblatt veröffentlicht.

(10) Zur Bevorrechtigung elektrisch betriebener Fahrzeuge kann das Sinnbild

als Inhalt eines Zusatzzeichens angeordnet sein. Elektrisch betriebene Fahrzeuge sind die nach § 9a Absatz 2 und 4, jeweils auch in Verbindung mit Absatz 5, der Fahrzeug-Zulassungsverordnung gekennzeichneten Fahrzeuge.

-

§ 40 Gefahrzeichen

(1) Gefahrzeichen mahnen zu erhöhter Aufmerksamkeit, insbesondere zur Verringerung der Geschwindigkeit im Hinblick auf eine Gefahrsituation (§ 3 Absatz 1).

(2) Außerhalb geschlossener Ortschaften stehen sie im Allgemeinen 150 bis 250 m vor den Gefahrstellen. Ist die Entfernung erheblich geringer, kann sie auf einem Zusatzzeichen angegeben sein, wie

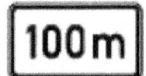

(3) Innerhalb geschlossener Ortschaften stehen sie im Allgemeinen kurz vor der Gefahrstelle.

(4) Ein Zusatzzeichen wie

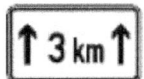

kann die Länge der Gefahrstrecke angeben.

(5) Steht ein Gefahrzeichen vor einer Einmündung, weist auf einem Zusatzzeichen ein schwarzer Pfeil in die Richtung der Gefahrstelle, falls diese in der anderen Straße liegt.

(6) Allgemeine Gefahrzeichen ergeben sich aus der Anlage 1 Abschnitt 1.

(7) Besondere Gefahrzeichen vor Übergängen von Schienenbahnen mit Vorrang ergeben sich aus der Anlage 1 Abschnitt 2.

-

§ 41 Vorschriftzeichen

(1) Wer am Verkehr teilnimmt, hat die durch Vorschriftzeichen nach Anlage 2 angeordneten Ge- oder Verbote zu befolgen.

(2) Vorschriftzeichen stehen vorbehaltlich des Satzes 2 dort, wo oder von wo an die Anordnung zu befolgen ist. Soweit die Zeichen aus Gründen der Leichtigkeit oder der Sicherheit des Verkehrs in einer bestimmten Entfernung zum Beginn der Befolgungspflicht stehen, ist die Entfernung zu dem maßgeblichen Ort auf einem Zusatzzeichen angegeben. Andere Zusatzzeichen enthalten nur allgemeine Beschränkungen der Gebote oder Verbote oder allgemeine Ausnahmen von ihnen. Die besonderen Zusatzzeichen zu den Zeichen 283, 286, 277, 290.1 und 290.2 können etwas anderes bestimmen, zum Beispiel den Geltungsbereich erweitern.

-

§ 42 Richtzeichen

(1) Richtzeichen geben besondere Hinweise zur Erleichterung des Verkehrs. Sie können auch Ge- oder Verbote enthalten.

(2) Wer am Verkehr teilnimmt, hat die durch Richtzeichen nach Anlage 3 angeordneten Ge- oder Verbote zu

befolgen.

(3) Richtzeichen stehen vorbehaltlich des Satzes 2 dort, wo oder von wo an die Anordnung zu befolgen ist. Soweit die Zeichen aus Gründen der Leichtigkeit oder der Sicherheit des Verkehrs in einer bestimmten Entfernung zum Beginn der Befolgungspflicht stehen, ist die Entfernung zu dem maßgeblichen Ort auf einem Zusatzzeichen angegeben.

-

§ 43 Verkehrseinrichtungen

(1) Verkehrseinrichtungen sind Schranken, Sperrpfosten, Absperrgeräte sowie Leiteinrichtungen, die bis auf Leitpfosten, Leitschwellen und Leitborde rot-weiß gestreift sind. Leitschwellen und Leitborde haben die Funktion einer vorübergehend gültigen Markierung und sind gelb. Verkehrseinrichtungen sind außerdem Absperrgeländer, Parkuhren, Parkscheinautomaten, Blinklicht- und Lichtzeichenanlagen sowie Verkehrsbeeinflussungsanlagen. § 39 Absatz 1 gilt entsprechend.

(2) Regelungen durch Verkehrseinrichtungen gehen den allgemeinen Verkehrsregeln vor.

(3) Verkehrseinrichtungen nach Absatz 1 Satz 1 ergeben sich aus Anlage 4. Die durch Verkehrseinrichtungen (Anlage 4 Nummer 1 bis 7) gekennzeichneten Straßenflächen darf der Verkehrsteilnehmer nicht befahren.

(4) Zur Kennzeichnung nach § 17 Absatz 4 Satz 2 und 3 von Fahrzeugen und Anhängern, die innerhalb geschlossener Ortschaften auf der Fahrbahn halten, können amtlich geprüfte Park-Warntafeln verwendet werden.

III.
Durchführungs-, Bußgeld- und Schlussvorschriften

-

§ 44 Sachliche Zuständigkeit

(1) Zuständig zur Ausführung dieser Verordnung sind, soweit nichts anderes bestimmt ist, die Straßenverkehrsbehörden. Nach Maßgabe des Landesrechts kann die Zuständigkeit der obersten Landesbehörden und der höheren Verwaltungsbehörden im Einzelfall oder allgemein auf eine andere Stelle übertragen werden.

(2) Die Polizei ist befugt, den Verkehr durch Zeichen und Weisungen (§ 36) und durch Bedienung von Lichtzeichenanlagen zu regeln. Bei Gefahr im Verzug kann zur Aufrechterhaltung der Sicherheit oder Ordnung des Straßenverkehrs die Polizei an Stelle der an sich zuständigen Behörden tätig werden und vorläufige Maßnahmen treffen; sie bestimmt dann die Mittel zur Sicherung und Lenkung des Verkehrs.

(3) Die Erlaubnis nach § 29 Absatz 2 und nach § 30 Absatz 2 erteilt die Straßenverkehrsbehörde, dagegen die höhere Verwaltungsbehörde, wenn die Veranstaltung über den Bezirk einer Straßenverkehrsbehörde hinausgeht, und die oberste Landesbehörde, wenn die Veranstaltung sich über den Verwaltungsbezirk einer höheren Verwaltungsbehörde hinaus erstreckt. Berührt die Veranstaltung mehrere Länder, ist diejenige oberste Landesbehörde zuständig, in deren Land die Veranstaltung beginnt. Nach Maßgabe des Landesrechts kann die Zuständigkeit der obersten Landesbehörden und der höheren Verwaltungsbehörden im Einzelfall oder allgemein auf eine andere Stelle übertragen werden.

(3a) Die Erlaubnis nach § 29 Absatz 3 erteilt die Straßenverkehrsbehörde, dagegen die höhere Verwaltungsbehörde, welche Abweichungen von den Abmessungen, den Achslasten, den zulässigen Gesamtmassen und dem Sichtfeld des Fahrzeugs über eine Ausnahme zulässt, sofern kein Anhörverfahren stattfindet; sie ist dann auch zuständig für Ausnahmen nach § 46 Absatz 1 Nummer 2 und 5 im Rahmen einer solchen Erlaubnis. Dasselbe gilt, wenn eine andere Behörde diese Aufgaben der höheren Verwaltungsbehörde wahrnimmt.

(4) Vereinbarungen über die Benutzung von Straßen durch den Militärverkehr werden von der Bundeswehr oder den Truppen der nichtdeutschen Vertragsstaaten des Nordatlantikpaktes mit der obersten Landesbehörde oder der von ihr bestimmten Stelle abgeschlossen.

(5) Soweit keine Vereinbarungen oder keine Sonderregelungen für ausländische Streitkräfte bestehen, erteilen die höheren Verwaltungsbehörden oder die nach Landesrecht bestimmten Stellen die Erlaubnis für übermäßige Benutzung der Straße durch die Bundeswehr oder durch die Truppen der nichtdeutschen Vertragsstaaten des Nordatlantikpaktes; sie erteilen auch die Erlaubnis für die übermäßige Benutzung der Straße durch die Bundespolizei, die Polizei und den Katastrophenschutz.

-

§ 45 Verkehrszeichen und Verkehrseinrichtungen

(1) Die Straßenverkehrsbehörden können die Benutzung bestimmter Straßen oder Straßenstrecken aus Gründen der Sicherheit oder Ordnung des Verkehrs beschränken oder verbieten und den Verkehr umleiten. Das gleiche Recht haben sie

1.
   zur Durchführung von Arbeiten im Straßenraum,
2.
   zur Verhütung außerordentlicher Schäden an der Straße,
3.
   zum Schutz der Wohnbevölkerung vor Lärm und Abgasen,
4.
   zum Schutz der Gewässer und Heilquellen,
5.
   hinsichtlich der zur Erhaltung der öffentlichen Sicherheit erforderlichen Maßnahmen sowie
6.
   zur Erforschung des Unfallgeschehens, des Verkehrsverhaltens, der Verkehrsabläufe sowie zur Erprobung geplanter verkehrssichernder oder verkehrsregelnder Maßnahmen.

(1a) Das gleiche Recht haben sie ferner

1.
   in Bade- und heilklimatischen Kurorten,
2.
   in Luftkurorten,
3.
   in Erholungsorten von besonderer Bedeutung,
4.
   in Landschaftsgebieten und Ortsteilen, die überwiegend der Erholung dienen,
4a.
   hinsichtlich örtlich begrenzter Maßnahmen aus Gründen des Arten- oder Biotopschutzes,
4b.
   hinsichtlich örtlich und zeitlich begrenzter Maßnahmen zum Schutz kultureller Veranstaltungen, die außerhalb des Straßenraums stattfinden und durch den Straßenverkehr, insbesondere durch den von diesem ausgehenden Lärm, erheblich beeinträchtigt werden,
5.
   in der Nähe von Krankenhäusern und Pflegeanstalten sowie
6.
   in unmittelbarer Nähe von Erholungsstätten außerhalb geschlossener Ortschaften,

wenn dadurch anders nicht vermeidbare Belästigungen durch den Fahrzeugverkehr verhütet werden können.

(1b) Die Straßenverkehrsbehörden treffen auch die notwendigen Anordnungen

1.
   im Zusammenhang mit der Einrichtung von gebührenpflichtigen Parkplätzen für Großveranstaltungen,
2.
   im Zusammenhang mit der Kennzeichnung von Parkmöglichkeiten für schwerbehinderte Menschen mit außergewöhnlicher Gehbehinderung, beidseitiger Amelie oder Phokomelie oder mit vergleichbaren Funktionseinschränkungen sowie für blinde Menschen,
2a.
   im Zusammenhang mit der Kennzeichnung von Parkmöglichkeiten für Bewohner städtischer Quartiere mit erheblichem Parkraummangel durch vollständige oder zeitlich beschränkte Reservierung des Parkraums für die Berechtigten oder durch Anordnung der Freistellung von angeordneten Parkraumbewirtschaftungsmaßnahmen,
3.
   zur Kennzeichnung von Fußgängerbereichen und verkehrsberuhigten Bereichen,
4.
   zur Erhaltung der Sicherheit oder Ordnung in diesen Bereichen sowie
5.
   zum Schutz der Bevölkerung vor Lärm und Abgasen oder zur Unterstützung einer geordneten städtebaulichen Entwicklung.

Die Straßenverkehrsbehörden ordnen die Parkmöglichkeiten für Bewohner, die Kennzeichnung von Fußgängerbereichen, verkehrsberuhigten Bereichen und Maßnahmen zum Schutze der Bevölkerung vor Lärm und Abgasen oder zur Unterstützung einer geordneten städtebaulichen Entwicklung im Einvernehmen mit der Gemeinde an.

(1c) Die Straßenverkehrsbehörden ordnen ferner innerhalb geschlossener Ortschaften, insbesondere in Wohngebieten und Gebieten mit hoher Fußgänger- und Fahrradverkehrsdichte sowie hohem Querungsbedarf, Tempo 30-Zonen im Einvernehmen mit der Gemeinde an. Die Zonen-Anordnung darf sich weder auf Straßen des überörtlichen Verkehrs (Bundes-, Landes- und Kreisstraßen) noch auf weitere Vorfahrtstraßen (Zeichen 306) erstrecken. Sie darf nur Straßen ohne Lichtzeichen geregelte Kreuzungen oder Einmündungen, Fahrstreifenbegrenzungen (Zeichen 295), Leitlinien (Zeichen 340) und benutzungspflichtige Radwege (Zeichen 237, 240, 241 oder Zeichen 295 in Verbindung mit Zeichen 237) umfassen. An Kreuzungen und Einmündungen innerhalb der Zone muss grundsätzlich die Vorfahrtregel nach § 8 Absatz 1 Satz 1 („rechts vor links") gelten. Abweichend von Satz 3 bleiben vor dem 1. November 2000 angeordnete Tempo 30-Zonen mit Lichtzeichenanlagen zum Schutz der Fußgänger zulässig.

(1d) In zentralen städtischen Bereichen mit hohem Fußgängeraufkommen und überwiegender Aufenthaltsfunktion (verkehrsberuhigte Geschäftsbereiche) können auch Zonen-Geschwindigkeitsbeschränkungen von weniger als 30 km/h angeordnet werden.

(1e) Die Straßenverkehrsbehörden ordnen die für den Betrieb von mautgebührenpflichtigen Strecken erforderlichen Verkehrszeichen und Verkehrseinrichtungen auf der Grundlage des vom Konzessionsnehmer vorgelegten Verkehrszeichenplans an. Die erforderlichen Anordnungen sind spätestens drei Monate nach Eingang des Verkehrszeichenplans zu treffen.

(1f) Zur Kennzeichnung der in einem Luftreinhalteplan oder einem Plan für kurzfristig zu ergreifende Maßnahmen nach § 47 Absatz 1 oder 2 des Bundes-Immissionsschutzgesetzes festgesetzten Umweltzonen ordnet die Straßenverkehrsbehörde die dafür erforderlichen Verkehrsverbote mittels der Zeichen 270.1 und 270.2 in Verbindung mit dem dazu vorgesehenen Zusatzzeichen an.

(1g) Zur Bevorrechtigung elektrisch betriebener Fahrzeuge ordnet die Straßenverkehrsbehörde unter Beachtung der Anforderungen des § 3 Absatz 1 des Elektromobilitätsgesetzes die dafür erforderlichen Zeichen 314, 314.1 und 315 in Verbindung mit dem dazu vorgesehenen Zusatzzeichen an.

(2) Zur Durchführung von Straßenbauarbeiten und zur Verhütung von außerordentlichen Schäden an der Straße, die durch deren baulichen Zustand bedingt sind, können die nach Landesrecht für den Straßenbau bestimmten Behörden (Straßenbaubehörde) – vorbehaltlich anderer Maßnahmen der Straßenverkehrsbehörden – Verkehrsverbote und -beschränkungen anordnen, den Verkehr umleiten und ihn durch Markierungen und Leiteinrichtungen lenken. Für Bahnübergänge von Eisenbahnen des öffentlichen Verkehrs können nur die Bahnunternehmen durch Blinklicht- oder Lichtzeichenanlagen, durch rot-weiß gestreifte Schranken oder durch Aufstellung des Andreaskreuzes ein bestimmtes Verhalten der Verkehrsteilnehmer vorschreiben. Alle Gebote und Verbote sind durch Zeichen und Verkehrseinrichtungen nach dieser Verordnung anzuordnen.

(3) Im Übrigen bestimmen die Straßenverkehrsbehörden, wo und welche Verkehrszeichen und Verkehrseinrichtungen anzubringen und zu entfernen sind, bei Straßennamensschildern nur darüber, wo diese so anzubringen sind, wie Zeichen 437 zeigt. Die Straßenbaubehörden legen – vorbehaltlich anderer Anordnungen der Straßenverkehrsbehörden – die Art der Anbringung und der Ausgestaltung, wie Übergröße, Beleuchtung fest; ob Leitpfosten anzubringen sind, bestimmen sie allein. Sie können auch – vorbehaltlich anderer Maßnahmen der Straßenverkehrsbehörden – Gefahrzeichen anbringen, wenn die Sicherheit des Verkehrs durch den Zustand der Straße gefährdet wird.

(4) Die genannten Behörden dürfen den Verkehr nur durch Verkehrszeichen und Verkehrseinrichtungen regeln und lenken; in dem Fall des Absatzes 1 Satz 2 Nummer 5 jedoch auch durch Anordnungen, die durch Rundfunk, Fernsehen, Tageszeitungen oder auf andere Weise bekannt gegeben werden, sofern die Aufstellung von Verkehrszeichen und -einrichtungen nach den gegebenen Umständen nicht möglich ist.

(5) Zur Beschaffung, Anbringung, Unterhaltung und Entfernung der Verkehrszeichen und Verkehrseinrichtungen und zu deren Betrieb einschließlich ihrer Beleuchtung ist der Baulastträger verpflichtet, sonst der Eigentümer der Straße. Dies gilt auch für die von der Straßenverkehrsbehörde angeordnete Beleuchtung von Fußgängerüberwegen.

(6) Vor dem Beginn von Arbeiten, die sich auf den Straßenverkehr auswirken, müssen die Unternehmer – die Bauunternehmer unter Vorlage eines Verkehrszeichenplans – von der zuständigen Behörde Anordnungen nach den Absätzen 1 bis 3 darüber einholen, wie ihre Arbeitsstellen abzusperren und zu kennzeichnen sind, ob und wie der Verkehr, auch bei teilweiser Straßensperrung, zu leiten und zu regeln ist, ferner ob und wie sie gesperrte Straßen und Umleitungen zu kennzeichnen haben. Sie haben diese Anordnungen zu befolgen und Lichtzeichenanlagen zu bedienen.

(7) Sind Straßen als Vorfahrtstraßen oder als Verkehrsumleitungen gekennzeichnet, bedürfen Baumaßnahmen, durch welche die Fahrbahn eingeengt wird, der Zustimmung der Straßenverkehrsbehörde;

ausgenommen sind die laufende Straßenunterhaltung sowie Notmaßnahmen. Die Zustimmung gilt als erteilt, wenn sich die Behörde nicht innerhalb einer Woche nach Eingang des Antrags zu der Maßnahme geäußert hat.

(7a) Die Besatzung von Fahrzeugen, die im Pannenhilfsdienst, bei Bergungsarbeiten und bei der Vorbereitung von Abschleppmaßnahmen eingesetzt wird, darf bei Gefahr im Verzug zur Eigensicherung, zur Absicherung des havarierten Fahrzeugs und zur Sicherung des übrigen Verkehrs an der Pannenstelle Leitkegel (Zeichen 610) aufstellen.

(8) Die Straßenverkehrsbehörden können innerhalb geschlossener Ortschaften die zulässige Höchstgeschwindigkeit auf bestimmten Straßen durch Zeichen 274 erhöhen. Außerhalb geschlossener Ortschaften können sie mit Zustimmung der zuständigen obersten Landesbehörden die nach § 3 Absatz 3 Nummer 2 Buchstabe c zulässige Höchstgeschwindigkeit durch Zeichen 274 auf 120 km/h anheben.

(9) Verkehrszeichen und Verkehrseinrichtungen sind nur dort anzuordnen, wo dies auf Grund der besonderen Umstände zwingend geboten ist. Abgesehen von der Anordnung von Schutzstreifen für den Radverkehr (Zeichen 340) oder von Fahrradstraßen (Zeichen 244.1) oder von Tempo 30-Zonen nach Absatz 1c oder Zonen-Geschwindigkeitsbeschränkungen nach Absatz 1d dürfen insbesondere Beschränkungen und Verbote des fließenden Verkehrs nur angeordnet werden, wenn auf Grund der besonderen örtlichen Verhältnisse eine Gefahrenlage besteht, die das allgemeine Risiko einer Beeinträchtigung der in den vorstehenden Absätzen genannten Rechtsgüter erheblich übersteigt. Abweichend von Satz 2 dürfen zum Zwecke des Absatzes 1 Satz 1 oder 2 Nummer 3 Beschränkungen oder Verbote des fließenden Verkehrs auch angeordnet werden, soweit dadurch erhebliche Auswirkungen veränderter Verkehrsverhältnisse, die durch die Erhebung der Maut nach dem Bundesfernstraßenmautgesetz hervorgerufen worden sind, beseitigt oder abgemildert werden können. Gefahrzeichen dürfen nur dort angebracht werden, wo es für die Sicherheit des Verkehrs unbedingt erforderlich ist, weil auch ein aufmerksamer Verkehrsteilnehmer die Gefahr nicht oder nicht rechtzeitig erkennen kann und auch nicht mit ihr rechnen muss.

-

§ 46 Ausnahmegenehmigung und Erlaubnis

(1) Die Straßenverkehrsbehörden können in bestimmten Einzelfällen oder allgemein für bestimmte Antragsteller Ausnahmen genehmigen

1.
     von den Vorschriften über die Straßenbenutzung (§ 2);

2.
     vom Verbot, eine Autobahn oder eine Kraftfahrstraße zu betreten oder mit dort nicht zugelassenen Fahrzeugen zu benutzen (§ 18 Absatz 1 und 9);

3.
     von den Halt- und Parkverboten (§ 12 Absatz 4);

4.
     vom Verbot des Parkens vor oder gegenüber von Grundstücksein- und -ausfahrten (§ 12 Absatz 3 Nummer 3);

4a.
     von der Vorschrift, an Parkuhren nur während des Laufens der Uhr, an Parkscheinautomaten nur mit einem Parkschein zu halten (§ 13 Absatz 1);

4b.
     von der Vorschrift, im Bereich eines Zonenhaltverbots (Zeichen 290.1 und 290.2) nur während der dort vorgeschriebenen Zeit zu parken (§ 13 Absatz 2);

4c.
     von den Vorschriften über das Abschleppen von Fahrzeugen (§ 15a);

5.
     von den Vorschriften über Höhe, Länge und Breite von Fahrzeug und Ladung (§ 18 Absatz 1 Satz 2, § 22 Absatz 2 bis 4);

5a.
     von dem Verbot der unzulässigen Mitnahme von Personen (§ 21);

5b.
     von den Vorschriften über das Anlegen von Sicherheitsgurten und das Tragen von Schutzhelmen (§ 21a);

6.
     vom Verbot, Tiere von Kraftfahrzeugen und andere Tiere als Hunde von Fahrrädern aus zu führen (§ 28 Absatz 1 Satz 3 und 4);

7.

vom Sonn- und Feiertagsfahrverbot (§ 30 Absatz 3);

8.

vom Verbot, Hindernisse auf die Straße zu bringen (§ 32 Absatz 1);

9.

von den Verboten, Lautsprecher zu betreiben, Waren oder Leistungen auf der Straße anzubieten (§ 33 Absatz 1 Nummer 1 und 2);

10.

vom Verbot der Werbung und Propaganda in Verbindung mit Verkehrszeichen (§ 33 Absatz 2 Satz 2) nur für die Flächen von Leuchtsäulen, an denen Haltestellenschilder öffentlicher Verkehrsmittel angebracht sind;

11.

von den Verboten oder Beschränkungen, die durch Vorschriftzeichen (Anlage 2), Richtzeichen (Anlage 3), Verkehrseinrichtungen (Anlage 4) oder Anordnungen (§ 45 Absatz 4) erlassen sind;

12.

von dem Nacht- und Sonntagsparkverbot (§ 12 Absatz 3a).

Vom Verbot, Personen auf der Ladefläche oder in Laderäumen mitzunehmen (§ 21 Absatz 2), können für die Dienstbereiche der Bundeswehr, der auf Grund des Nordatlantik-Vertrages errichteten internationalen Hauptquartiere, der Bundespolizei und der Polizei deren Dienststellen, für den Katastrophenschutz die zuständigen Landesbehörden, Ausnahmen genehmigen. Dasselbe gilt für die Vorschrift, dass vorgeschriebene Sicherheitsgurte angelegt sein oder Schutzhelme getragen werden müssen (§ 21a).

(1a) Die Straßenverkehrsbehörden können zur Bevorrechtigung elektrisch betriebener Fahrzeuge allgemein durch Zusatzzeichen Ausnahmen von Verkehrsbeschränkungen, Verkehrsverboten oder Verkehrsumleitungen nach § 45 Absatz 1 Nummer 3, Absatz 1a und 1b Nummer 5 erste Alternative zulassen. Das gleiche Recht haben sie für die Benutzung von Busspuren durch elektrisch betriebene Fahrzeuge. Die Anforderungen des § 3 Absatz 1 des Elektromobilitätsgesetzes sind zu beachten.

(2) Die zuständigen obersten Landesbehörden oder die nach Landesrecht bestimmten Stellen können von allen Vorschriften dieser Verordnung Ausnahmen für bestimmte Einzelfälle oder allgemein für bestimmte Antragsteller genehmigen. Vom Sonn- und Feiertagsfahrverbot (§ 30 Absatz 3) können sie darüber hinaus für bestimmte Straßen oder Straßenstrecken Ausnahmen zulassen, soweit diese im Rahmen unterschiedlicher Feiertagsregelung in den Ländern (§ 30 Absatz 4) notwendig werden. Erstrecken sich die Auswirkungen der Ausnahme über ein Land hinaus und ist eine einheitliche Entscheidung notwendig, ist das Bundesministerium für Verkehr und digitale Infrastruktur zuständig; das gilt nicht für Ausnahmen vom Verbot der Rennveranstaltungen (§ 29 Absatz 1).

(3) Ausnahmegenehmigung und Erlaubnis können unter dem Vorbehalt des Widerrufs erteilt werden und mit Nebenbestimmungen (Bedingungen, Befristungen, Auflagen) versehen werden. Erforderlichenfalls kann die zuständige Behörde die Beibringung eines Sachverständigengutachtens auf Kosten des Antragstellers verlangen. Die Bescheide sind mitzuführen und auf Verlangen zuständigen Personen auszuhändigen. Bei Erlaubnissen nach § 29 Absatz 3 und Ausnahmegenehmigungen nach § 46 Absatz 1 Nummer 5 genügt das Mitführen fernkopierter Bescheide oder von Ausdrucken elektronisch erteilter und signierter Bescheide sowie deren digitalisierte Form auf einem Speichermedium, wenn diese derart mitgeführt wird, dass sie bei einer Kontrolle auf Verlangen zuständigen Personen lesbar gemacht werden kann.

(4) Ausnahmegenehmigungen und Erlaubnisse der zuständigen Behörde sind für den Geltungsbereich dieser Verordnung wirksam, sofern sie nicht einen anderen Geltungsbereich nennen.

-

§ 47 Örtliche Zuständigkeit

(1) Die Erlaubnisse nach § 29 Absatz 2 und nach § 30 Absatz 2 erteilt für eine Veranstaltung, die im Ausland beginnt, die nach § 44 Absatz 3 sachlich zuständige Behörde, in deren Gebiet die Grenzübergangsstelle liegt. Diese Behörde ist auch zuständig, wenn sonst erlaubnis- und genehmigungspflichtiger Verkehr im Ausland beginnt. Die Erlaubnis nach § 29 Absatz 3 erteilt die Straßenverkehrsbehörde, in deren Bezirk der erlaubnispflichtige Verkehr beginnt, oder die Straßenverkehrsbehörde, in deren Bezirk der Antragsteller seinen Wohnort, seinen Sitz oder eine Zweigniederlassung hat.

(2) Zuständig sind für die Erteilung von Ausnahmegenehmigungen

1.

nach § 46 Absatz 1 Nummer 2 für eine Ausnahme von § 18 Absatz 1 die Straßenverkehrsbehörde, in deren Bezirk auf die Autobahn oder Kraftfahrstraße eingefahren werden soll. Wird jedoch eine Erlaubnis nach § 29 Absatz 3 oder eine Ausnahmegenehmigung nach § 46 Absatz 1 Nummer 5 erteilt,

2. ist die Verwaltungsbehörde zuständig, die diese Verfügung erlässt;

3. nach § 46 Absatz 1 Nummer 4a für kleinwüchsige Menschen sowie nach § 46 Absatz 1 Nummer 4a und 4b für Ohnhänder die Straßenverkehrsbehörde, in deren Bezirk der Antragsteller seinen Wohnort hat, auch für die Bereiche, die außerhalb ihres Bezirks liegen;

4. nach § 46 Absatz 1 Nummer 4c die Straßenverkehrsbehörde, in deren Bezirk der Antragsteller seinen Wohnort, seinen Sitz oder eine Zweigniederlassung hat;

5. nach § 46 Absatz 1 Nummer 5 die Straßenverkehrsbehörde, in deren Bezirk der zu genehmigende Verkehr beginnt oder die Straßenverkehrsbehörde, in deren Bezirk der Antragsteller seinen Wohnort, seinen Sitz oder eine Zweigniederlassung hat;

6. nach § 46 Absatz 1 Nummer 5b die Straßenverkehrsbehörde, in deren Bezirk der Antragsteller seinen Wohnort hat, auch für die Bereiche, die außerhalb ihres Bezirks liegen;

7. nach § 46 Absatz 1 Nummer 7 die Straßenverkehrsbehörde, in deren Bezirk die Ladung aufgenommen wird oder die Straßenverkehrsbehörde, in deren Bezirk der Antragsteller seinen Wohnort, seinen Sitz oder eine Zweigniederlassung hat. Diese sind auch für die Genehmigung der Leerfahrt zum Beladungsort zuständig, ferner dann, wenn in ihrem Land von der Ausnahmegenehmigung kein Gebrauch gemacht wird oder wenn dort kein Fahrverbot besteht;

8. nach § 46 Absatz 1 Nummer 11 die Straßenverkehrsbehörde, in deren Bezirk die Verbote, Beschränkungen und Anordnungen erlassen sind, für schwerbehinderte Menschen jedoch jede Straßenverkehrsbehörde auch für solche Maßnahmen, die außerhalb ihres Bezirks angeordnet sind;

in allen übrigen Fällen die Straßenverkehrsbehörde, in deren Bezirk von der Ausnahmegenehmigung Gebrauch gemacht werden soll.

(3) Die Erlaubnisse für die übermäßige Benutzung der Straße durch die Bundeswehr, die in § 35 Absatz 5 genannten Truppen, die Bundespolizei, die Polizei und den Katastrophenschutz erteilen die höhere Verwaltungsbehörde oder die nach Landesrecht bestimmte Stelle, in deren Bezirk der erlaubnispflichtige Verkehr beginnt.

-

§ 48 Verkehrsunterricht

Wer Verkehrsvorschriften nicht beachtet, ist auf Vorladung der Straßenverkehrsbehörde oder der von ihr beauftragten Beamten verpflichtet, an einem Unterricht über das Verhalten im Straßenverkehr teilzunehmen.

-

§ 49 Ordnungswidrigkeiten

(1) Ordnungswidrig im Sinne des § 24 des Straßenverkehrsgesetzes handelt, wer vorsätzlich oder fahrlässig gegen eine Vorschrift über

1. das allgemeine Verhalten im Straßenverkehr nach § 1 Absatz 2,

2. die Straßenbenutzung durch Fahrzeuge nach § 2 Absatz 1 bis 3a, Absatz 4 Satz 1, 4, 5 oder 6 oder Absatz 5,

3. die Geschwindigkeit nach § 3,

4. den Abstand nach § 4,

5. das Überholen nach § 5 Absatz 1 oder 2, Absatz 3 Nummer 1, Absatz 3a bis 4a, Absatz 5 Satz 2, Absatz 6 oder 7,

6. das Vorbeifahren nach § 6,

7.

das Benutzen linker Fahrstreifen nach § 7 Absatz 3a Satz 1, auch in Verbindung mit Satz 2, Absatz 3b, Absatz 3c Satz 3 oder den Fahrstreifenwechsel nach § 7 Absatz 5,

7a.

das Verhalten auf Ausfädelungsstreifen nach § 7a Absatz 3,

8.

die Vorfahrt nach § 8,

9.

das Abbiegen, Wenden oder Rückwärtsfahren nach § 9 Absatz 1, Absatz 2 Satz 2 oder 3, Absatz 3 bis 5,

10.

das Einfahren oder Anfahren nach § 10 Satz 1 oder Satz 2,

11.

das Verhalten bei besonderen Verkehrslagen nach § 11 Absatz 1 oder 2,

12.

das Halten oder Parken nach § 12 Absatz 1, 3, 3a Satz 1, Absatz 3b Satz 1, Absatz 4 Satz 1, 2 zweiter Halbsatz, Satz 3 oder 5 oder Absatz 4a bis 6,

13.

Parkuhren, Parkscheine oder Parkscheiben nach § 13 Absatz 1 oder 2,

14.

die Sorgfaltspflichten beim Ein- oder Aussteigen nach § 14,

15.

das Liegenbleiben von Fahrzeugen nach § 15,

15a.

das Abschleppen nach § 15a,

16.

die Abgabe von Warnzeichen nach § 16,

17.

die Beleuchtung und das Stehenlassen unbeleuchteter Fahrzeuge nach § 17 Absatz 1 bis 4, Absatz 4a Satz 1, Absatz 5 oder 6,

18.

die Benutzung von Autobahnen und Kraftfahrstraßen nach § 18 Absatz 1 bis 3, Absatz 5 Satz 2 oder Absatz 6 bis 11,

19.

das Verhalten
a)
an Bahnübergängen nach § 19 Absatz 1 Satz 1 Nummer 2 oder 3, Satz 2, Satz 3 oder Absatz 2 Satz 1, auch in Verbindung mit Satz 2 oder Absatz 3 bis 6 oder
b)
an und vor Haltestellen von öffentlichen Verkehrsmitteln und Schulbussen nach § 20,

20.

die Personenbeförderung nach § 21 Absatz 1 Satz 4, Absatz 1a Satz 1, auch in Verbindung mit Satz 2 Nummer 2, Absatz 2 Satz 1, 4 oder 6 oder Absatz 3 Satz 1 oder 2,

20a.

das Anlegen von Sicherheitsgurten nach § 21a Absatz 1 Satz 1 oder das Tragen von Schutzhelmen nach § 21a Absatz 2 Satz 1,

21.

die Ladung nach § 22,

22.

sonstige Pflichten des Fahrzeugführers nach § 23 Absatz 1, Absatz 1a Satz 1, Absatz 1b, Absatz 2 erster Halbsatz oder Absatz 3,

23.

das Fahren mit Krankenfahrstühlen oder anderen als in § 24 Absatz 1 genannten Rollstühlen nach § 24 Absatz 2,

24.

das Verhalten
a)
als zu Fuß Gehender nach § 25 Absatz 1 bis 4,
b)
an Fußgängerüberwegen nach § 26 oder

c)
    auf Brücken nach § 27 Absatz 6,

25.
    den Umweltschutz nach § 30 Absatz 1 oder 2 oder das Sonn- und Feiertagsfahrverbot nach § 30 Absatz 3 Satz 1 oder 2 Nummer 4 Satz 2,

26.
    das Sporttreiben oder Spielen nach § 31 Absatz 1 Satz 1, Absatz 2 Satz 3,

27.
    das Bereiten, Beseitigen oder Kenntlichmachen von verkehrswidrigen Zuständen oder die wirksame Verkleidung gefährlicher Geräte nach § 32,

28.
    Verkehrsbeeinträchtigungen nach § 33 Absatz 1 oder 2 oder

29.
    das Verhalten nach einem Verkehrsunfall nach § 34 Absatz 1 Nummer 1, Nummer 2, Nummer 5 oder Nummer 6 Buchstabe b – sofern in diesem letzten Fall zwar eine nach den Umständen angemessene Frist gewartet, aber nicht Name und Anschrift am Unfallort hinterlassen wird – oder nach § 34 Absatz 3,

verstößt.

(2) Ordnungswidrig im Sinne des § 24 des Straßenverkehrsgesetzes handelt auch, wer vorsätzlich oder fahrlässig

1.
    als Führer eines geschlossenen Verbandes entgegen § 27 Absatz 5 nicht dafür sorgt, dass die für geschlossene Verbände geltenden Vorschriften befolgt werden,

1a.
    entgegen § 27 Absatz 2 einen geschlossenen Verband unterbricht,

2.
    als Führer einer Kinder- oder Jugendgruppe entgegen § 27 Absatz 1 Satz 4 diese nicht den Gehweg benutzen lässt,

3.
    als Tierhalter oder sonst für die Tiere Verantwortlicher einer Vorschrift nach § 28 Absatz 1 oder Absatz 2 Satz 2 zuwiderhandelt,

4.
    als Reiter, Führer von Pferden, Treiber oder Führer von Vieh entgegen § 28 Absatz 2 einer für den gesamten Fahrverkehr einheitlich bestehenden Verkehrsregel oder Anordnung zuwiderhandelt,

5.
    als Kraftfahrzeugführer entgegen § 29 Absatz 1 an einem Rennen teilnimmt,

6.
    entgegen § 29 Absatz 2 Satz 1 eine Veranstaltung durchführt oder als Veranstalter entgegen § 29 Absatz 2 Satz 3 nicht dafür sorgt, dass die in Betracht kommenden Verkehrsvorschriften oder Auflagen befolgt werden, oder

7.
    entgegen § 29 Absatz 3 ein dort genanntes Fahrzeug oder einen Zug führt.

(3) Ordnungswidrig im Sinne des § 24 des Straßenverkehrsgesetzes handelt ferner, wer vorsätzlich oder fahrlässig

1.
    entgegen § 36 Absatz 1 bis 4 ein Zeichen oder eine Weisung oder entgegen Absatz 5 Satz 4 ein Haltgebot oder eine Anweisung eines Polizeibeamten nicht befolgt,

2.
    einer Vorschrift des § 37 über das Verhalten an Wechsellichtzeichen, Dauerlichtzeichen oder beim Rechtsabbiegen mit Grünpfeil zuwiderhandelt,

3.
    entgegen § 38 Absatz 1, 2 oder 3 Satz 3 blaues Blinklicht zusammen mit dem Einsatzhorn oder allein oder gelbes Blinklicht verwendet oder entgegen § 38 Absatz 1 Satz 2 nicht sofort freie Bahn schafft,

4.
    entgegen § 41 Absatz 1 ein durch Vorschriftzeichen angeordnetes Ge- oder Verbot der Anlage 2 Spalte 3 nicht befolgt,

5.
    entgegen § 42 Absatz 2 ein durch Richtzeichen angeordnetes Ge- oder Verbot der Anlage 3 Spalte 3 nicht befolgt,

6.

entgegen § 43 Absatz 3 Satz 2 eine abgesperrte Straßenfläche befährt oder

7.

einer den Verkehr verbietenden oder beschränkenden Anordnung, die nach § 45 Absatz 4 zweiter Halbsatz bekannt gegeben worden ist, zuwiderhandelt.

(4) Ordnungswidrig im Sinne des § 24 des Straßenverkehrsgesetzes handelt schließlich, wer vorsätzlich oder fahrlässig

1.

dem Verbot des § 35 Absatz 6 Satz 1, 2 oder 3 über die Reinigung von Gehwegen zuwiderhandelt,

1a.

entgegen § 35 Absatz 6 Satz 4 keine auffällige Warnkleidung trägt,

2.

entgegen § 35 Absatz 8 Sonderrechte ausübt, ohne die öffentliche Sicherheit und Ordnung gebührend zu berücksichtigen,

3.

entgegen § 45 Absatz 6 mit Arbeiten beginnt, ohne zuvor Anordnungen eingeholt zu haben, diese Anordnungen nicht befolgt oder Lichtzeichenanlagen nicht bedient,

4.

entgegen § 46 Absatz 3 Satz 1 eine vollziehbare Auflage der Ausnahmegenehmigung oder Erlaubnis nicht befolgt,

5.

entgegen § 46 Absatz 3 Satz 3, auch in Verbindung mit Satz 4, die Bescheide, Ausdrucke oder deren digitalisierte Form nicht mitführt oder auf Verlangen nicht aushändigt oder sichtbar macht,

6.

entgegen § 48 einer Vorladung zum Verkehrsunterricht nicht folgt oder

7.

entgegen § 50 auf der Insel Helgoland ein Kraftfahrzeug führt oder mit einem Fahrrad fährt.

-

§ 50 Sonderregelung für die Insel Helgoland

Auf der Insel Helgoland sind der Verkehr mit Kraftfahrzeugen und das Radfahren verboten.

-

§ 51 Besondere Kostenregelung

Die Kosten der Zeichen 386.1, 386.2 und 386.3 trägt abweichend von § 5b Absatz 1 des Straßenverkehrsgesetzes derjenige, der die Aufstellung dieses Zeichens beantragt.

-

§ 52 Übergangs- und Anwendungsbestimmungen

Mit Ablauf des 31. Dezember 2026 sind nicht mehr anzuwenden:

1.

§ 39 Absatz 10,

2.

§ 45 Absatz 1g,

3.

§ 46 Absatz 1a,

4.

Anlage 2 Nummer 25 Spalte 3 Nummer 4 sowie Nummer 25.1, 27.1, 63.5 und 64.1,

5.

Anlage 3 Nummer 7 Spalte 3 Nummer 3, Nummer 8 Spalte 3 Nummer 4, Nummer 10 Spalte 3 Nummer 3 und Nummer 11 Spalte 3.

-

§ 53 Inkrafttreten, Außerkrafttreten

(1) Diese Verordnung tritt am 1. April 2013 in Kraft.

(2) Die Straßenverkehrs-Ordnung vom 16. November 1970 (BGBl. I S. 1565; 1971 I S. 38), die zuletzt durch Artikel 1 der Verordnung vom 1. Dezember 2010 (BGBl. I S. 1737) geändert worden ist, tritt mit folgenden Maßgaben an dem in Absatz 1 bezeichneten Tag außer Kraft:

1.

Verkehrszeichen in der Gestaltung nach der bis zum 1. Juli 1992 geltenden Fassung behalten weiterhin ihre Gültigkeit.

2.

Für Kraftomnibusse, die vor dem 8. Dezember 2007 erstmals in den Verkehr gekommen sind, ist § 18 Absatz 5 Nummer 3 in der vor dem 8. Dezember 2007 geltenden Fassung weiter anzuwenden.

3.

Zusatzzeichen zu Zeichen 220, durch die nach den bis zum 1. April 2013 geltenden Vorschriften der Fahrradverkehr in der Gegenrichtung zugelassen werden konnte, soweit in einer Einbahnstraße mit geringer Verkehrsbelastung die zulässige Höchstgeschwindigkeit durch Verkehrszeichen auf 30 km/h oder weniger beschränkt ist, bleiben bis zum 1. April 2017 gültig.

4.

Die bis zum 1. April 2013 angeordneten Zeichen 150, 153, 353, 380, 381, 388 und 389 bleiben bis zum 31. Oktober 2022 gültig.

5.

Bereits angeordnete Zeichen 311, die im oberen Teil weiß sind, wenn die Ortschaft, auf die hingewiesen wird, zu derselben Gemeinde wie die zuvor durchfahrene Ortschaft gehört, bleiben weiterhin gültig.

-

Schlussformel

Der Bundesrat hat zugestimmt.

-

Anlage 1 (zu § 40 Absatz 6 und 7)
Allgemeine und Besondere Gefahrzeichen

(Fundstelle: BGBl. I 2013, 390 - 393)

1	2	3
lfd. Nr.	Zeichen	Erläuterungen
Abschnitt 1 Allgemeine Gefahrzeichen (zu § 40 Absatz 6)		
1	Zeichen 101 Gefahrstelle	Ein Zusatzzeichen kann die Gefahr näher bezeichnen.
2	Zeichen 102 Kreuzung oder Einmündung	Kreuzung oder Einmündung mit Vorfahrt von rechts
3	Zeichen 103	

1	2	3
lfd. Nr.	Zeichen	Erläuterungen
	Kurve	
4	Zeichen 105 Doppelkurve	
5	Zeichen 108 Gefälle	
6	Zeichen 110 Steigung	
7	Zeichen 112 Unebene Fahrbahn	
8	Zeichen 114 Schleuder- oder Rutschgefahr	Schleuder- oder Rutschgefahr bei Nässe oder Schmutz
9	Zeichen 117 Seitenwind	
10	Zeichen 120 Verengte Fahrbahn	
11	Zeichen 121	

1	2	3
lfd. Nr.	Zeichen	Erläuterungen
	Einseitig verengte Fahrbahn	
12	Zeichen 123 Arbeitsstelle	
13	Zeichen 124 Stau	
14	Zeichen 125 Gegenverkehr	
15	Zeichen 131 Lichtzeichenanlage	
16	Zeichen 133 Fußgänger	
17	Zeichen 136 Kinder	
18	Zeichen 138 Radverkehr	
19	Zeichen 142	

1	2	3
lfd. Nr.	Zeichen	Erläuterungen
	Wildwechsel	
Abschnitt 2 Besondere Gefahrzeichen vor Übergängen von Schienenbahnen mit Vorrang (zu § 40 Absatz 7)		
20	Zeichen 151 Bahnübergang	
21	Zeichen 156 Bahnübergang mit dreistreifiger Bake	Bahnübergang mit dreistreifiger Bake etwa 240 m vor dem Bahnübergang. Die Angabe erheblich abweichender Abstände kann an der dreistreifigen, zweistreifigen und einstreifigen Bake oberhalb der Schrägstreifen in schwarzen Ziffern erfolgen.
22	Zeichen 159 Zweistreifige Bake	Zweistreifige Bake etwa 160 m vor dem Bahnübergang
23	Zeichen 162 Einstreifige Bake	Einstreifige Bake etwa 80 m vor dem Bahnübergang

-

Anlage 2 (zu § 41 Absatz 1)
Vorschriftzeichen

(Fundstelle: BGBl. I 2013, 394 - 410)

1	2	3
lfd. Nr.	Zeichen und Zusatzzeichen	Ge- oder Verbote Erläuterungen
Abschnitt 1 Wartegebote und Haltgebote		
1	Zeichen 201 Andreaskreuz	**Ge- oder Verbot** 1. Wer ein Fahrzeug führt, muss dem Schienenverkehr Vorrang gewähren. 2. Wer ein Fahrzeug führt, darf bis zu 10 m vor diesem

1	2	3
lfd. Nr.	Zeichen und Zusatzzeichen	Ge- oder Verbote Erläuterungen

		3. Zeichen nicht halten, wenn es dadurch verdeckt wird. Wer ein Fahrzeug führt, darf vor und hinter diesem Zeichen a) innerhalb geschlossener Ortschaften (Zeichen 310 und 311) bis zu je 5 m, b) außerhalb geschlossener Ortschaften bis zu je 50 m nicht parken. 4. Ein Zusatzzeichen mit schwarzem Pfeil zeigt an, dass das Andreaskreuz nur für den Straßenverkehr in Richtung dieses Pfeils gilt. **Erläuterung** Das Zeichen (auch liegend) befindet sich vor dem Bahnübergang, in der Regel unmittelbar davor. Ein Blitzpfeil in der Mitte des Andreaskreuzes zeigt an, dass die Bahnstrecke eine Spannung führende Fahrleitung hat.
2	Zeichen 205 Vorfahrt gewähren.	**Ge- oder Verbot** 1. Wer ein Fahrzeug führt, muss Vorfahrt gewähren. 2. Wer ein Fahrzeug führt, darf bis zu 10 m vor diesem Zeichen nicht halten, wenn es dadurch verdeckt wird. **Erläuterung** Das Zeichen steht unmittelbar vor der Kreuzung oder Einmündung. Es kann durch dasselbe Zeichen mit Zusatzzeichen, das die Entfernung angibt, angekündigt sein.
2.1		**Ge- oder Verbot** Ist das Zusatzzeichen zusammen mit dem Zeichen 205 angeordnet, bedeutet es: Wer ein Fahrzeug führt, muss Vorfahrt gewähren und dabei auf Radverkehr von links und rechts achten. **Erläuterung** Das Zusatzzeichen steht über dem Zeichen 205.
2.2		**Ge- oder Verbot** Ist das Zusatzzeichen zusammen mit dem Zeichen 205 angeordnet, bedeutet es: Wer ein Fahrzeug führt, muss der Straßenbahn Vorfahrt gewähren. **Erläuterung** Das Zusatzzeichen steht über dem Zeichen 205.
3	Zeichen 206 STOP Halt. Vorfahrt gewähren.	**Ge- oder Verbot** 1. Wer ein Fahrzeug führt, muss anhalten und Vorfahrt gewähren. 2. Wer ein Fahrzeug führt, darf bis zu 10 m vor diesem Zeichen nicht halten, wenn es dadurch verdeckt wird. 3. Ist keine Haltlinie (Zeichen 294) vorhanden, ist dort anzuhalten, wo die andere Straße zu übersehen ist.

1	2	3
lfd. Nr.	Zeichen und Zusatzzeichen	Ge- oder Verbote Erläuterungen
3.1	**STOP 100m**	**Erläuterung** Das Zusatzzeichen kündigt zusammen mit dem Zeichen 205 das Haltgebot in der angegebenen Entfernung an.
3.2	(Fahrrad-Zusatzzeichen)	**Ge- oder Verbot** Ist das Zusatzzeichen zusammen mit dem Zeichen 206 angeordnet, bedeutet es: Wer ein Fahrzeug führt, muss anhalten und Vorfahrt gewähren und dabei auf Radverkehr von links und rechts achten. **Erläuterung** Das Zusatzzeichen steht über dem Zeichen 206.
Zu 2 und 3	(Zusatzzeichen abknickende Vorfahrt)	**Erläuterung** Das Zusatzzeichen gibt zusammen mit den Zeichen 205 oder 206 den Verlauf der Vorfahrtstraße (abknickende Vorfahrt) bekannt.
4	Zeichen 208 Vorrang des Gegenverkehrs	**Ge- oder Verbot** Wer ein Fahrzeug führt, hat dem Gegenverkehr Vorrang zu gewähren.

Abschnitt 2 Vorgeschriebene Fahrtrichtungen

zu 5 bis 7		**Ge- oder Verbot** Wer ein Fahrzeug führt, muss der vorgeschriebenen Fahrtrichtung folgen. **Erläuterung** Andere als die dargestellten Fahrtrichtungen werden entsprechend vorgeschrieben. Auf Anlage 2 laufende Nummer 70 wird hingewiesen.
5	Zeichen 209 Rechts	
6	Zeichen 211 Hier rechts	
7	Zeichen 214 Geradeaus oder rechts	
8	Zeichen 215	**Ge- oder Verbot** 1.

1	2	3	
lfd. Nr.	Zeichen und Zusatzzeichen	Ge- oder Verbote Erläuterungen	

	Kreisverkehr	2.	Wer ein Fahrzeug führt, muss der vorgeschriebenen Fahrtrichtung im Kreisverkehr rechts folgen. Wer ein Fahrzeug führt, darf die Mittelinsel des Kreisverkehrs nicht überfahren. Ausgenommen von diesem Verbot sind nur Fahrzeuge, denen wegen ihrer Abmessungen das Befahren sonst nicht möglich wäre. Mit ihnen darf die Mittelinsel und Fahrbahnbegrenzung überfahren werden, wenn eine Gefährdung anderer am Verkehr Teilnehmenden ausgeschlossen ist.
		3.	Es darf innerhalb des Kreisverkehrs auf der Fahrbahn nicht gehalten werden.
9	Zeichen 220 Einbahnstraße		**Ge- oder Verbot** Wer ein Fahrzeug führt, darf die Einbahnstraße nur in Richtung des Pfeils befahren. **Erläuterung** Das Zeichen schreibt für den Fahrzeugverkehr auf der Fahrbahn die Fahrtrichtung vor.
9.1			**Ge- oder Verbot** Ist Zeichen 220 mit diesem Zusatzzeichen angeordnet, bedeutet dies: Wer ein Fahrzeug führt, muss beim Einbiegen und im Verlauf einer Einbahnstraße auf Radverkehr entgegen der Fahrtrichtung achten. **Erläuterung** Das Zusatzzeichen zeigt an, dass Radverkehr in der Gegenrichtung zugelassen ist. Beim Vorbeifahren an einer für den gegenläufigen Radverkehr freigegebenen Einbahnstraße bleibt gegenüber dem ausfahrenden Radfahrer der Grundsatz, dass Vorfahrt hat, wer von rechts kommt (§ 8 Absatz 1 Satz 1) unberührt. Dies gilt auch für den ausfahrenden Radverkehr. Mündet eine Einbahnstraße für den gegenläufig zugelassenen Radverkehr in eine Vorfahrtstraße, steht für den aus der Einbahnstraße ausfahrenden Radverkehr das Zeichen 205.
Abschnitt 3 Vorgeschriebene Vorbeifahrt			
10	Zeichen 222 Rechts vorbei		**Ge- oder Verbot** Wer ein Fahrzeug führt, muss der vorgeschriebenen Vorbeifahrt folgen. **Erläuterung** „Links vorbei" wird entsprechend vorgeschrieben.
Abschnitt 4 Seitenstreifen als Fahrstreifen, Haltestellen und Taxenstände			
Zu 11 bis 13			**Erläuterung** Wird das Zeichen 223.1, 223.2 oder 223.3 für eine Fahrbahn mit mehr als zwei Fahrstreifen angeordnet, zeigen die Zeichen die entsprechende Anzahl der Pfeile.
11	Zeichen 223.1		**Ge- oder Verbot** Das Zeichen gibt den Seitenstreifen als Fahrstreifen frei; dieser ist wie ein rechter Fahrstreifen zu befahren.

1	2	3
lfd. Nr.	Zeichen und Zusatzzeichen	Ge- oder Verbote Erläuterungen
	Seitenstreifen befahren	
11.1	**Ende in .... m**	**Erläuterung** Das Zeichen 223.1 mit dem Zusatzzeichen kündigt die Aufhebung der Anordnung an.
12	Zeichen 223.2 	**Ge- oder Verbot** Das Zeichen hebt die Freigabe des Seitenstreifens als Fahrstreifen auf.
	Seitenstreifen nicht mehr befahren	
13	Zeichen 223.3 Seitenstreifen räumen	**Ge- oder Verbot** Das Zeichen ordnet die Räumung des Seitenstreifens an.
14	Zeichen 224 Haltestelle	**Ge- oder Verbot** Wer ein Fahrzeug führt, darf bis zu 15 m vor und hinter dem Zeichen nicht parken. **Erläuterung** Das Zeichen kennzeichnet eine Haltestelle des Linienverkehrs und für Schulbusse. Das Zeichen mit dem Zusatzzeichen „Schulbus" (Angabe der tageszeitlichen Benutzung) auf einer gemeinsamen weißen Trägerfläche kennzeichnet eine Haltestelle nur für Schulbusse.
15	Zeichen 229 Taxenstand	**Ge- oder Verbot** Wer ein Fahrzeug führt, darf an Taxenständen nicht halten, ausgenommen sind für die Fahrgastbeförderung bereitgehaltene Taxen. **Erläuterung** Die Länge des Taxenstandes wird durch die Angabe der Zahl der vorgesehenen Taxen oder das am Anfang der Strecke aufgestellte Zeichen mit einem zur Fahrbahn weisenden waagerechten weißen Pfeil und durch ein am Ende aufgestelltes Zeichen mit einem solchen von der Fahrbahn wegweisenden Pfeil oder durch eine Grenzmarkierung für Halt- und Parkverbote (Zeichen 299) gekennzeichnet.
Abschnitt 5 Sonderwege		
16	Zeichen 237 Radweg	**Ge- oder Verbot** 1. Der Radverkehr darf nicht die Fahrbahn, sondern muss den Radweg benutzen (Radwegbenutzungspflicht). 2. Anderer Verkehr darf ihn nicht benutzen. 3. Ist durch Zusatzzeichen die Benutzung eines Radwegs für eine andere Verkehrsart erlaubt, muss diese auf den Radverkehr Rücksicht nehmen und der andere Fahrzeugverkehr muss erforderlichenfalls die Geschwindigkeit an den Radverkehr anpassen. 4.

108

1	2	3
lfd. Nr.	Zeichen und Zusatzzeichen	Ge- oder Verbote Erläuterungen
		§ 2 Absatz 4 Satz 6 bleibt unberührt.
17	Zeichen 238 Reitweg	**Ge- oder Verbot** 1. Wer reitet, darf nicht die Fahrbahn, sondern muss den Reitweg benutzen. Dies gilt auch für das Führen von Pferden (Reitwegbenutzungspflicht). 2. Anderer Verkehr darf ihn nicht benutzen. 3. Ist durch Zusatzzeichen die Benutzung eines Reitwegs für eine andere Verkehrsart erlaubt, muss diese auf den Reitverkehr Rücksicht nehmen und der Fahrzeugverkehr muss erforderlichenfalls die Geschwindigkeit an den Reitverkehr anpassen.
18	Zeichen 239 Gehweg	**Ge- oder Verbot** 1. Anderer als Fußgängerverkehr darf den Gehweg nicht nutzen. 2. Ist durch Zusatzzeichen die Benutzung eines Gehwegs für eine andere Verkehrsart erlaubt, muss diese auf den Fußgängerverkehr Rücksicht nehmen. Der Fußgängerverkehr darf weder gefährdet noch behindert werden. Wenn nötig, muss der Fahrverkehr warten; er darf nur mit Schrittgeschwindigkeit fahren. **Erläuterung** Das Zeichen kennzeichnet einen Gehweg (§ 25 Absatz 1 Satz 1), wo eine Klarstellung notwendig ist.
19	Zeichen 240 Gemeinsamer Geh- und Radweg	**Ge- oder Verbot** 1. Der Radverkehr darf nicht die Fahrbahn, sondern muss den gemeinsamen Geh- und Radweg benutzen (Radwegbenutzungspflicht). 2. Anderer Verkehr darf ihn nicht benutzen. 3. Ist durch Zusatzzeichen die Benutzung eines gemeinsamen Geh- und Radwegs für eine andere Verkehrsart erlaubt, muss diese auf den Fußgänger- und Radverkehr Rücksicht nehmen. Erforderlichenfalls muss der Fahrverkehr die Geschwindigkeit an den Fußgängerverkehr anpassen. 4. § 2 Absatz 4 Satz 6 bleibt unberührt. **Erläuterung** Das Zeichen kennzeichnet auch den Gehweg (§ 25 Absatz 1 Satz 1).
20	Zeichen 241	**Ge- oder Verbot** 1. Der Radverkehr darf nicht die Fahrbahn, sondern muss den Radweg des getrennten Rad- und Gehwegs benutzen

1	2	3
lfd. Nr.	Zeichen und Zusatzzeichen	Ge- oder Verbote Erläuterungen

	Getrennter Rad- und Gehweg	(Radwegbenutzungspflicht). 2. Anderer Verkehr darf ihn nicht benutzen. 3. Ist durch Zusatzzeichen die Benutzung eines getrennten Geh- und Radwegs für eine andere Verkehrsart erlaubt, darf diese nur den für den Radverkehr bestimmten Teil des getrennten Geh- und Radwegs befahren. 4. Die andere Verkehrsart muss auf den Radverkehr Rücksicht nehmen. Erforderlichenfalls muss anderer Fahrzeugverkehr die Geschwindigkeit an den Radverkehr anpassen. 5. § 2 Absatz 4 Satz 6 bleibt unberührt. **Erläuterung** Das Zeichen kennzeichnet auch den Gehweg (§ 25 Absatz 1 Satz 1).
21	Zeichen 242.1 **ZONE** Beginn einer Fußgängerzone	**Ge- oder Verbot** 1. Anderer als Fußgängerverkehr darf die Fußgängerzone nicht benutzen. 2. Ist durch Zusatzzeichen die Benutzung einer Fußgängerzone für eine andere Verkehrsart erlaubt, dann gilt für den Fahrverkehr Nummer 2 zu Zeichen 239 entsprechend.
22	Zeichen 242.2 ZONE Ende einer Fußgängerzone	
23	Zeichen 244.1 Fahrradstraße Beginn einer Fahrradstraße	**Ge- oder Verbot** 1. Anderer Fahrzeugverkehr als Radverkehr darf Fahrradstraßen nicht benutzen, es sei denn, dies ist durch Zusatzzeichen erlaubt. 2. Für den Fahrverkehr gilt eine Höchstgeschwindigkeit von 30 km/h. Der Radverkehr darf weder gefährdet noch behindert werden. Wenn nötig, muss der Kraftfahrzeugverkehr die Geschwindigkeit weiter verringern. 3. Das Nebeneinanderfahren mit Fahrrädern ist erlaubt. 4. Im Übrigen gelten die Vorschriften über die Fahrbahnbenutzung und über die Vorfahrt.
24	Zeichen 244.2	

1	2	3
lfd. Nr.	Zeichen und Zusatzzeichen	Ge- oder Verbote Erläuterungen

Ende einer Fahrradstraße

| 25 | Zeichen 245

Bussonderfahrstreifen | **Ge- oder Verbot**
1. Anderer Fahrverkehr als Omnibusse des Linienverkehrs sowie nach dem Personenbeförderungsrecht mit dem Schulbus-Schild zu kennzeichnende Fahrzeuge des Schüler- und Behindertenverkehrs dürfen Bussonderfahrstreifen nicht benutzen.
2. Mit Krankenfahrzeugen, Taxen, Fahrrädern und Bussen im Gelegenheitsverkehr darf der Sonderfahrstreifen nur benutzt werden, wenn dies durch Zusatzzeichen angezeigt ist.
3. Taxen dürfen an Bushaltestellen (Zeichen 224) zum sofortigen Ein- und Aussteigen von Fahrgästen halten.
4. Mit elektrisch betriebenen Fahrzeugen darf der Bussonderfahrstreifen nur benutzt werden, wenn dies durch Zusatzzeichen angezeigt ist. |
| 25.1 | | **Ge- oder Verbot**
Mit diesem Zusatzzeichen sind elektrisch betriebene Fahrzeuge auf dem Bussonderfahrstreifen zugelassen. |

Abschnitt 6 Verkehrsverbote

26		**Ge- oder Verbot** Die nachfolgenden Zeichen 250 bis 261 (Verkehrsverbote) untersagen die Verkehrsteilnahme ganz oder teilweise mit dem angegebenen Inhalt. **Erläuterung** Für die Zeichen 250 bis 259 gilt: 1. Durch Verkehrszeichen gleicher Art mit Sinnbildern nach § 39 Absatz 7 können andere Verkehrsarten verboten werden. 2. Zwei der nachstehenden Verbote können auf einem Schild vereinigt sein.
27		**Ge- oder Verbot** Ist auf einem Zusatzzeichen eine Masse, wie „7,5 t", angegeben, gilt das Verbot nur, soweit die zulässige Gesamtmasse dieser Verkehrsmittel die angegebene Grenze überschreitet.
27.1		**Ge- oder Verbot** Mit diesem Zusatzzeichen sind elektrisch betriebene Fahrzeuge von Verkehrsverboten (Zeichen 250, 251, 253, 255, 260)

111

lfd. Nr.	Zeichen und Zusatzzeichen	Ge- oder Verbote / Erläuterungen
	frei	ausgenommen.
28	**Zeichen 250** Verbot für Fahrzeuge aller Art	**Ge- oder Verbot** 1. Verbot für Fahrzeuge aller Art. Das Zeichen gilt nicht für Handfahrzeuge, abweichend von § 28 Absatz 2 auch nicht für Reiter, Führer von Pferden sowie Treiber und Führer von Vieh. 2. Krafträder und Fahrräder dürfen geschoben werden.
29	**Zeichen 251** Verbot für Kraftwagen	**Ge- oder Verbot** Verbot für Kraftwagen und sonstige mehrspurige Kraftfahrzeuge
30	**Zeichen 253** Verbot für Kraftfahrzeuge über 3,5 t	**Ge- oder Verbot** Verbot für Kraftfahrzeuge mit einer zulässigen Gesamtmasse über 3,5 t, einschließlich ihrer Anhänger, und für Zugmaschinen. Ausgenommen sind Personenkraftwagen und Kraftomnibusse.
30.1	Durchgangs- verkehr **12 t**	**Ge- oder Verbot** Wird Zeichen 253 mit diesen Zusatzzeichen angeordnet, bedeutet dies: 1. Das Verbot ist auf den Durchgangsverkehr mit Nutzfahrzeugen, einschließlich ihrer Anhänger, mit einer zulässigen Gesamtmasse ab 12 t beschränkt. 2. Durchgangsverkehr liegt nicht vor, soweit die jeweilige Fahrt a) dazu dient, ein Grundstück an der vom Verkehrsverbot betroffenen Straße oder an einer Straße, die durch die vom Verkehrsverbot betroffene Straße erschlossen wird, zu erreichen oder zu verlassen, b) dem Güterverkehr im Sinne des § 1 Absatz 1 des Güterkraftverkehrsgesetzes in einem Gebiet innerhalb eines Umkreise von 75 km, gerechnet in der Luftlinie vom Mittelpunkt des zu Beginn einer Fahrt ersten Beladeorts des jeweiligen Fahrzeugs (Ortsmittelpunkt), dient; dabei gehören alle Gemeinden, deren Ortsmittelpunkt innerhalb des Gebietes liegt, zu dem Gebiet, oder

1	2	3
lfd. Nr.	Zeichen und Zusatzzeichen	Ge- oder Verbote Erläuterungen
		c) mit im Bundesfernstraßenmautgesetz bezeichneten Fahrzeugen, die nicht der Mautpflicht unterliegen, durchgeführt wird.
		3. Ausgenommen von dem Verkehrsverbot ist eine Fahrt, die auf ausgewiesenen Umleitungsstrecken (Zeichen 421, 442, 454 bis 457.2 oder Zeichen 460 und 466) durchgeführt wird, um besonderen Verkehrslagen Rechnung zu tragen. **Erläuterung** Diese Kombination ist nur mit Zeichen 253 zulässig.
31	Zeichen 254 Verbot für Radverkehr	**Ge- oder Verbot** Verbot für den Radverkehr
32	Zeichen 255 Verbot für Krafträder	**Ge- oder Verbot** Verbot für Krafträder, auch mit Beiwagen, Kleinkrafträder und Mofas
33	Zeichen 259 Verbot für Fußgänger	**Ge- oder Verbot** Verbot für den Fußgängerverkehr
34	Zeichen 260 Verbot für Kraftfahrzeuge	**Ge- oder Verbot** Verbot für Krafträder, auch mit Beiwagen, Kleinkrafträder und Mofas sowie für Kraftwagen und sonstige mehrspurige Kraftfahrzeuge
35	Zeichen 261 Verbot für kennzeichnungspflichtige Kraftfahrzeuge mit gefährlichen Gütern	**Ge- oder Verbot** Verbot für kennzeichnungspflichtige Kraftfahrzeuge mit gefährlichen Gütern
zu 36 bis 40		**Ge- oder Verbot** Die nachfolgenden Zeichen 262 bis 266 verbieten die Verkehrsteilnahme für Fahrzeuge, deren Maße oder Massen, einschließlich Ladung, eine auf dem jeweiligen Zeichen angegebene tatsächliche Grenze überschreiten. **Erläuterung** Die angegebenen Grenzen stellen nur Beispiele dar.
36	Zeichen 262	**Ge- oder Verbot**

1	2	3
lfd. Nr.	Zeichen und Zusatzzeichen	Ge- oder Verbote Erläuterungen
	⊘ **5,5t** Tatsächliche Masse	Die Beschränkung durch Zeichen 262 gilt bei Fahrzeugkombinationen für das einzelne Fahrzeug, bei Sattelkraftfahrzeugen gesondert für die Sattelzugmaschine einschließlich Sattellast und für die tatsächlich vorhandenen Achslasten des Sattelanhängers.
37	Zeichen 263 ⊘ **8t** Tatsächliche Achslast	
38	Zeichen 264 ⊘ **2m** Tatsächliche Breite	**Erläuterung** Die tatsächliche Breite gibt das Maß einschließlich der Fahrzeugaußenspiegel an.
39	Zeichen 265 ⊘ **3,8m** Tatsächliche Höhe	
40	Zeichen 266 ⊘ Tatsächliche Länge	**Ge- oder Verbot** Das Verbot gilt bei Fahrzeugkombinationen für die Gesamtlänge.
41	Zeichen 267 ⊘ Verbot der Einfahrt	**Ge- oder Verbot** Wer ein Fahrzeug führt, darf nicht in die Fahrbahn einfahren, für die das Zeichen angeordnet ist. **Erläuterung** Das Zeichen steht auf der rechten Seite der Fahrbahn, für die es gilt, oder auf beiden Seiten dieser Fahrbahn.
41.1	🚲 frei	**Ge- oder Verbot** Durch das Zusatzzeichen zu dem Zeichen 267 ist die Einfahrt für den Radverkehr zugelassen.
42	Zeichen 268 Schneeketten vorgeschrieben	**Ge- oder Verbot** Wer ein Fahrzeug führt, darf die Straße nur mit Schneeketten befahren.
43	Zeichen 269	**Ge- oder Verbot** Wer ein Fahrzeug führt, darf die Straße mit mehr als 20 l wassergefährdender Ladung nicht benutzen.

114

1	2	3
lfd. Nr.	Zeichen und Zusatzzeichen	Ge- oder Verbote Erläuterungen

Verbot für Fahrzeuge mit
wassergefährdender Ladung

44	Zeichen 270.1	**Ge- oder Verbot**

Beginn einer
Verkehrsverbotszone zur
Verminderung schädlicher
Luftverunreinigungen in einer Zone

1.
Die Teilnahme am Verkehr mit einem Kraftfahrzeug innerhalb einer so gekennzeichneten Zone ist verboten.

2.
§ 1 Absatz 2 sowie § 2 Absatz 3 in Verbindung mit Anhang 3 der Verordnung zur Kennzeichnung der Kraftfahrzeuge mit geringem Beitrag zur Schadstoffbelastung vom 10. Oktober 2006 (BGBl. I S. 2218), die durch Artikel 1 der Verordnung vom 5. Dezember 2007 (BGBl. I S. 2793) geändert worden ist, bleiben unberührt. Die Ausnahmen können im Einzelfall oder allgemein durch Zusatzzeichen oder Allgemeinverfügung zugelassen sein.

3.
Von dem Verbot der Verkehrsteilnahme sind zudem Kraftfahrzeuge zur Beförderung schwerbehinderter Menschen mit außergewöhnlicher Gehbehinderung, beidseitiger Amelie oder Phokomelie oder mit vergleichbaren Funktionseinschränkungen sowie blinde Menschen ausgenommen.

Erläuterung
Die Umweltzone ist zur Vermeidung von schädlichen Umwelteinwirkungen durch Luftverunreinigungen in einem Luftreinhalteplan oder einem Plan für kurzfristig zu ergreifende Maßnahmen nach § 47 Absatz 1 oder 2 des Bundes-Immissionsschutzgesetzes festgesetzt und auf Grund des § 40 Absatz 1 des Bundes-Immissionsschutzgesetzes angeordnet. Die Kennzeichnung der Umweltzone erfolgt auf Grund von § 45 Absatz 1f.

45	Zeichen 270.2	

Ende einer
Verkehrsverbotszone zur
Verminderung schädlicher
Luftverunreinigungen in einer Zone

46		**Ge- oder Verbot**

Freistellung vom
Verkehrsverbot nach
§ 40 Absatz 1 des
Bundes-Immissionsschutzgesetzes

Das Zusatzzeichen zum Zeichen 270.1 nimmt Kraftfahrzeuge vom Verkehrsverbot aus, die mit einer auf dem Zusatzzeichen in der jeweiligen Farbe angezeigten Plakette nach § 3 der Verordnung zur Kennzeichnung der Kraftfahrzeuge mit geringem Beitrag zur Schadstoffbelastung ausgestattet sind.

1	2	3
lfd. Nr.	Zeichen und Zusatzzeichen	Ge- oder Verbote Erläuterungen
47	Zeichen 272 Verbot des Wendens	**Ge- oder Verbot** Wer ein Fahrzeug führt, darf hier nicht wenden.
48	Zeichen 273 Verbot des Unterschreitens des angegebenen Mindestabstandes	**Ge- oder Verbot** Wer ein Kraftfahrzeug mit einer zulässigen Gesamtmasse über 3,5 t oder eine Zugmaschine führt, darf den angegebenen Mindestabstand zu einem vorausfahrenden Kraftfahrzeug gleicher Art nicht unterschreiten. Personenkraftwagen und Kraftomnibusse sind ausgenommen.
Abschnitt 7 Geschwindigkeitsbeschränkungen und Überholverbote		
49	Zeichen 274 Zulässige Höchstgeschwindigkeit	**Ge- oder Verbot** 1. Wer ein Fahrzeug führt, darf nicht schneller als mit der jeweils angegebenen Höchstgeschwindigkeit fahren. 2. Sind durch das Zeichen innerhalb geschlossener Ortschaften bestimmte Geschwindigkeiten über 50 km/h zugelassen, gilt das für Fahrzeuge aller Art. 3. Außerhalb geschlossener Ortschaften bleiben die für bestimmte Fahrzeugarten geltenden Höchstgeschwindigkeiten (§ 3 Absatz 3 Nummer 2 Buchstabe a und b und § 18 Absatz 5) unberührt, wenn durch das Zeichen eine höhere Geschwindigkeit zugelassen ist.
49.1		**Ge- oder Verbot** Das Zusatzzeichen zu dem Zeichen 274 verbietet Fahrzeugführenden, bei nasser Fahrbahn die angegebene Geschwindigkeit zu überschreiten.
50	Zeichen 274.1 Beginn einer Tempo 30-Zone	**Ge- oder Verbot** Wer ein Fahrzeug führt, darf innerhalb dieser Zone nicht schneller als mit der angegebenen Höchstgeschwindigkeit fahren. **Erläuterung** Mit dem Zeichen können in verkehrsberuhigten Geschäftsbereichen auch Zonengeschwindigkeitsbeschränkungen von weniger als 30 km/h angeordnet sein.
51	Zeichen 274.2 Ende einer Tempo 30-Zone	
52	Zeichen 275	**Ge- oder Verbot** Wer ein Fahrzeug führt, darf nicht langsamer als mit der angegebenen Mindestgeschwindigkeit fahren, sofern nicht Straßen-, Verkehrs-, Sicht- oder Wetterverhältnisse dazu

1	2	3
lfd. Nr.	Zeichen und Zusatzzeichen	Ge- oder Verbote Erläuterungen
	 Vorgeschriebene Mindestgeschwindigkeit	verpflichten. Es verbietet, mit Fahrzeugen, die nicht so schnell fahren können oder dürfen, einen so gekennzeichneten Fahrstreifen zu benutzen.
Zu 53 und 54		**Ge- oder Verbot** Die nachfolgenden Zeichen 276 und 277 verbieten Kraftfahrzeugen das Überholen von mehrspurigen Kraftfahrzeugen und Krafträdern mit Beiwagen. Ist auf einem Zusatzzeichen eine Masse, wie „7,5 t" angegeben, gilt das Verbot nur, soweit die zulässige Gesamtmasse dieser Kraftfahrzeuge, einschließlich ihrer Anhänger, die angegebene Grenze überschreitet.
53	Zeichen 276 Überholverbot für Kraftfahrzeuge aller Art	
54	Zeichen 277 Überholverbot für Kraftfahrzeuge über 3,5 t	**Ge- oder Verbot** Überholverbot für Kraftfahrzeuge mit einer zulässigen Gesamtmasse über 3,5 t, einschließlich ihrer Anhänger, und für Zugmaschinen. Ausgenommen sind Personenkraftwagen und Kraftomnibusse.
54.1	**2,8 t**	**Ge- oder Verbot** Mit dem Zusatzzeichen gilt das durch Zeichen 277 angeordnete Überholverbot auch für Kraftfahrzeuge über 2,8 t, einschließlich ihrer Anhänger.
54.2	**auch**	**Ge- oder Verbot** Mit dem Zusatzzeichen gilt das durch Zeichen 277 angeordnete Überholverbot auch für Kraftomnibusse und Personenkraftwagen mit Anhänger.
54.3	↑ 2 km ↑	**Erläuterung** Das Zusatzzeichen zu dem Zeichen 274, 276 oder 277 gibt die Länge einer Geschwindigkeitsbeschränkung oder eines Überholverbots an.
55		**Erläuterung** Das Ende einer streckenbezogenen Geschwindigkeitsbeschränkung oder eines Überholverbots ist nicht gekennzeichnet, wenn das Verbot nur für eine kurze Strecke gilt und auf einem Zusatzzeichen die Länge des Verbots angegeben ist. Es ist auch nicht gekennzeichnet, wenn das Verbotszeichen zusammen mit einem Gefahrzeichen angebracht ist und sich aus der Örtlichkeit zweifelsfrei ergibt, von wo an die angezeigte Gefahr nicht mehr besteht. Sonst ist es gekennzeichnet durch die Zeichen 278 bis 282.

1	2	3
lfd. Nr.	Zeichen und Zusatzzeichen	Ge- oder Verbote Erläuterungen
56	Zeichen 278 Ende der zulässigen Höchstgeschwindigkeit	
57	Zeichen 279 Ende der vorgeschriebenen Mindestgeschwindigkeit	
58	Zeichen 280 Ende des Überholverbots für Kraftfahrzeuge aller Art	
59	Zeichen 281 Ende des Überholverbots für Kraftfahrzeuge über 3,5 t	
60	Zeichen 282 Ende sämtlicher streckenbezogener Geschwindigkeitsbeschränkungen und Überholverbote	
Abschnitt 8 Halt- und Parkverbote		
61		**Ge- oder Verbot** 1. Die durch die nachfolgenden Zeichen 283 und 286 angeordneten Haltverbote gelten nur auf der Straßenseite, auf der die Zeichen angebracht sind. Sie gelten bis zur nächsten Kreuzung oder Einmündung auf der gleichen Straßenseite oder bis durch Verkehrszeichen für den ruhenden Verkehr eine andere Regelung vorgegeben wird. 2. Mobile, vorübergehend angeordnete Haltverbote durch Zeichen 283 und 286 heben Verkehrszeichen auf, die das Parken erlauben.

1	2	3
lfd. Nr.	Zeichen und Zusatzzeichen	Ge- oder Verbote Erläuterungen

		Erläuterung Der Anfang der Verbotsstrecke kann durch einen zur Fahrbahn weisenden waagerechten weißen Pfeil im Zeichen, das Ende durch einen solchen von der Fahrbahn wegweisenden Pfeil gekennzeichnet sein. Bei in der Verbotsstrecke wiederholten Zeichen weist eine Pfeilspitze zur Fahrbahn, die zweite Pfeilspitze von ihr weg.
62	Zeichen 283 Absolutes Haltverbot	**Ge-** **oder** **Verbot** Das Halten auf der Fahrbahn ist verboten.
62.1		**Ge- oder Verbot** Das mit dem Zeichen 283 angeordnete Zusatzzeichen verbietet das Halten von Fahrzeugen auch auf dem Seitenstreifen.
62.2	auf dem Seitenstreifen	**Ge- oder Verbot** Das mit dem Zeichen 283 angeordnete Zusatzzeichen verbietet das Halten von Fahrzeugen nur auf dem Seitenstreifen.
63	Zeichen 286 Eingeschränktes Haltverbot	**Ge- oder Verbot** 1. Wer ein Fahrzeug führt, darf nicht länger als drei Minuten auf der Fahrbahn halten, ausgenommen zum Ein- oder Aussteigen oder zum Be- oder Entladen. 2. Ladegeschäfte müssen ohne Verzögerung durchgeführt werden.
63.1		**Ge- oder Verbot** Mit dem Zusatzzeichen zu Zeichen 286 darf auch auf dem Seitenstreifen nicht länger als drei Minuten gehalten werden, ausgenommen zum Ein- oder Aussteigen oder zum Be- oder Entladen.
63.2	auf dem Seitenstreifen	**Ge- oder Verbot** Mit dem Zusatzzeichen zu Zeichen 286 darf nur auf dem Seitenstreifen nicht länger als drei Minuten gehalten werden, ausgenommen zum Ein- oder Aussteigen oder zum Be- oder Entladen.
63.3	frei	**Ge- oder Verbot** 1. Das Zusatzzeichen zu Zeichen 286 nimmt schwerbehinderte Menschen mit außergewöhnlicher Gehbehinderung, beidseitiger Amelie oder Phokomelie oder mit vergleichbaren Funktionseinschränkungen sowie

1 lfd. Nr.	2 Zeichen und Zusatzzeichen	3 Ge- oder Verbote Erläuterungen
		blinde Menschen, jeweils mit besonderem Parkausweis Nummer ..., vom Haltverbot aus. 2. Die Ausnahme gilt nur, soweit der Parkausweis gut lesbar ausgelegt oder angebracht ist.
63.4	**Bewohner** frei	**Ge- oder Verbot** 1. Das Zusatzzeichen zu Zeichen 286 nimmt Bewohner mit besonderem Parkausweis vom Haltverbot aus. 2. Die Ausnahme gilt nur, soweit der Parkausweis gut lesbar ausgelegt oder angebracht ist.
63.5	frei	**Ge- oder Verbot** Durch das Zusatzzeichen zu Zeichen 286 wird das Parken für elektrisch betriebene Fahrzeuge innerhalb der gekennzeichneten Flächen erlaubt.
64	Zeichen 290.1 ZONE Beginn eines Eingeschränkten Haltverbots für eine Zone	**Ge- oder Verbot** 1. Wer ein Fahrzeug führt, darf innerhalb der gekennzeichneten Zone nicht länger als drei Minuten halten, ausgenommen zum Ein- oder Aussteigen oder zum Be- oder Entladen. 2. Innerhalb der gekennzeichneten Zone gilt das eingeschränkte Haltverbot auf allen öffentlichen Verkehrsflächen, sofern nicht abweichende Regelungen durch Verkehrszeichen oder Verkehrseinrichtungen getroffen sind. 3. Durch Zusatzzeichen kann das Parken für Bewohner mit Parkausweis oder mit Parkschein oder Parkscheibe (Bild 318) innerhalb gekennzeichneter Flächen erlaubt sein. 4. Durch Zusatzzeichen kann das Parken mit Parkschein oder Parkscheibe (Bild 318) innerhalb gekennzeichneter Flächen erlaubt sein. Dabei ist der Parkausweis, der Parkschein oder die Parkscheibe gut lesbar auszulegen oder anzubringen.
64.1	frei	**Ge- oder Verbot** Durch das Zusatzzeichen zu Zeichen 290.1 wird das Parken für elektrisch betriebene Fahrzeuge innerhalb der gekennzeichneten Flächen erlaubt.
65	Zeichen 290.2 ZONE Ende eines	

1	2	3
lfd. Nr.	Zeichen und Zusatzzeichen	Ge- oder Verbote Erläuterungen
	eingeschränkten Haltverbots für eine Zone	

Abschnitt 9 Markierungen

66	Zeichen 293 Fußgängerüberweg	**Ge- oder Verbot** Wer ein Fahrzeug führt, darf auf Fußgängerüberwegen sowie bis zu 5 m davor nicht halten.
67	Zeichen 294 Haltlinie	**Ge- oder Verbot** Ergänzend zu Halt- oder Wartegeboten, die durch Zeichen 206, durch Polizeibeamte, Lichtzeichen oder Schranken gegeben werden, ordnet sie an: Wer ein Fahrzeug führt, muss hier anhalten. Erforderlichenfalls ist an der Stelle, wo die Straße eingesehen werden kann, in die eingefahren werden soll (Sichtlinie), erneut anzuhalten.
68	Zeichen 295 Fahrstreifenbegrenzung und Fahrbahnbegrenzung	**Ge- oder Verbot** 1. a) Wer ein Fahrzeug führt, darf die durchgehende Linie auch nicht teilweise überfahren. b) Trennt die durchgehende Linie den Fahrbahnteil für den Gegenverkehr ab, ist rechts von ihr zu fahren. c) Grenzt sie einen befestigten Seitenstreifen ab, müssen außerorts landwirtschaftliche Zug- und Arbeitsmaschinen, Fuhrwerke und ähnlich langsame Fahrzeuge möglichst rechts von ihr fahren. d) Wer ein Fahrzeug führt, darf auf der Fahrbahn nicht parken, wenn zwischen dem abgestellten Fahrzeug und der Fahrstreifenbegrenzungslinie kein Fahrstreifen von mindestens 3 m mehr verbleibt. 2. a) Wer ein Fahrzeug führt, darf links von der durchgehenden Fahrbahnbegrenzungslinie nicht halten, wenn rechts ein Seitenstreifen oder Sonderweg vorhanden ist. b) Wer ein Fahrzeug führt, darf die Fahrbahnbegrenzung der Mittelinsel des Kreisverkehrs nicht überfahren. c) Ausgenommen von dem Verbot zum Überfahren der Fahrbahnbegrenzung der Mittelinsel des Kreisverkehrs sind nur Fahrzeuge, denen wegen ihrer Abmessungen das Befahren sonst nicht möglich wäre. Mit ihnen darf die Mittelinsel überfahren werden, wenn eine Gefährdung anderer am Verkehr Teilnehmenden ausgeschlossen ist. 3.

1	2	3
lfd. Nr.	Zeichen und Zusatzzeichen	Ge- oder Verbote Erläuterungen

a)

Wird durch Zeichen 223.1 das Befahren eines Seitenstreifens angeordnet, darf die Fahrbahnbegrenzung wie eine Leitlinie zur Markierung von Fahrstreifen einer durchgehenden Fahrbahn (Zeichen 340) überfahren werden.

b)

Grenzt sie einen Sonderweg ab, darf sie nur überfahren werden, wenn dahinter anders nicht erreichbare Parkstände angelegt sind und das Benutzen von Sonderwegen weder gefährdet noch behindert wird.

c)

Die Fahrbahnbegrenzungslinie darf überfahren werden, wenn sich dahinter eine nicht anders erreichbare Grundstückszufahrt befindet.

Erläuterung

1.

Als Fahrstreifenbegrenzung trennt das Zeichen den für den Gegenverkehr bestimmten Teil der Fahrbahn oder mehrere Fahrstreifen für den gleichgerichteten Verkehr voneinander ab. Die Fahrstreifenbegrenzung kann zur Abtrennung des Gegenverkehrs aus einer Doppellinie bestehen.

2.

Als Fahrbahnbegrenzung kann die durchgehende Linie auch einen Seitenstreifen oder Sonderweg abgrenzen.

---

69 — Zeichen 296

Fahrstreifen B Fahrstreifen A
Einseitige
Fahrstreifenbegrenzung

Ge- oder Verbot

1.

Wer ein Fahrzeug führt, darf die durchgehende Linie nicht überfahren oder auf ihr fahren.

2.

Wer ein Fahrzeug führt, darf nicht auf der Fahrbahn parken, wenn zwischen dem parkenden Fahrzeug und der durchgehenden Fahrstreifenbegrenzungslinie kein Fahrstreifen von mindestens 3 m mehr verbleibt.

3.

Für Fahrzeuge auf dem Fahrstreifen B ordnet die Markierung an:
Fahrzeuge auf dem Fahrstreifen B dürfen die Markierung überfahren, wenn der Verkehr dadurch nicht gefährdet wird.

---

70 — Zeichen 297

Pfeilmarkierungen

Ge- oder Verbot

1.

Wer ein Fahrzeug führt, muss der Fahrtrichtung auf der folgenden Kreuzung oder Einmündung folgen, wenn zwischen den Pfeilen Leitlinien (Zeichen 340) oder Fahrstreifenbegrenzungen (Zeichen 295) markiert sind.

2.

Wer ein Fahrzeug führt, darf auf der mit Pfeilen markierten Strecke der Fahrbahn nicht halten (§ 12 Absatz 1).

Erläuterung
Pfeile empfehlen, sich rechtzeitig einzuordnen und in Fahrstreifen

1	2	3
lfd. Nr.	Zeichen und Zusatzzeichen	Ge- oder Verbote Erläuterungen
		nebeneinander zu fahren. Fahrzeuge, die sich eingeordnet haben, dürfen auch rechts überholt werden.
71	Zeichen 297.1 Vorankündigungspfeil	**Erläuterung** Mit dem Vorankündigungspfeil wird eine Fahrstreifenbegrenzung angekündigt oder das Ende eines Fahrstreifens angezeigt. Die Ausführung des Pfeils kann von der gezeigten abweichen.
72	Zeichen 298 Sperrfläche	**Ge- oder Verbot** Wer ein Fahrzeug führt, darf Sperrflächen nicht benutzen.
73	Zeichen 299 Grenzmarkierung für Halt- oder Parkverbote	**Ge- oder Verbot** Wer ein Fahrzeug führt, darf innerhalb einer Grenzmarkierung für Halt- oder Parkverbote nicht halten oder parken. **Erläuterung** Grenzmarkierungen bezeichnen, verlängern oder verkürzen ein an anderer Stelle vorgeschriebenes Halt- oder Parkverbot.
74	Parkflächenmarkierung	**Ge- oder Verbot** Eine Parkflächenmarkierung erlaubt das Parken; auf Gehwegen aber nur Fahrzeugen mit einer zulässigen Gesamtmasse bis zu 2,8 t. Die durch die Parkflächenmarkierung angeordnete Aufstellung ist einzuhalten. Wo sie mit durchgehenden Linien markiert ist, darf diese überfahren werden. **Erläuterung** Sind Parkflächen auf Straßen erkennbar abgegrenzt, wird damit angeordnet, wie Fahrzeuge aufzustellen sind.

Anlage 3 (zu § 42 Absatz 2)
Richtzeichen

(Fundstelle: BGBl. I 2013, 411 - 424)

1	2	3
lfd. Nr.	Zeichen und Zusatzzeichen	Ge- oder Verbote Erläuterungen
Abschnitt 1 Vorrangzeichen		

1	2	3
lfd. Nr.	Zeichen und Zusatzzeichen	Ge- oder Verbote Erläuterungen
1	Zeichen 301 Vorfahrt	**Ge- oder Verbot** Das Zeichen zeigt an, dass an der nächsten Kreuzung oder Einmündung Vorfahrt besteht.
2	Zeichen 306 Vorfahrtstraße	**Ge- oder Verbot** Wer ein Fahrzeug führt, darf außerhalb geschlossener Ortschaften auf Fahrbahnen von Vorfahrtstraßen nicht parken. Das Zeichen zeigt an, dass Vorfahrt besteht bis zum nächsten Zeichen 205 „Vorfahrt gewähren.", 206 „Halt. Vorfahrt gewähren." oder 307 „Ende der Vorfahrtstraße".

2.1		**Ge- oder Verbot**
		
		1.
		    Wer ein Fahrzeug führt und dem Verlauf der abknickenden Vorfahrtstraße folgen will, muss dies rechtzeitig und deutlich ankündigen; dabei sind die Fahrtrichtungsanzeiger zu benutzen.
		2.
		    Auf den Fußgängerverkehr ist besondere Rücksicht zu nehmen. Wenn nötig, muss gewartet werden.
		Erläuterung
		Das Zusatzzeichen zum Zeichen 306 zeigt den Verlauf der Vorfahrtstraße an.

3	Zeichen 307 Ende der Vorfahrtstraße	
4	Zeichen 308 Vorrang vor dem Gegenverkehr	**Ge- oder Verbot** Wer ein Fahrzeug führt, hat Vorrang vor dem Gegenverkehr.
Abschnitt 2 Ortstafel		
zu 5 und 6		**Erläuterung** Ab der Ortstafel gelten jeweils die für den Verkehr innerhalb oder außerhalb geschlossener Ortschaften bestehenden Vorschriften.
5	Zeichen 310 Ortstafel Vorderseite	Die Ortstafel bestimmt: Hier beginnt eine geschlossene Ortschaft.
6	Zeichen 311	Die Ortstafel bestimmt: Hier endet eine geschlossene Ortschaft.

1	2	3
lfd. Nr.	Zeichen und Zusatzzeichen	Ge- oder Verbote Erläuterungen
	Schotten ↑ 6 km **Wilster** Ortstafel Rückseite	

Abschnitt 3 Parken

7	Zeichen 314
	
	P
	
	Parken
		Ge- oder Verbot
		
		1.
		    Wer ein Fahrzeug führt, darf hier parken.
		2.
		  a)
		    Durch ein Zusatzzeichen kann die Parkerlaubnis insbesondere nach der Dauer, nach Fahrzeugarten, zugunsten der mit besonderem Parkausweis versehenen Bewohner oder auf das Parken mit Parkschein oder Parkscheibe beschränkt sein.
		  b)
		    Ein Zusatzzeichen mit Bild 318 (Parkscheibe) und Angabe der Stundenzahl schreibt das Parken mit Parkscheibe und dessen zulässige Höchstdauer vor.
		  c)
		    Durch Zusatzzeichen können Bewohner mit Parkausweis von der Verpflichtung zum Parken mit Parkschein oder Parkscheibe freigestellt sein.
		  d)
		    Durch ein Zusatzzeichen mit Rollstuhlfahrersinnbild kann die Parkerlaubnis beschränkt sein auf schwerbehinderte Menschen mit außergewöhnlicher Gehbehinderung, beidseitiger Amelie oder Phokomelie oder mit vergleichbaren Funktionseinschränkungen sowie auf blinde Menschen.
		  e)
		    Die Parkerlaubnis gilt nur, wenn der Parkschein, die Parkscheibe oder der Parkausweis gut lesbar ausgelegt oder angebracht ist.
		  f)
		    Durch Zusatzzeichen kann ein Parkplatz als gebührenpflichtig ausgewiesen sein.
		3.
		  a)
		    Durch Zusatzzeichen kann die Parkerlaubnis zugunsten elektrisch betriebener Fahrzeuge beschränkt sein.
		  b)
		    Durch Zusatzzeichen können elektrisch betriebene Fahrzeuge von der Verpflichtung zum Parken mit Parkschein oder Parkscheibe freigestellt sein.
		  c)
		    Durch Zusatzzeichen kann die Parkerlaubnis für elektrisch betriebene Fahrzeuge nach der Dauer

1	2	3
lfd. Nr.	Zeichen und Zusatzzeichen	Ge- oder Verbote Erläuterungen

<table>
<tr><td></td><td></td><td>beschränkt sein. Der Nachweis zur Einhaltung der zeitlichen Dauer erfolgt durch Auslegen der Parkscheibe. Die Parkerlaubnis gilt nur, wenn die Parkscheibe gut lesbar ausgelegt oder angebracht ist.

Erläuterung

1.
Der Anfang des erlaubten Parkens kann durch einen zur Fahrbahn weisenden waagerechten weißen Pfeil im Zeichen, das Ende durch einen solchen von der Fahrbahn wegweisenden Pfeil gekennzeichnet sein. Bei in der Strecke wiederholten Zeichen weist eine Pfeilspitze zur Fahrbahn, die zweite Pfeilspitze von ihr weg.
2.
Das Zeichen mit einem Zusatzzeichen mit schwarzem Pfeil weist auf die Zufahrt zu größeren Parkplätzen oder Parkhäusern hin. Das Zeichen kann auch durch Hinweise ergänzt werden, ob es sich um ein Parkhaus handelt.</td></tr>
<tr><td>8</td><td>Zeichen 314.1

Beginn einer
Parkraumbewirtschaftungszone</td><td>Ge- oder Verbot

1.
Wer ein Fahrzeug führt, darf innerhalb der Parkraumbewirtschaftungszone nur mit Parkschein oder mit Parkscheibe (Bild 318) parken, soweit das Halten und Parken nicht gesetzlich oder durch Verkehrszeichen verboten ist.
2.
Durch Zusatzzeichen können Bewohner mit Parkausweis von der Verpflichtung zum Parken mit Parkschein oder Parkscheibe freigestellt sein.
3.
Die Parkerlaubnis gilt nur, wenn der Parkschein, die Parkscheibe oder der Parkausweis gut lesbar ausgelegt oder angebracht ist.
4.
a)
Durch Zusatzzeichen kann die Parkerlaubnis zugunsten elektrisch betriebener Fahrzeuge beschränkt sein.
b)
Durch Zusatzzeichen können elektrisch betriebene Fahrzeuge von der Verpflichtung zum Parken mit Parkschein oder Parkscheibe freigestellt sein.
c)
Durch Zusatzzeichen kann die Parkerlaubnis für elektrisch betriebene Fahrzeuge nach der Dauer beschränkt sein. Der Nachweis zur Einhaltung der zeitlichen Dauer erfolgt durch Auslegen der Parkscheibe. Die Parkerlaubnis gilt nur, wenn die Parkscheibe gut lesbar ausgelegt oder angebracht ist.</td></tr>
</table>

126

1	2	3
lfd. Nr.	Zeichen und Zusatzzeichen	Ge- oder Verbote Erläuterungen
		Erläuterung Die Art der Parkbeschränkung wird durch Zusatzzeichen angezeigt.
9	Zeichen 314.2 Ende einer Parkraumbewirtschaftungszone	

10	Zeichen 315
	
	Parken auf Gehwegen
		Ge- oder Verbot
		
		1.
		Wer ein Fahrzeug führt, darf auf Gehwegen mit Fahrzeugen mit einer zulässigen Gesamtmasse über 2,8 t nicht parken. Dann darf auch nicht entgegen der angeordneten Aufstellungsart des Zeichens oder entgegen Beschränkungen durch Zusatzzeichen geparkt werden.
		2.
		  a)
		    Durch ein Zusatzzeichen kann die Parkerlaubnis insbesondere nach der Dauer, nach Fahrzeugarten, zugunsten der mit besonderem Parkausweis versehenen Bewohner oder auf das Parken mit Parkschein oder Parkscheibe beschränkt sein.
		  b)
		    Ein Zusatzzeichen mit Bild 318 (Parkscheibe) und Angabe der Stundenzahl schreibt das Parken mit Parkscheibe und dessen zulässige Höchstdauer vor.
		  c)
		    Durch Zusatzzeichen können Bewohner mit Parkausweis von der Verpflichtung zum Parken mit Parkschein oder Parkscheibe freigestellt sein.
		  d)
		    Durch ein Zusatzzeichen mit Rollstuhlfahrersinnbild kann die Parkerlaubnis beschränkt sein für schwerbehinderte Menschen mit außergewöhnlicher Gehbehinderung, beidseitiger Amelie oder Phokomelie oder mit vergleichbaren Funktionseinschränkungen sowie für blinde Menschen.
		  e)
		    Die Parkerlaubnis gilt nur, wenn der Parkschein, die Parkscheibe oder der Parkausweis gut lesbar ausgelegt oder angebracht ist.
		3.
		  a)
		    Durch Zusatzzeichen kann die Parkerlaubnis zugunsten elektrisch betriebener Fahrzeuge beschränkt sein.
		  b)
		    Durch Zusatzzeichen können elektrisch

1	2	3
lfd. Nr.	Zeichen und Zusatzzeichen	Ge- oder Verbote Erläuterungen

		betriebene Fahrzeuge von der Verpflichtung zum Parken mit Parkschein oder Parkscheibe freigestellt sein.
		c) Durch Zusatzzeichen kann die Parkerlaubnis für elektrisch betriebene Fahrzeuge nach der Dauer beschränkt sein. Der Nachweis zur Einhaltung der zeitlichen Dauer erfolgt durch Auslegen der Parkscheibe. Die Parkerlaubnis gilt nur, wenn die Parkscheibe gut lesbar ausgelegt oder angebracht ist.
		Erläuterung
		1. Der Anfang des erlaubten Parkens kann durch einen zur Fahrbahn weisenden waagerechten weißen Pfeil im Zeichen, das Ende durch einen solchen von der Fahrbahn wegweisenden Pfeil gekennzeichnet sein. Bei in der Strecke wiederholten Zeichen weist eine Pfeilspitze zur Fahrbahn, die zweite Pfeilspitze von ihr weg.
		2. Im Zeichen ist bildlich dargestellt, wie die Fahrzeuge aufzustellen sind.
11	Bild 318 Parkscheibe	**Ge- oder Verbot** Ist die Parkzeit bei elektrisch betriebenen Fahrzeugen beschränkt, so ist der Nachweis durch Auslegen der Parkscheibe zu erbringen.

Abschnitt 4 Verkehrsberuhigter Bereich

| 12 | Zeichen 325.1

Beginn eines verkehrsberuhigten Bereichs | **Ge- oder Verbot**
1. Wer ein Fahrzeug führt, muss mit Schrittgeschwindigkeit fahren.
2. Wer ein Fahrzeug führt, darf den Fußgängerverkehr weder gefährden noch behindern; wenn nötig, muss gewartet werden.
3. Wer zu Fuß geht, darf den Fahrverkehr nicht unnötig behindern.
4. Wer ein Fahrzeug führt, darf außerhalb der dafür gekennzeichneten Flächen nicht parken, ausgenommen zum Ein- oder Aussteigen und zum Be- oder Entladen.
5. Wer zu Fuß geht, darf die Straße in ihrer ganzen Breite benutzen; Kinderspiele sind überall erlaubt. |
| 13 | Zeichen 325.2 | **Erläuterung**
Beim Ausfahren ist § 10 zu beachten. |

1	2	3
lfd. Nr.	Zeichen und Zusatzzeichen	Ge- oder Verbote Erläuterungen
	Ende eines verkehrsberuhigten Bereichs	

Abschnitt 5 Tunnel

14	Zeichen 327
	
	Tunnel
		Ge- oder Verbote
		1.
		   Wer ein Fahrzeug führt, muss beim Durchfahren des Tunnels Abblendlicht benutzen und darf im Tunnel nicht wenden.
		2.
		   Im Falle eines Notfalls oder einer Panne sollen nur vorhandene Nothalte- und Pannenbuchten genutzt werden.

Abschnitt 6 Nothalte- und Pannenbucht

15	Zeichen 328 Nothalte- und Pannenbucht	**Ge- oder Verbot** Wer ein Fahrzeug führt, darf nur im Notfall oder bei einer Panne in einer Nothalte- und Pannenbucht halten.

Abschnitt 7 Autobahnen und Kraftfahrstraßen

16	Zeichen 330.1 Autobahn	**Erläuterung** Ab diesem Zeichen gelten die Regeln für den Verkehr auf Autobahnen.
17	Zeichen 330.2 Ende der Autobahn	
18	Zeichen 331.1 Kraftfahrstraße	**Erläuterung** Ab diesem Zeichen gelten die Regeln für den Verkehr auf Kraftfahrstraßen.
19	Zeichen 331.2 Ende der Kraftfahrstraße	

1	2	3
lfd. Nr.	Zeichen und Zusatzzeichen	Ge- oder Verbote Erläuterungen
20	Zeichen 333 Ausfahrt von der Autobahn	**Erläuterung** Auf Kraftfahrstraßen oder autobahnähnlich ausgebauten Straßen weist das entsprechende Zeichen mit schwarzer Schrift auf gelbem Grund auf die Ausfahrt hin. Das Zeichen kann auch auf weißem Grund ausgeführt sein.
21	Zeichen 450 Ankündigungsbake	**Erläuterung** Das Zeichen steht 300 m, 200 m (wie abgebildet) und 100 m vor einem Autobahnknotenpunkt (Autobahnanschlussstelle, Autobahnkreuz oder Autobahndreieck). Es steht auch vor einer bewirtschafteten Rastanlage. Vor einem Knotenpunkt kann auf der 300 m-Bake die Nummer des Knotenpunktes angezeigt sein.

Abschnitt 8 Markierungen

1	2	3
22	Zeichen 340 Leitlinie	**Ge- oder Verbot** 1. Wer ein Fahrzeug führt, darf Leitlinien nicht überfahren, wenn dadurch der Verkehr gefährdet wird. 2. Wer ein Fahrzeug führt, darf auf der Fahrbahn durch Leitlinien markierte Schutzstreifen für den Radverkehr nur bei Bedarf überfahren. Der Radverkehr darf dabei nicht gefährdet werden. 3. Wer ein Fahrzeug führt, darf auf durch Leitlinien markierten Schutzstreifen für den Radverkehr nicht parken. **Erläuterung** Der Schutzstreifen für den Radverkehr ist in regelmäßigen Abständen mit dem Sinnbild „Radverkehr" auf der Fahrbahn gekennzeichnet.
23	Zeichen 341 Wartelinie	**Erläuterung** Die Wartelinie empfiehlt dem Wartepflichtigen, an dieser Stelle zu warten.

Abschnitt 9 Hinweise

1	2	3
24	Zeichen 350 Fußgängerüberweg	
25	Zeichen 354 Wasserschutzgebiet	

1	2	3
lfd. Nr.	Zeichen und Zusatzzeichen	Ge- oder Verbote Erläuterungen
26	Zeichen 356 Verkehrshelfer	
27	Zeichen 357 Sackgasse	**Erläuterung** Im oberen Teil des Verkehrszeichens kann die Durchlässigkeit der Sackgasse für den Radverkehr und/oder Fußgängerverkehr durch Piktogramme angezeigt sein.

zu 28
und 29
		Erläuterung
		
		1.
		    Durch solche Zeichen mit entsprechenden Sinnbildern können auch andere Hinweise gegeben werden, wie auf Fußgängerunter- oder -überführung, Fernsprecher, Notrufsäule, Pannenhilfe, Tankstellen, Zelt- und Wohnwagenplätze, Autobahnhotel, Autobahngasthaus, Autobahnkiosk.
		2.
		    Auf Hotels, Gasthäuser und Kioske wird nur auf Autobahnen und nur dann hingewiesen, wenn es sich um Autobahnanlagen oder Autohöfe handelt.

28	Zeichen 358 Erste Hilfe	
29	Zeichen 363 Polizei Polizei	
30	Zeichen 385 Weller Ortshinweistafel	
zu 31 und 32		**Erläuterung** Die Zeichen stehen außerhalb von Autobahnen. Sie dienen dem Hinweis auf touristisch bedeutsame Ziele und der Kennzeichnung des Verlaufs touristischer Routen. Sie können auch als Wegweiser ausgeführt sein.
31	Zeichen 386.1 Burg Eltz Touristischer Hinweis	

131

1	2	3
lfd. Nr.	Zeichen und Zusatzzeichen	Ge- oder Verbote Erläuterungen
32	Zeichen 386.2 **Deutsche Weinstraße** Touristische Route	
33	Zeichen 386.3 Rheinland Touristische Unterrichtungstafel	**Erläuterung** Das Zeichen steht an der Autobahn. Es dient der Unterrichtung über touristisch bedeutsame Ziele.
34	Zeichen 390 **MAUT** Mautpflicht nach dem Bundesfernstraßenmautgesetz	
35	Zeichen 391 **MAUT** Mautpflichtige Strecke	
36	Zeichen 392 **ZOLL DOUANE** Zollstelle	
37	Zeichen 393 Informationstafel an Grenzübergangsstellen	
38	Zeichen 394 Laternenring	**Erläuterung** Das Zeichen kennzeichnet innerhalb geschlossener Ortschaften Laternen, die nicht die ganze Nacht leuchten. In dem roten Feld kann in weißer Schrift angegeben sein, wann die Laterne erlischt.
Abschnitt 10 Wegweisung		
		1. Nummernschilder
39	Zeichen 401 **35** Bundesstraßen	

1	2	3
lfd. Nr.	Zeichen und Zusatzzeichen	Ge- oder Verbote Erläuterungen
40	Zeichen 405 **48** Autobahnen	
41	Zeichen 406 **26** Knotenpunkte der Autobahnen	**Erläuterung** So sind Knotenpunkte der Autobahnen (Autobahnausfahrten, Autobahnkreuze und Autobahndreiecke) beziffert.
42	Zeichen 410 **E36** Europastraßen	
		2. Wegweiser außerhalb von Autobahnen
		a) Vorwegweiser
43	Zeichen 438	
44	Zeichen 439	
45	Zeichen 440	
46	Zeichen 441	
		b) Pfeilwegweiser
zu 47 bis 49		**Erläuterung** Das Zusatzzeichen „Nebenstrecke" oder der Zusatz „Nebenstrecke" im Wegweiser weist auf eine Straßenverbindung von untergeordneter Bedeutung hin.
47	Zeichen 415 Dorsten 28 km Bottrop 14 km	**Erläuterung** Pfeilwegweiser auf Bundesstraßen
48	Zeichen 418	**Erläuterung** Pfeilwegweiser auf sonstigen Straßen

1	2	3
lfd. Nr.	Zeichen und Zusatzzeichen	Ge- oder Verbote Erläuterungen
	Hildesheim 49 km Elze 31 km	
49	Zeichen 419 Eichenbach	**Erläuterung** Pfeilwegweiser auf sonstigen Straßen mit geringerer Verkehrsbedeutung
50	Zeichen 430 Berlin	**Erläuterung** Pfeilwegweiser zur Autobahn
51	Zeichen 432 Bahnhof	**Erläuterung** Pfeilwegweiser zu Zielen mit erheblicher Verkehrsbedeutung.
		c) Tabellenwegweiser
52	Zeichen 434	**Erläuterung** Der Tabellenwegweiser kann auch auf einer Tafel zusammengefasst sein. Die Zielangaben in einer Richtung können auch auf separaten Tafeln gezeigt werden.
		d) Ausfahrttafel
53	Zeichen 332.1 Mainz Wiesbaden	**Erläuterung** Ausfahrt von der Kraftfahrstraße oder einer autobahnähnlich ausgebauten Straße. Das Zeichen kann innerhalb geschlossener Ortschaften auch mit weißem Grund ausgeführt sein.
		e) Straßennamensschilder
54	Zeichen 437	**Erläuterung** Das Zeichen hat entweder weiße Schrift auf dunklem Grund oder schwarze Schrift auf hellem Grund. Es kann auch an Bauwerken angebracht sein.
		3. Wegweiser auf Autobahnen
		a) Ankündigungstafeln
zu 55 und 58		**Erläuterung** Die Nummer (Zeichen 406) ist die laufende Nummer der Autobahnausfahrten, Autobahnkreuze und Autobahndreiecke der gerade befahrenen Autobahn. Sie dient der besseren Orientierung.
55	Zeichen 448 Düsseldorf -Benrath 1000m	**Erläuterung** Das Zeichen weist auf eine Autobahnausfahrt, ein Autobahnkreuz oder Autobahndreieck hin. Es schließt Zeichen 406 ein.

1	2	3
lfd. Nr.	Zeichen und Zusatzzeichen	Ge- oder Verbote Erläuterungen
56		**Erläuterung** Das Sinnbild weist auf eine Ausfahrt hin.
57		**Erläuterung** Das Sinnbild weist auf ein Autobahnkreuz oder Autobahndreieck hin; es weist auch auf Kreuze und Dreiecke von Autobahnen mit autobahnähnlich ausgebauten Straßen des nachgeordneten Netzes hin.
58	Zeichen 448.1 	**Erläuterung** 1. Mit dem Zeichen wird ein Autohof in unmittelbarer Nähe einer Autobahnausfahrt angekündigt. 2. Der Autohof wird einmal am rechten Fahrbahnrand 500 bis 1 000 m vor dem Zeichen 448 angekündigt. Auf einem Zusatzzeichen wird durch grafische Symbole der Leistungsumfang des Autohofs dargestellt.
		b) Vorwegweiser
59	Zeichen 449 	
		c) Ausfahrttafel
60	Zeichen 332 	
		d) Entfernungstafel
61	Zeichen 453 	**Erläuterung** Die Entfernungstafel gibt Fernziele und die Entfernung zur jeweiligen Ortsmitte an. Ziele, die über eine andere als die gerade befahrene Autobahn zu erreichen sind, werden unterhalb des waagerechten Striches angegeben.
Abschnitt 11 Umleitungsbeschilderung		
		1. Umleitung außerhalb von Autobahnen
		a) Umleitungen für bestimmte Verkehrsarten
62	Zeichen 442 Vorwegweiser	**Erläuterung** Vorwegweiser für bestimmte Verkehrsarten

135

1	2	3
lfd. Nr.	Zeichen und Zusatzzeichen	Ge- oder Verbote Erläuterungen
63	Zeichen 421	**Erläuterung** Pfeilwegweiser für bestimmte Verkehrsarten
64	Zeichen 422	**Erläuterung** Wegweiser für bestimmte Verkehrsarten
		b) Temporäre Umleitungen (z. B. infolge von Baumaßnahmen)
65		**Erläuterung** Der Verlauf der Umleitungsstrecke kann gekennzeichnet werden durch
66	Zeichen 454	**Erläuterung** Umleitungswegweiser oder
67	Zeichen 455.1	**Erläuterung** Fortsetzung der Umleitung
zu 66 und 67		**Erläuterung** Die Zeichen 454 und 455.1 können durch eine Zielangabe auf einem Schild über den Zeichen ergänzt sein. Werden nur bestimmte Verkehrsarten umgeleitet, sind diese auf einem Zusatzzeichen über dem Zeichen angegeben.
68		**Erläuterung** Die temporäre Umleitung kann angekündigt sein durch Zeichen 455.1 oder
69	Zeichen 457.1	**Erläuterung** Umleitungsankündigung
70		**Erläuterung** jedoch nur mit Entfernungsangabe auf einem Zusatzzeichen und bei Bedarf mit Zielangabe auf einem zusätzlichen Schild über dem Zeichen.
71		**Erläuterung** Die Ankündigung kann auch erfolgen durch
72	Zeichen 458	**Erläuterung** eine Planskizze
73		**Erläuterung** Das Ende der Umleitung kann angezeigt werden durch
74	Zeichen 457.2	**Erläuterung** Ende der Umleitung oder

1	2	3
lfd. Nr.	Zeichen und Zusatzzeichen	Ge- oder Verbote Erläuterungen
	Umleitung	
75	Zeichen 455.2	**Erläuterung** Ende der Umleitung
		2. Bedarfsumleitung für den Autobahnverkehr
76	Zeichen 460 **U 22** Bedarfsumleitung	**Erläuterung** Das Zeichen kennzeichnet eine alternative Streckenführung im nachgeordneten Straßennetz zwischen Autobahnanschlussstellen.
77	Zeichen 466 Weiterführende Bedarfsumleitung	**Erläuterung** Kann der umgeleitete Verkehr an der nach Zeichen 460 vorgesehenen Anschlussstelle noch nicht auf die Autobahn zurückgeleitet werden, wird er durch dieses Zeichen über die nächste Bedarfsumleitung weitergeführt.
Abschnitt 12 Sonstige Verkehrsführung		
		1. Umlenkungspfeil
78	Zeichen 467.1 Umlenkungspfeil	**Erläuterung** Das Zeichen kennzeichnet Alternativstrecken auf Autobahnen, deren Benutzung im Bedarfsfall empfohlen wird (Streckenempfehlung).
79	Zeichen 467.2	**Erläuterung** Das Zeichen kennzeichnet das Ende einer Streckenempfehlung.
		2. Verkehrslenkungstafeln
80		**Erläuterung** Verkehrslenkungstafeln geben den Verlauf und die Anzahl der Fahrstreifen an, wie beispielsweise:
81	Zeichen 501 Überleitungstafel	**Erläuterung** Das Zeichen kündigt die Überleitung des Verkehrs auf die Gegenfahrbahn an.
82	Zeichen 531	

1	2	3
lfd. Nr.	Zeichen und Zusatzzeichen	Ge- oder Verbote Erläuterungen
	Einengungstafel	
82.1	ReiBverschluss erst in___m	**Erläuterung** Bei Einengungstafeln wird mit dem Zusatzzeichen der Ort angekündigt, an dem der Fahrstreifenwechsel nach dem Reißverschlussverfahren (§ 7 Absatz 4) erfolgen soll.
		3. Blockumfahrung
83	Zeichen 590 Blockumfahrung	**Erläuterung** Das Zeichen kündigt eine durch die Zeichen „Vorgeschriebene Fahrtrichtung" (Zeichen 209 bis 214) vorgegebene Verkehrsführung an.

-

Anlage 4 (zu § 43 Absatz 3)
Verkehrseinrichtungen

(Fundstelle: BGBl. I 2013, 425 - 427)

1	2	3
lfd. Nr.	Zeichen	Ge- oder Verbot Erläuterungen
Abschnitt 1 Einrichtungen zur Kennzeichnung von Arbeits- und Unfallstellen oder sonstigen vorübergehenden Hindernissen		
1	Zeichen 600 Absperrschranke	
2	Zeichen 605	
	Leitbake	
Pfeilbake	Schraffenbake	
3	Zeichen 628	

138

1	2	3
lfd. Nr.	Zeichen	Ge- oder Verbot Erläuterungen
	Leitschwelle	
	mit Pfeilbake mit Schraffenbake	
4	Zeichen 629	
	Leitbord	
	mit Pfeilbake mit Schraffenbake	
5	Zeichen 610 Leitkegel	
6	Zeichen 615 Fahrbare Absperrtafel	
7	Zeichen 616 Fahrbare Absperrtafel mit Blinkpfeil	

zu 1 bis 7		**Ge- oder Verbot**
		 Die Einrichtungen verbieten das Befahren der so gekennzeichneten Straßenfläche und leiten den Verkehr an dieser Fläche vorbei.
		 Erläuterung
		
		 1.
		      Warnleuchten an diesen Einrichtungen zeigen rotes Licht, wenn die ganze Fahrbahn gesperrt ist, sonst gelbes Licht oder gelbes Blinklicht.
		 2.
		      Zusammen mit der Absperrtafel können überfahrbare Warnschwellen verwendet sein, die quer zur Fahrtrichtung vor der Absperrtafel ausgelegt sind.

139

1	2	3
lfd. Nr.	Zeichen	Ge- oder Verbot Erläuterungen
Abschnitt 2 Einrichtungen zur Kennzeichnung von dauerhaften Hindernissen oder sonstigen gefährlichen Stellen		
8	Zeichen 625 Richtungstafel in Kurven	Die Richtungstafel in Kurven kann auch in aufgelöster Form angebracht sein.
9	Zeichen 626 Leitplatte	
10	Zeichen 627 Leitmal	Leitmale kennzeichnen in der Regel den Verkehr einschränkende Gegenstände. Ihre Ausführung richtet sich nach der senkrechten, waagerechten oder gewölbten Anbringung beispielsweise an Bauwerken, Bauteilen und Gerüsten.
Abschnitt 3 Einrichtung zur Kennzeichnung des Straßenverlaufs		
11	Zeichen 620 Leitpfosten (links) (rechts)	Um den Verlauf der Straße kenntlich zu machen, können an den Straßenseiten Leitpfosten in der Regel im Abstand von 50 m und in Kurven verdichtet stehen.
Abschnitt 4 Warntafel zur Kennzeichnung von Fahrzeugen und Anhängern bei Dunkelheit		
12	Zeichen 630 Parkwarntafel